JN452131

중국문자학

中國文字學

唐蘭 저
오만종 · 심미성 · 박정희 공역

전남대학교 아시아문화연구소 총서 6

중국문자학

인쇄 | 2017년 1월 16일
발행 | 2017년 1월 20일

저자 | 唐蘭(당란)
역자 | 오만종 · 김미성 · 박정희
발행인 | 정병석
발행처 | 전남대학교출판부

등록 | 1981. 5. 21. 제53호
주소 | 61186 광주광역시 북구 용봉로 77
전화 | (062) 530-0571～2
마케팅 | (062) 530-0573
팩스 | (062) 530-0579
홈페이지 | http://www.cnup.co.kr
이메일 | cnup0571@hanmail.net

값 15,000원

ISBN 978-89-6849-372-0 (93700)

이 도서의 국립중앙도서관 출판예정도서목록(CIP)은
서지정보유통지원시스템 홈페이지(http://seoji.nl.go.kr)와
국가자료공동목록시스템(http://www.nl.go.kr/kolisnet)에서 이용하실 수 있습니다.
(CIP제어번호 : CIP2017001479)

이 책은 고인이 되신 저자의 제자인 劉雨 선생의 번역 허가를 받아
오만종 · 김미성 · 박정희에 의해 번역되었습니다.

전남대학교 아시아문화연구소 총서 6

중국문자학

中國文字學

唐蘭 저

오만종 · 김미성 · 박정희 공역

전남대학교출판부

唐蘭 선생의 ≪中國文字學≫을 우리말로 번역하게 된 것은 정말 우연한 인연이라 할 수 있다. 역자가 2012년 가을학기부터 북경어언문화대학에 1년간 파견근무를 하던 중, 오래 전부터 알고 지내던 故宮博物館의 靑銅器 전문가이신 劉雨 선생을 몇 년 만에 다시 만나게 되었다. 격절하고 지낸 시간만큼이나 할 이야기가 많아 대화가 길어졌고, 마침 선생께서 당시 작업 중이던 ≪唐蘭全集≫에 관한 이야기가 화제가 되었다. ≪全集≫의 출판과 동시에 唐蘭 선생의 저서인 ≪中國文字學≫이란 책을 영어와 일본어로 출판하기 위해 번역작업이 진행 중이라고 하셨고, 한국어로도 번역되기를 바라셨다. 그러나 문학을 전공한 역자는 많이 망설이다가 결국 책을 받아들고 2013년 여름에 귀국하였다. 그리고 그 해 가을 학기에 역자의 수업에 참여했던 언어학 전공자인 김미성 박정희 박사와 번역작업을 함께 하기로 하였다. 실제로 번역작업을 진행하면서, 중국에서 당초 번역 제의를 쉽게 승낙하지 못하고 망설였던 역자의 느낌이 정확했다는 것을 절감하게 되었다. 책의 구성이 문자학 전반에 대해 언급하고 있어서, 번역작업은 문자학에 관한 다양한 전문용어의 우리말 선택부터 어려움으로 다가왔고, 각종 고전문헌의 인용 부분에 대한 전문 지식의 결여는 번역의 어려움을 가중시켰다.

초고를 완성하고 함께 모여 전체적으로 두 차례의 수정 작업을 하였고, 번역에 의문이 있는 부분은 徐寶餘 교수의 도움을 받았다. 그러나 여전히 미진한 부분이 많다는 두려움이 앞선다. 번역의 실수와 잘못된 표현은 전적으로 역자의 책임으로 독자의 질정을 바랄 뿐이다.

≪中國文字學≫을 우리말로 소개하는 데는 중국문자학을 이해하기 위해 매우 필요한 서적이라는 확신이 있기 때문이었다. 이 책은 唐蘭의 대표 저서 중 하나이다. 당란은 다른 저서인 ≪古文字學導論≫에서 고문자의 연구에 근거하여 한자의 구성과 형체의 변천과정에 대한 심도 있는 논술을 진행하고, 이런 연구 성과를 바탕으로 14년 뒤인 1949년에는 중국문자에 관한 전반적인 문제를 이론적 체계를 갖추어 논술한 ≪中國文字學≫을 출판하였다. ≪中國文字學≫은 '前論', '文字의 발생', '문자의 구성', '문자의 演化' 그리고 '문자의 변혁'의 다섯 부분으로 이루어져 있으며, 세부적으로 총 31장으로 구성되어 있다. '前論'에서는 언어학과 세계 여러 지역 문자의 관점에서 중국문자학의 범위와 새로운 영역에 대해 상세히 서술하고, 아울러 중국문자학 발전의 역사에 대해서 기술한다. '문자의 발생' 부분에서는 먼저 중국 원시언어의 상황에 대해 추론하고, 이어서 중국문자의 발생에 관한 전설에 대해서 분석하며, 한자의 기원에 대해 추론해 간다. '문자의 구성' 부분은 이 책의 가장 중요한 내용을 담고 있는 핵심 부분으로, 저자가 2천 년 중국역사 속에서 지속되어 온 한자의 구성에 관한 이론인 六書說을 비판하고, 자신이 주장하는 三書說(象形, 象意, 形聲)을 구체적으로 제시한다. '문자의 演化' 부분에서는 체계적으로 한자가 변화

되어 가는 원인과 과정에 대해 상세히 논한다. '문자의 변혁' 부분에서는 한자가 古文字, 大篆, 小篆에서 隸書, 草書, 行書, 正書 심지어 簡俗字, 新文字 등으로 변화 발전해 가는 과정에 대해 상세하고 체계적으로 논술하고 있다.

唐蘭의 ≪中國文字學≫은 중국 언어학 측면에서 중국문자에 관한 최초의 체계적인 연구업적이라 할 수 있다. 이 연구가 비록 지금으로부터 60여 년 전의 업적이지만, 이 책의 가장 중요한 내용인 六書說을 비판하고 제시한 三書說은 지금도 中國文字學界에서 중요한 이론적 가치를 지니고 있는 것으로 평가된다. ≪中國文字學≫의 학술적 가치는 다음 몇 가지로 요약할 수 있다. 첫째, 중국문자학의 정의와 연구대상을 명확히 설정하여, 전통적으로 小學의 文字, 聲韻, 訓詁의 분야에서 독립된 文字學의 영역을 명확하게 제시한다. 둘째, 인류의 문자는 圖畵字, 義符字, 聲符字, 字母의 단계로 발전하는데, 중국어는 聲符字의 저급하고 원시적인 단계에 머물러 있다는 관점을 비판하고, 중국어의 특징을 들어 세계 언어 속에서의 가치를 드러내고 있다. 셋째, 중국문자의 기원 문제를 합리적으로 설명한다. 즉 문자 자체에 대한 분석과 曆法의 발명의 측면에서 접근함으로써, 중국문자가 夏나라 이전인 4,5천 년 전에 이미 발생하였다고 추론하고 있다. 넷째, 六書說을 비판하고, 三書說을 제시하고 있다. 다섯째, 체계적으로 한자의 演化, 변천과정을 논술한 점이다. 이상의 관점들은 현재의 중국문자학 연구에 있어서 여전히 설득력을 갖고 있는 이론이다. 이 책의 출판이 대학에서의 강의와 중국문자학의 연구에 필요한 서적이 되었으면 하는 바램을 가져본다.

전론(前論)

문자의 발생

문자의 구성

문자의 연화(演化)

문자의 변혁

전론(前論)

一 중국문자학이란 무엇인가

二 문자학의 특징 그리고 문자학과 언어학의 차이

三 중국문자학의 범위

四 중국문자학의 새로운 영역

五 중국문자와 세계 각 지역의 문자

六 중국문자학사략(中國文字學史略)

一 중국문자학이란 무엇인가

중국인들의 문자에 대한 연구는 기원전 몇 세기 이전에 이미 시작되었다. 그리고 현재 우리가 알고 있는 가장 오래된 자서(字書)는 ≪이아(爾雅)≫와 ≪사주편(史籒篇)≫일 것이다. 이외에 ≪좌전(左傳)≫, ≪주례(周禮)≫와 같은 서적에도 이미 문자에 대해 토론한 사실이 있었음을 볼 수 있다. 그 후 전국시기에 각 지역의 문자가 섞이고 어지럽게 되자, 몇몇 학자들은 '글의 문자를 같게 하고(書同文)'와 같은 이상적 문자통일방안을 제시하였다. 진시황 28년(기원전 219년)에 새겨진, 낭야대(琅邪臺)의 비석에 '황제의 공적'을 새긴 내용에도 '글의 문자를 같게 한다(同書文字)'는 조항이 있다. 학자들의 이런 이상이 마침내 달성된 것이다. 이 시기에 이사(李斯)는 ≪창힐편(倉頡篇)≫, 조고(趙高)는 ≪원력편(爰歷篇)≫, 호모경(胡母敬)은 ≪사주편(史籒篇)≫을 지었는데, 당연히 문자를 하나로 통일하려는 이런 운동과 관련이 있다. 한대(漢代)에 이르러 ≪창힐편(倉頡篇)≫을 연구하게 되면서 소위 '소학(小學)'이 생겨나게 되었다. 유흠(劉歆)은 ≪칠략(七略)≫에서 소학을 <육예략(六藝略)> 안에 포함시킨다. 그리고 근대에 이르기까지 줄곧 소학연구와 경학연구의 가치는 거의 동등하게 중시되었다.

문자학을 '소학'이라고 부르는데, 이 명칭은 서한(西漢) 사람이 정한 것이다. ≪예기(禮記)·내칙(內則)≫편에 근거하면, "여섯 살이 되면 숫자와 사방의 이름을 가르치고,……아홉 살이 되면 삭망(朔望)과 육갑의 변화를 가르치며, 열 살이 되면 밖의 스승을 찾아가 밖에 머물면서 서예(六書)와 셈법(九數)에 대해 배운다.(六年敎之數

與方名,……九年教之數日，十年出就外傅，居宿於外，學書計.)"라고 한다. 위 인용문에서 볼 수 있듯이 고대에 소학에 들어가면 서예와 셈법이라는 두 과목을 모두 배우게 된다. 그러므로 단지 문자만을 '소학'이라고 한다면 타당하지 않다. 그러나 우리가 알고 있듯이 고대에는 '문자(文字)'라는 명칭이 없었다. 공자는 "반드시 명을 바르게 해야 할 것이다?(必也正名乎?)"라고 하면서, 본래 '명(名)'이라 하였고, ≪좌전(左傳)≫에는 "글자에 止와 戈가 합하여 무가 된다(於文止戈爲武)"라고 하니, 또한 단지 '문(文)'이라고만 한다. 그리고 낭야(琅邪) 각석문(刻石文)에 이르러서야 비로소 '문자(文字)'라는 두 글자가 보인다. 정강성(鄭康成)이 "옛날에는 명이라 하였고, 요즘은 자라 한다.(古日名, 今日字)"고 했듯이, '자(字)'로 '문(文)'이나 '명(名)'의 의미를 대신한 현상은 늦게 생겼다. 한(漢) 왕조 사람들은 '명(名)'이라 부르기를 꺼렸는데 공손룡의 무리를 지칭하는 '명가(名家)'와 혼동될까 염려하였기 때문이고, '문학(文學)'이라 부르지도 않았으니 사마상여 등의 사부작가와 같은 의미로 쓰일까 걱정하였기 때문이며, 또 늦게 사용하기 시작한 '자(字)'를 사용하여 '자학(字學)'이라 부르기를 원하지 않았다. 그래서 어정쩡한 '소학'이라는 명칭을 생각해 낸 것이다.

≪한서(漢書)≫에 "장창이 고문자를 좋아 하였다.(張敞好古文字)"라고 하며, 또 두림(杜林)에 대해 말하길 "(두림은) 문자를 바르게 함이 두업(杜鄴)과 장송(張竦)보다 나았다. 그러므로 세상 사람들은 소학이 두공으로부터 시작되었다고 말한다.(其正文字，過於鄴竦. 故世言小學者由杜公.)" 안사고(顔師古)는 ≪한서주(漢書注)≫에서 장길(張吉)이 소학에 뛰어나다고 주석을 하면서, "소학은 문자

에 대한 학이다(小學謂文字之學也.)"고 말한다. 당송이후 사람들은 자주 '자학(字學)'이란 말을 사용하였으나, '문자학(文字學)'이란 명칭은 보이지 않고, 청 말기에 이르러 장태염(章太炎) 등이 비로소 '소학'을 '문자학'이라 불렀다.

二 문자학의 특징 그리고 문자학과 언어학의 차이

문자학은 문자를 연구하는 과학이다. 중국인의 관점에서 보면 매우 타당한 명칭이다. 그러나 서양에서 유입된 과학명사(科學名詞) 중에 문자학과 짝을 이룰 수 있는 명칭은 아직 없다. 일반적으로 말하는 Philology는 본래 희랍 라틴 고어를 연구하는 학문 분야로, 우리들은 언어학이라 번역할 수밖에 없다. 혹자는 더욱 적절하게 고언어학이라고도 한다. Etymology는 어원학이고, Paleography는 고문자학이며, Hieroglyphology는 상형문자학이니, 어느 하나도 중국의 문자학에 해당하는 단어는 없다.

중국문자는 특수성을 갖고 있는데, 진화되어 온 모든 민족이 병음문자(拼音文字)를 사용하던 시기에 독자적으로 일종의 의미부호를 포함하는 주음문자(注音文字)를 사용하였다. 가장 오래된 시기에 중국문자도 본래 그림문자였으나, 늦어도 3500년 전에 이미 주음문자로 고쳐졌다. 그리고 이 문자가 현재까지 살아서 모든 중국인과 주변 국가의 사람들에 의해 사용되고 있다. 우리는 중국문자를 이미 사어(死語)가 된 이집트나 바빌론의 고문자와 같은 예로 간주할 수 없으며, 또한 단지 20여개의 자모병음으로 이루어진

서양 문자와 비교할 수도 없다. 그러므로 서양인들이 이해할 수 없는 이 학문 분야를 우리는 '중국문자학(The Science of Chinese Characters)'이라 명명할 수밖에 없다.

중국어는 입으로 하는 말과 붓으로 쓴 글이 분명 같지 않다. 서양인들에게는 말과 글이 거의 일치하기 때문에, 언어연구가 곧 문자연구이다. 소위 고언어학 혹은 고문자학을 일부 학자들은 심지어 문헌학이라고도 부른다. 그러므로 언어학(Scinece of Language)만이 특히 쉽게 발전한 것이다. 반대로, 중국문자는 말과 글이 다른 주음 형식의 언어이므로 아주 옛 시기에 이 둘이 이미 일치하지 않았다. 문자에서 실재 음을 볼 수 없기 때문에, 중국에서는 언어학이 없었다고 말할 수 있다. 그러나 중국인들은 문자로 고금의 다른 언어를 통일시켰고, 또한 동서남북으로 무수히 분기된 언어를 통일시켰다. 그리하여 기원전부터 문자학이 있었으며, 줄곧 발전해오고 있다. 서양의 언어학과 중국의 문자학은 서로 다른 학문 분야로써, 경향이 다른 두 종류의 문자에 의해 형성된 차이를 충분히 드러낸다.

일부 학자들은 Philology를 언어문자학 혹은 어문학이라 하지만, 이는 잘못된 것이다. 문자학은 본래 언어학을 포괄할 수 없고, 마찬가지로 언어학도 문자학을 포괄할 수 없다. 문자학에서는 '果蠃'의 어원이나, '殷'은 '衣'로 읽으면서 종성의 음 n을 잃게 된 것과 같은 문제를 연구할 수 없다. 그러나 언어학에서는 또한 從二의 글자는 옛날에 모두 從一이었다는 것과 '卩'자는 본래 사람이 꿇어앉은 형상이었다는 문제를 연구할 수도 없다. 모든 과학의 분야는 명확한 연구범위가 있고, 진정한 언어학은 19세기에 성립되었으니, 중국의 언어학은 이제 막 시작한 것이다. 중국의 언어학이 크게 발전할 수 있으리라 믿지만, 이 새롭게 생겨난 과학이 만능이라 여기고서 중국문자의 특수 상황을 망각하고 말과 글의 한계를 뒤섞어 중국에서 2천년이래로 고유하게 발전해온 문자학을 말살해서는 안 될 것이다.

三 중국문자학의 범위

모든 문자는 세 부분으로 구성되는데, 형(字形), 의(字義), 음(字音)이 그것이다. 한대(漢代)에 소학이 처음 발전하기 시작할 때는 이런 분별이 아직 드러나지 않다가, 후에 각 부분이 점차 확대되었다. 그리하여 송말 왕응린(王應麟)은 ≪옥해(玉海)≫에서 세 종류로 나누었으니, 체제(體制), 훈고(訓詁), 음운(音韻)이다. 청 왕조의 ≪사고전서(四庫全書)≫에서는 소학 서적을 훈고(訓詁), 자서(字書), 운서(韻書) 세 종류로 나누었다. 청말 이후의 문자학 또한 형(形), 음(音), 의(義) 세 부분을 포괄한다.

그러나 형과 의는 쉽게 나눌 수 없고, 성음(聲音) 부분은 한말(漢末)의 반절음(反切音)으로부터, 위진(魏晉)의 운서(韻書), 제량(齊梁)의 사성(四聲), 당말(唐末)의 사등(四等), 원명(元明) 이후의 금운학(今韻學), 그리고 송대(宋代)에 창시되고 청대(淸代) 학자들에 의해 자못 연구 성과를 거둔 고운학(古韻學) 등이 끊임없이 발전하여, 일찍부터 독립되고 전문적인 학문 영역이 되었다. 그리하여 민국 6년에 개설된 북경대학의 문자학 과목은 두 분의 학자가 분담하였는데, 주종래(朱宗萊)가 만든 강의안은 ≪문자학형의편(文字學形義篇)≫

이라 하였고, 전현동(錢玄同)이 만든 것은 ≪문자학음편(文字學音篇)≫이라 하였다. 그 후 많은 학자들은 자주 이 방법을 사용하여, 단지 형(形), 의(義) 편만을 강의하고 그다지 전문 분야가 아닌 음운(音韻)부분은 피하였다. 그리고 음운학은 점차 독립하게 되었고, 더 이상 문자학의 명칭을 내세우지 않게 되었다. 이렇게 하여 문자학 수업은 단지 형(形), 의(義) 편만을 강의하게 되어 절름발이 신세로 변하였다.

본인이 민국 23년(1934년)에 ≪고문자학도론(古文字學導論)≫을 저술한 후, 비로소 문자학의 범위가 새롭게 규정되었다. 본인의 문자학 연구 대상은 형체(形體)에 국한되어 있었으며, 음운학을 되찾아올 생각도 없었을 뿐만 아니라, 실제로는 훈고학을 분리시켜야 했다.

본인의 분류 방법은 단지 목록학(目錄學)의 관점에서 보자면 매우 합리적이다. 과거의 소학 서적의 명칭은 일반적으로 '文' 혹은 '字' 혹은 '文字'를 병용하였으니 대체적으로 보아 자서(字書)이다. 본인은 일찍이 경전과 같은 세 부류의 소학 서적의 명칭에 대해 재미있는 분류를 한 적이 있다. 예를 들면,

一. 허신(許愼)≪설'문'해자(說'文'解字)≫.

二. 여침(呂忱)≪'자'림('字'林)≫.

이들은 문자형체학 방면의 가장 오래된 두 서적으로, 이들을 '설문자림지학(說文字林之學)'이라 부를 수 있다. 물론 두 자만을 취하여 '문자학'이라 할 수도 있다.

三. ≪이'아'(爾'雅')≫.

四. ≪'창'힐편('倉'頡篇)≫.

이들은 문자의미학 방면의 가장 오래된 두 서적으로, 육조(六朝)시기 사람들의 약칭에 따라 '창아학(倉雅學)'이라 부를 수 있다.

五. 이등(李登)≪'성'류('聲'類)≫.

六. 여정(旅靜)≪'운'집('韻'集)≫.

이들은 문자음운학 방면의 가장 오래된 두 서적으로, 이들을 '성운학(聲韻學)'이라 부를 수 있다.

이상의 분류로 보면 문자학은 본래 자형학으로, 마땅히 훈고나 성운의 내용을 포괄하지 않음을 알 수 있다. 한 글자의 음과 뜻이 비록 자형(字形)과 관계가 있으나, 본질적으로 음과 뜻은 언어에 속한다. 엄격히 말하면, 자의(字義)는 어의(語義)의 일부이고, 자음(字音)은 어음(語音)의 일부이니, 어의와 어음은 마땅히 언어학에 속한다.

四 중국문자학의 새로운 영역

문자학에서 훈고와 음운의 두 부분을 제외시킨 후 일반인들은 줄곧 문자학의 범위가 축소되었다고 여기나, 실제로는 그렇지 않다. 과거에 일부 학자들은 문자학에 비록 음편(音篇)을 여전히 포함시켰으나, 일부 학자들은 일찍부터 단지 형(形)과 의(義)만을 논하고 음운을 말하지 않았다. 의편(義篇)은 기존의 이론 체계가 없었기 때문에 근거로 삼을 만한 게 없어 대체적으로 간단히 서술되어, 단지 있으나 마나한 형편(形篇)의 부속물 정도였다.(용경[容庚]선생이 육서[六書]를 의편으로 삼은 것은 잘못되었다.) 그러므로 민국 이후 문자학은 명의상 비록 형·음·의 세 부분을 포함한다고 하나 실제로 중요한 부분은 단지 형체(形體)뿐이었다.

문자학 형편(形篇)에서 말하는 내용은 어떤 것들인가? 이들은 대체로 두 부분으로 나눌 수 있다. 한 부분은 글자의 구성 이론을 중시했는데, 송 이후의 육서설(六書說)의 변천에 대해 기술하면서 ≪설문해자≫의 전문(篆文)에서 예를 찾아 증거로 삼았다. 주종래(朱宗萊)와 같이 육서를 19부류로 나눈 견해는 당시에 매우 유행하였다. 다른 한 부분은 단지 자체(字體)의 변천을 주목하는데, 용경은 갑골, 금문 등 실물을 이용하여 자체(字體)를 대조하여 자못 많은 사람들이 본받았다. 이는 비교적 쉽게 환심을 살 수 있었기 때문이다. (심겸사[沈兼士]선생의 ≪文字形義學≫의 상편(上篇)은 문자의 기원, 형식과 쓰임의 편(篇)을 제외하면, 모두 문자형의학의 연혁에 관한 내용이다. 이는 문자학사의 범위로 백사오십 쪽을 썼는데도, 아직 대동(戴侗)까지밖에 이르지 못했다. 하편(下篇)은 목록에 근거하면, 一. 조자론(造字論), 二. 종정갑골(鐘鼎甲骨) 중심의 조자설(造字說), 三. 훈고론(訓詁論), 四. 국어(國語)와 방언학, 五. 문자형의학 상의 중국고대사회의 진화관, 六. 자체론(字體論) 등인데, 써내지 못했다.)

이런 문자학은 태생적으로 이미 충분히 빈약하다. 왜냐하면 문자학의 이론 근거는 단지 육서(六書)뿐이고, 육서설의 규칙은 서한 말년 이후에나 생겼기 때문에, 당시에 보았던 자료는 단지 불완전한 ≪사주편(史籒篇)≫과 전사된 고문경 그리고 몇 사람이 예서(隸書)로 고쳐 쓴 3천3백 개 소전(小篆)의 ≪창힐편(倉頡篇)≫뿐이었다. 자료도 적고 시기도 늦기 때문에 얻은 결론도 당연히 믿을 만하지 않다. 그러나 2천년 후의 학자들도 여전히 그 자체로 문제가 많은 ≪설문해자≫에 보존된 일부 자료들을 근거하고 있으니 어떻게 발전할 수 있겠는가?

다른 각도에서 보면, 송(宋) 이후에 많은 고기물(古器物)이 출토되었고, 많은 학자들이 기물에 새겨진 문자를 연구하였다. 비록 그들의 연구 방법이 비과학적이지만, 재료의 풍부함은 단지 ≪설문해자≫만을 연구하는 사람들이 생각할 수 없을 정도였다. 더욱이 청(淸) 말에 이르러 도기, 고새(古鉩), 화폐(貨布) 등이 모두 대량으로 발견되어, 고문자학의 매우 중요한 저서인 오대징(吳大澂)의 ≪설문고주보(說文古籀補)≫가 나왔다. 이어서 은허(殷虛)의 갑골복사가 발견되었는데, 값을 매길 수 없는 보고이다. 근대의 가장 탁월한 고문자학자인 손이양(孫詒讓)은 이 자료를 볼 수 있었다. 손씨가 지은 ≪명원(名原)≫은 새롭게 출토된 이런 자료를 근거로 문자 구성의 이론을 밝혀보려는 것이었다. 비록 육서의 굴레를 완전히 벗어나지 못하였으나, 그의 견해는 정확할 때가 많았다. 아쉽게도 그 이후 아무도 이 문제에 대해 주의를 기울인 사람이 없었다. 나진옥(羅振玉)과 왕국유(王國維)는 단지 문헌학자로, 그들의 학문은 다방면에 걸쳐 있어서 우연히 고문자를 연구하였고, 성과는 매우 뛰어났으나 체계적이지 않았다. 용경(容庚)과 상승조(商承祚) 등의 고문자에 있어서의 업적은 수집, 정리, 배열, 모사(摹寫)에 있으며, 이론과 체계에 대해서는 더 이상 말할 가치가 없다. 이들을 제외하고는 더 거론할 만한 사람이 없다.

≪고문자학도론(古文字學導論)≫은 처음으로 이 두 방면의 장벽을 소통시켜, 꺼질듯 생기가 없었던 문자학에 ≪사주편(史籀篇)≫

보다 천년이 이른 은허문자와 고문경과 ≪창힐편(倉頡篇)≫보다 몇 십 배가 많은 양주(兩周)문자, 육국(六國)문자, 진한(秦漢)문자를 취하여 이용하였다. 그리고 이렇게 많은 중요한 자료 속에 드러난 사실로부터, 전통적 견해를 수정하고 새로운 문자 구성 이론을 세웠으며, 새로운 문자학의 기초를 다졌다. 다른 측면에서 또한 문자학 연구가 수수께끼 맞추기식에서 벗어나 과학적 방법의 학문 연구가 되게 하였다.

30년 전에 나의 동향인 유생 김용경(金蓉鏡)선생이 서신을 보내 손이양의 "허신을 원조로 삼고 창힐을 조상으로 삼는(祧許愼而祖倉頡)" 점을 비판했다. 선생의 눈에 이런 점은 용서할 수 없는 학문 태도였다. 그 당시에 나 또한 학문적 가법(家法)을 지키는 충실한 한학자(漢學家)여서, 경학 연구에는 정현(鄭玄)을 근본으로 삼고, 소학 연구에는 허신(許愼)을 근본으로 삼았다. 현재까지도 나는 손이양의 옛길을 가고 있으나, 우리는 단지 역사 자료를 근거로 삼고 일체의 우상을 모두 부셔버렸다. ≪설문≫ 체계를 깨뜨리지 않고 육서의 견고한 울타리를 벗어나지 않은 학자들이 보기에는 실로 대담하고 망령된 행위로 법도에 어긋날 것이다. 그러나 우리가 보기에 이런 방법을 통해서만 문자학이 비로소 새 생명을 갖게 되고 새로운 출로가 열리며, 이 길만이 진정한 과학적 연구가 될 수 있다.

이외에 근대 문자의 연구 또한 매우 중요하다. 예서, 초서, 해서에 대해 수집하고 정리한 작업은 이미 이루어졌다. 해서의 문제가 가장 많은데, 별자(別字)의 문제, 즉 당나라 사람이 규정한 글자 모양과 당 이후의 간체자, 각판(刻板)이 유행한 후의 인쇄체 등은 모두 근대 문자학의 범위에 속한다. 서쪽 변방에서 출토된 목간의 완정치 않은 문건(木簡殘牘)과 돈황석굴에서 나온 고사본 경적문서(經籍文書) 등은 모두 지극히 중요한 자료들이다.

명대(明代)에 중국인으로 귀화한 서양인이 만든 병음자로부터 현대 중국어의 로마자, 라틴어화한 새로운 문자 등 중국의 옛 문자를 없애려는 이런 운동도 토론할 가치가 있다. 중국의 새로운 문자는 도대체 병음(拼音)을 써야 하는가? 주음(注音)을 써야 하는가? 이것이 문자학에 있어서 가장 큰 문제이다.

현재의 문자학은 오래 전에 독립한 음운학과 결별하였고, 또한 마땅히 독립해야 하나 아직 길을 찾지 못한 훈고학을 놓아버렸다. (20년 이래 탁월한 훈고학자는, 내가 아는 바로는 심겸사[沈兼士] 한 사람뿐으로, 이 학문 분야는 연구자가 너무 없다. 이 책을 처음 집필할 때에 심선생은 아직 건재하였으나 홀연히 서거하니 집필하면서 눈물이 멈추지 않았다.) 남은 것은 단지 형체를 연구하는 문자학이다. 그러나 그 범위는 축소되지 않았을 뿐만 아니라 도리어 더욱 실속 있고 확대되었다.

五 중국문자와 세계 각 지역의 문자

우리가 만약 크게 본다면, 중국문자학은 모든 문자학 가운데 일부분일 것이다. 이것은 마치 중국 언어학이 세계 전체 언어학의 일부분인 것과 같다.

누구나 알고 있듯이 세계에서 가장 오래된 문자는 세 종류가 있는데, 一. 소말리아인과 바빌로니아인들의 설형문자, 二. 이집트의 그림문자, 三. 중국문자이다. 어떤 학자들은 이런 문자들이 동일한 근원에서 왔다고 설명하려고 하지만, 이는 황당한 이야기일 뿐이다. 그러나 이 문자들이 모두 그림에서 변하여 문자가 되었으며, 많은 부분이 서로 유사하기 때문에, 우리들은 이로부터 문자 진화 과정의 몇 가지 공통 원칙을 얻을 수 있다.

어떤 학자들은 문자의 진화 과정을 네 단계로 분류하는데, 一. 그림문자, 二. 의부자(義符字), 三. 성부자(聲符字), 四. 자모(字母)이다. 이 학자들은 이집트인, 소말리아인, 바빌로니아인과 마찬가지로 중국인들도 단지 제 3단계까지 진화하고 멈추었다고 여긴다. 그리고 중국인들은 자모를 사용하지 않았기 때문에 원시 시기의 단계에서 3천 년간 머물러 있으며, 문자가 복잡하고 어려워 문화의 진보에 장애가 되었다고 그들은 말한다.

이런 그릇된 관찰자들은 문화가 그 지점에 머물러 있을 수 없다는 것을 알지 못한 것이다. 기원전에 중국인들은 이미 합음(合音)을 알았고, 후에 반절을 발명하여 성(聲)과 운(韻)을 나누었다. 이 발명은 1800여 년 전이다. 이 기간 동안에 중국에는 찬란한 문화가 꽃피었으며, 주변의 고려, 일본, 안남(월남) 등의 나라에서도 모두 중국문자를 사용하게 되였다. 중국문자는 당시의 시대적 수요에 충분히 적응했으며, 지금까지 줄곧 사용되고 있는 것으로 보아, 그 자체의 가치는 분명히 있다.

중국문자의 결점을 지적한 사람들은 동시에 중국말의 결점 즉 단음절이고 어미가 없으며, 형식 변화가 없다는 등을 종종 지적하면서, 저급한 언어로 여긴다. 그러나 현재의 언어학자들은 대부분

이렇게 생각하지 않는다. 중국문자가 주음문자로 변하고, 병음문자로 변하지 않은 것은 분명 중국어의 특성과 관계가 있다. 한 글자가 이미 하나의 음절을 이루며, 1000여개의 음성부호가 있어(그중 대부분은 의미부호이다), 중국 민족의 말을 모두 써낼 수 있으니, 또 달리 무슨 병음 방식이 필요하겠는가?

그러나 주변 국가에서 중국문자를 사용할 때, 이 중국문자는 그 나라의 언어와 잘 적응하지 못했다. 일본인들은 한자를 차용하여 음을 표기하면서, 예를 들면, '겐(弦)'자를 ≪和名類聚抄≫에서 '일본에서는 유미하리라 말한다(此間云由美波利)'라 하고, 狩谷望之는 ≪持統記≫를 인용하면서 '유바리(由八利)'라 하였는데, '유미하리(由美波利)'든 '유바리(由八利)'든 일본 고대어에서 '弦'의 의미를 나타내는 말이다. 이는 중국인들이 흉노족이나 서역인들의 말을 번역할 때, 소위 '撐犁孤塗'[天子의 의미] 혹은 '蒲萄'와 같은 현상이다. 그러나 일본어는 간단하기 때문에 한자를 차용하면서 많은 부분을 관습적으로 사용하였다. 후에 범어의 영향을 받아 한자의 음을 가타가나(片假名)와 히라가나(平假名)로 귀납하여, 가장 간단한 47개의 음부로 구성된 새로운 체계를 이루었다.

페니키아인들이 자모를 창조할 때도 분명 다른 민족(이집트인의 문자라고도 한다)의 문자를 차용하여 자신들의 언어에 적응시켰다. 일설에 의하면 그들은 상업 경영에 뛰어나 이렇게 간단한 체계로 귀납할 수 있었다고 한다. 이집트인과 셈족에 속한 페니키아인의 언어는 모두 보음(輔音)이 우세를 점하고, 원음(元音)은 다소 확정적이지 않으며 마치 보음에 부착해 있는 것 같다. 그러므로 그들의 문자는 종종 보음으로만 써낸다. 그들의 언어는 다음절이고 또 복보음(複輔音)이다. 복보음의 글자는 가장 쉽게 분석할 수 있는데, 예를 들면 영어의 Script는 분명 다섯 개의 단위로 분류할 수 있으며, 만약 원음을 간과한다면 곧 다섯 개의 자모이다. 그러므로 이렇게 귀납해낸 자모는 본래 원음이 없다. 희랍인이 다시 이런 체계를 사용하여 자신들의 언어를 표기했을 때 불필요한 보음자를 원음 자모로 고치고 나서야, 비로소 원음과 보음을 포함하는 자모체계가 된 것이다.

중국인들의 어음(語音)에 대한 감각은 원음이 우세를 점하고 보음은 비교적 소홀히 여기니, 함족이나 셈족어계와 정반대이다. 중국인의 표현에 의하면, 한 글자의 발음은 성모와 운모로 결합된다. 성모는 보음이지만, 때로는 개음(介音)을 갖는다. 운모는 원음 뒤에 운미보음(韻尾輔音)을 갖는다. 중국어의 운미보음은 대체로 미약하여 단지 기세에 불과하기 때문에 점차 소실되고 있다.(어떤 글자들은 운미가 없는데, 학자들의 추측에 의하면 원래 운미가 있었는데 후에 소실되었다.) 성모와 운모가 비록 병렬되나 전반적으로 운모 부분이 우세를 차지한다. 우리가 볼 수 있는 것은, 一. 형성(形聲)계통의 문자들은 운모가 대체로 같으나 성모는 크게 고정되지 않는다.(예를 들면 '同'은 '從凡聲'이고, '唐'은 '從庚聲'이며, '䜌'자는 금문에 '鑾'로 읽고, 또 '蠻'자로도 읽는 것과 같은 현상이다.) 二. 많은 성모도 자주 소실되어 단지 원음(元音)만 남게 되니 운미보음과 마찬가지이다. 중국문자는 하나의 글자가 하나의 음절을 대표하며, 이런 음절은 원음을 중심으로 삼고, 보음은 원음 전후에 부가되어 거의 나눌 수 없게 된다. 그리하여 오래 전 3세기에 가장 위대한 발명이었던 반절은 단지 성과 운을 분석하였을 뿐, 명확한 자모는 없었다.

중국문자는 병음으로 발전하지 못했고, 단지 주음이기 때문에, 배우는 데 비록 병음문자처럼 편리하지 못하지만, 그러나 고금과 남북의 많은 언어를 대표할 수 있다. 이 점은 병음문자가 할 수 없는 기능이다. 중국문자는 고대 그림문자로부터 근대 문자로 변화하여 현존하는 중요하고도 유일한 자료이며, 또한 병음문자 외에 가치 있는 문자 종류로, 문자학을 연구하는 사람이라면 마땅히 특별히 주목해야 한다.

세계의 문자들 중에서 오래 전부터 있었고, 또 현재까지 남아있는 것은 종류가 매우 많다. 그중 어떤 것들은 중국문자와 친족관계이다. 중국 서부의 라라족(儸儸族)이나 마사족(麽些族)의 문자, 사록국(史祿國) 교수가 일찍이 나에게 보여준 태평양 어느 섬의 명지(銘誌) 문자들 중 일부 글자(예를 들면 '言'자)의 쓰는 방법이 중국 고대와 완전히 같다. 거란(契丹)이나 여진(女眞) 그리고 서하(西夏)의 문자와 한자와의 관계는 모두가 아는 바와 같이 관계가 더욱 밀접하다.

지금의 각종 문자는 모두 전문가들에 의해 연구되고 있으나, 아직까지 종합적으로 비교 연구를 진행한 사람은 없다. 그러나 나는 장래에 이런 연구가 발전하여 문자학이라는 새로운 과학적 학문 영역이 되리라 믿는다. 2천여 년의 역사를 갖고 있는 중국문자학은 이런 연구 과정에서 매우 중요한 위치를 차지하게 될 것이다.

六 중국문자학사략(中國文字學史略)

현재의 지식에 근거하면 중국인들의 문자 연구는 주(周) 왕조 때부터 시작하였다. 일설에 의하면 ≪이아(爾雅)≫는 주공(周公)이 지었다고 하는데, 기록하고 있는 초목조수충어(草木鳥獸蟲魚)의 명칭 중 상당수가 신조(新造)된 형성자(形聲字)로, 서주(西周) 전기의 것일 가능성이 높다. 그리고 <釋詁>, <釋言>, <釋訓> 등의 편은 진한(秦漢) 사이 사람들이 첨가했을 것이다. ≪사주편(史籒篇)≫은 구설에 주 선왕(宣王)시기의 태사(太史) 주(籒)가 지었다 하고, 왕국유는 주진(周秦) 사이의 서토문자(西土文字, 秦 문자를 가리킴)라 여긴다. 현존하는 '상앙량(商鞅量)'은 진 효공(孝公) 때의 것으로, 그 위에 새겨진 글씨는 소전(小篆)과 매우 가깝고, ≪설문≫에서 인용하고 있는 주문(籒文)은 춘추시기 청동기 명문이나 석고문(石鼓文)과 비교적 가깝다. 나는 석고문을 진 영공(靈公) 3년(기원전 422년)에 만들어졌다고 보니 '商鞅量'보다 70~80년 빠르다. 그러므로 ≪사주편(史籒篇)≫이 이루어진 시기는 늦어도 전국(戰國) 초기이어야 한다.

≪좌전(左傳)≫에 문자를 해석한 부분이 '止戈爲武', '反正爲乏', '皿蟲爲蠱' 등 세 곳이 있다. 만약 이런 기록들이 믿을 만하다면 춘추시기에 이미 이와 같은 풍조가 있었다고 본다. 그 후 육국(六國) 시기 사람들은 문자에 대해 매우 주의하였고, ≪주역(周易)≫의 <단전(彖傳)> 등에 보이는 많은 해석은 훈고학의 저본(底本)이 되었다. ≪주례·보씨(保氏)≫편에 육서의 명칭이 보이고, ≪한비자·오두(五蠹)≫편에 말하길,

창힐이 문자를 만들었는데, 자기를 감싸는 것을 사라 하고, 사사로움을 등지는 것을 공이라 한다.(倉頡之作書也, 自環者謂之私, 背私謂之公.)

창힐이 문자를 만들었다는 전설은 당시에 유행하고 있었으며, 이런 것은 모두 문자학 초창기의 모습이다. 육국시기의 문자는 매우 번잡하고 어지러워 '문자를 통일(書同文)'하자는 이상이 생겨났다.

진시황이 천하를 통일하고 문자도 통일하였다. 그리고 이사(李斯)는 ≪창힐편(倉頡篇)≫을, 조고(趙高)는 ≪원력편(爰歷篇)≫을, 호모경(胡毋敬)은 ≪박학편(博學篇)≫을 지었는데, 이를 이용하여 소전(小篆)을 선전하고 글자체의 본보기로 삼으려 한 것이 분명하다. 漢 초기 사람들은 이 세 편을 합하여 여전히 ≪창힐편(倉頡篇)≫이라 불렀으며, 이런 종류의 자서를 모방한 것으로 ≪범장편(凡將篇)≫, ≪원상편(元尙篇)≫, ≪급취편(急就篇)≫, ≪훈찬편(訓纂篇)≫ 등이 있었는데, 단지 ≪급취편(急就篇)≫만이 현재까지 보존되고 있다.

이런 자서들은 어린이들의 학습을 위해 편찬된 것으로, 소학이라 부르게 된 까닭이 여기에 있다. 서한 시기에 소학을 위해 두 차례 큰 회의가 소집되었는데, 첫 번째는 선제(宣帝) 때에 제(齊) 나라 사람을 불러 ≪창힐편(倉頡篇)≫의 세속의 독법을 바르게 하기 위해서였다. 장창(張敞)은 그들을 따라 배웠고, 두림(杜林)에게 전해져, ≪창힐고(倉頡故)≫와 ≪창힐훈찬(倉頡訓纂)≫을 지었다. 한나라 사람들은 그를 소학의 창시자로 여겼다. 두 번째는 평제(平帝) 때 원례(爰禮) 등 100여명을 불러 모아 미앙궁에서 문자에 대해서 이야기하였는데, 원례를 소학의 원사(元士)로 삼았고, 양웅은 회의 내용을 모아 ≪훈찬편(訓纂篇)≫을 지었다. 이외에 양웅은 ≪방언(方言)≫13편에 대해 주를 달았는데, ≪이아(爾雅)≫에 가까운 책으로 각 지역의 다른 언어에 대해 주(注)를 통해 밝힌 자서(字書)이다.

그 당시에 발생했던 가장 중요한 사건은 고문경(古文經)에 대한 새로운 발견이었다. 고문경의 발원에는 두 출처가 있는데, 그 하나는 전해 내려온 고서, 즉 ≪주역≫, ≪모시≫, ≪좌씨전≫ 등이다. 다른 하나는 공자의 집을 헐 때 벽에서 나온 옛 서적들, 즉 ≪고문상서(古文尙書)≫, ≪예고경(禮古經)≫, ≪고문논어(古文論語)≫ 등이다. 이런 서적들이 교중비서(校中祕書)인 유향부자(劉向父子)에게 전해지면서, 그들의 귀한 가치가 발견되었다. 유흠(劉歆)은 부친의 영향으로 자신의 고문경학의 체계를 세웠다. 문자의 형체로 보면, 이들은 모두 육국시기 말기의 사본으로, 게다가 종종 거듭 베껴 쓴 것이어서 착오를 면하기 어려웠다. 일설에 의하면, 두림(杜林)은 칠서(漆書)로 된 ≪고문상서≫ 한 권을 소중히 보관하였고, 그의 제자 위굉(衛宏)은 일찍이 조서에 따라 ≪고문관서(古文官書)≫를 지었다고 하는데, 이는 고금자체(古今字體)를 변별하는 책이다.

당시의 금문경학자들은 문자 해석을 좋아하였으나 모두 하찮은 수준이었으니, 예를 들면 '馬頭人爲長', '人持十爲斗', '士力于乙者爲地', '八推十爲木'과 같은 종류이다. ≪춘추≫ 위서(緯書)에 가장 많이 보존되어 있는데, 모두 이미 간체화하여 통용된 예서에 근거하여 말하고 있다. 그들은 심지어 진(秦) 왕조의 예서가 바로 창힐이 창조한 글자라 여기고, 문자는 '부자간에 서로 전해지므로(父子

相傳)', 고쳐지거나 간결하게 될 수 없기 때문에, 고문자를 믿지 않았으며, 당연히 고문경은 더욱 신뢰하지 않았다.

고문경학자들은 '육서(六書)'라는 하나의 문자학 체계를 세웠다. ≪주례(周禮)≫에는 본래 총괄하는 명칭이었으나, 지금은 나누어 구별되었다. 육서에 대해서는 세 종류의 설명이 있는데, 가장 초기의 설명은 ≪한서·예문지≫에 보이며, 분명 유흠의 ≪칠략(七略)≫을 베낀 것이다. 또한 정중(鄭衆)의 ≪주례주(周禮注)≫와 허신의 ≪설문해자서≫에도 보이는데, 정중과 허신은 모두 유흠의 2대 혹은 3대 제자이므로 유흠의 학통으로 여길 수 있다. 그러나 의심스러운 것은 이런 설명이 유흠의 독창적 견해가 아닐 수 있다는 점이다. 진한 교체기에 '팔체육기(八體六技)'라는 서적이 있었는데, 팔체는 진(秦) 왕조 시기 8종의 서체(書體)이다. 육기는 결코 왕망(王莽)시기의 육서나, 고문의 기이한 글자 등을 분석하는 명칭인 육서가 아니고, 상사(相事), 상형(相形)을 지칭하는 육서이다. 육기는 아마도 육문(六文)의 잘못된 표현일 것이다. 육조시기 사람들은 자주 '팔체육문(八體六文)'이란 말을 사용하였는데, 여기서 육문이 바로 육서이다. 유흠의 설명은 이 책을 베꼈을 것이다.

고문경, ≪사주편(史籀篇)≫, ≪창힐편(倉頡篇)≫ 그리고 다른 고서 속의 자료와 육서 체계에 근거하여 허신이 중국문자학의 유일한 경전인 ≪설문해자≫를 지었다. 그 저술의 주요 동기는 당시의 속유(俗儒)와 비천한 학자들의 그릇된 견해를 분명히 밝히고자 하였으나, 그는 그런 당시의 환경에서 태어나 세속의 잘못을 면하지 못했으니, '一貫三爲王', '推十合一爲士', '甲象人頭', '乙象人頸'과 같은 글자의 설명 방법은 금문경학자들과 별반 차이가 없다. 그는 文과 字는 분명히 구분된다고 여겼다. 먼저 '文'이 있었는데, '文'은 '상형(象形')과 '지사(指事)'가 이에 속하며, 원시 문자이다. 그리고 '字'는 파생하여 만들어진 '회의(會意)'와 '형성(形聲)' 등 새로운 문자이다. 그는 540개 부수로 1만여 개의 문자를 꿰뚫었으며, 전서(篆書) 위주로 문자를 해석하였는데, 그는 이렇게 하여야만 문자를 창조할 때의 본의를 얻을 수 있다고 생각했기 때문이다.

"오경에 짝이 없을 정도로 뛰어난 허숙중(五經無雙許叔重)"은 가규(賈逵)의 제자이고, 당시에 상당한 명성을 얻었고, 마융(馬融)도 그를 매우 존경하였다. 그의 책은 ≪설문·서≫에 의거하면, 화제(和帝) 영원(永元) 12년(서기 100년)에 완성되었고, 안제(安帝) 건광(建光) 원년(서기 121년)에 비로소 황제에게 헌납되었다. 그리고 100년이 지나지 않아 그의 책은 유행하였다. 그 예로 정현(鄭玄)이 주석을 단 ≪주례·예기≫와 응소(應劭)가 지은 ≪풍속통(風俗通)≫에 모두 ≪설문해자≫를 인용하고 있고, 지략과 재능을 겸비한 조조가 내린 명령에서도 ≪설문해자≫를 인용하고 있는 점으로 알 수 있다.

≪설문해자≫는 현재의 관점에서 보면 잘못된 부분 매우 많지만, 그러나 중국문자학을 1800여 년간 지배하였다. 북제(北齊) 안지추(顔之推)가 다음과 같이 말한다.

> 객이 주인을 난처하게 하며 말하길, "요즘의 경전에 대해 선생은 모두 그르다고 말하고, ≪설문≫에서 말한 것에 대해 선생은 모두 옳다고 하시는데, 그렇다면 허신이 공자보다 낫다는 것입니까?" 주인이 손바닥을 어루만지고 대소하며 응답하길, "요즘의 경전은

모두 공자의 필적인가?" 객이 말하길, "요즘의 ≪설문≫은 모두 허신의 필적인가?" 객이 대답하길, "허신은 육서로 검토하고 부수로 꿰뚫어 나누어 그릇됨이 없게 하였으며, 잘못이 있으면 곧 알게 하였다. 공자는 그 뜻을 보존하였으나 그 글자에 대해서는 논하지 않았다.……대개 그 책에 탄복하니 모든 문자를 개괄하여 조리가 있으며, 분석하여 근원을 다 밝혔기 때문이다. 정현이 서적에 주석을 달면서 자주 인용하여 증거로 삼았다. 만약 그 설명을 믿지 않는다면 어둑어둑 한 점 한 획이 무슨 의미인지 알지 못할 것이다."(客有難主人曰: "今之經典, 子皆謂非, 說文所言, 子皆云是, 然則許愼勝孔子乎?" 主人撫掌大笑應之曰: "今之經典, 皆孔子手跡耶?" 客曰: "今之說文, 皆許愼手跡乎?" 答曰: "許愼檢以六文, 貫以部分, 使不得誤, 誤則覺之. 孔子存其義而不論其文也.……大抵服其爲書, 隱括有條例, 剖析窮根源, 鄭玄注書, 往往引其爲證, 若不信其說, 則冥冥不知, 一點一畫, 有何意焉.")≪顔氏家訓·書證篇≫

청(淸)의 유생 단옥재(段玉裁)는 다음과 같이 말한다.

≪설문≫이 지어진 이래, 세세토록 폐지되지 않았으나 그 전체를 통달하지 못한 자는 단지 귀로만 이해하고, 억지로 주해하는 자는 종종 후린 눈으로 흑백을 말하는 것과 같다. 기타 ≪자림≫, ≪자원≫, ≪자통≫ 등은 지금은 모두 전하지 않고, ≪옥편≫은 비록 현존하나 또한 원서가 아니니, 요약해 보면 이런 서적은 없어도 무방하다. ≪설문해자≫가 없었다면, 창힐과 사주가 글자를 만든 정밀한 뜻과 주공과 공자가 경전을 전하는 큰 뜻이 옛날에 감춰져 전해지지 않았을 것이다.(自有說文以來, 世世不廢, 而不融會其

全書者僅同耳食，强爲注解者，往往眯目而道白黑. 其他字林，字苑，字統，今皆不傳，玉篇雖在，亦非原書，要之，無此等書無妨也. 無說文解字，則倉籒造字之精意，周孔傳經之大恉，薶緼不傳於終古矣.)≪說文注≫

이런 ≪설문≫에 대한 칭송은 크게 지나친 것이 아니다. 어찌됐든 이 책은 고대문자(古代文字)를 연구하는 하나의 열쇠이니, 미래의 문자학 영역에 여전히 중요한 가치가 있다.

후한(後漢)에서 진(晉)까지는 소학이 가장 발전한 시기이다. ≪창힐편(倉頡篇)≫, ≪훈찬편(訓纂篇)≫을 이어서, 후한의 가방(賈魴)은 ≪방희편(滂喜篇)≫을 짓고, 진(晉) 사람들은 이늘을 합하여 삼창(三倉)이라 칭하였다. 번광(樊光), 이순(李巡), 건위(犍爲)의 사인(舍人), 손염(孫炎) 등은 모두 ≪이아(爾雅)≫에 注를 달았다. 위(魏)의 장읍(張揖)은 ≪비창(埤倉)≫과 ≪광아(廣雅)≫를 지었고, 진(晉)의 곽박(郭璞)은 ≪방언주(方言注)≫, ≪삼창주(三倉注)≫, ≪이아주(爾雅注)≫를 지었다. 이 시기는 '창아학(倉雅學)'이 지극히 홍성한 시기였으나, 그 후에는 쇠락하였다.

성운학은 가장 뒤늦게 생겨났는데, 한말(漢末)의 유희(劉熙)가 지은 ≪석명(釋名)≫이 성훈(聲訓) 부분의 첫 저서이고, 후에 위소(韋昭)의 ≪변석명(辨釋名)≫이 있다. 위(魏)의 손염(孫炎)은 ≪이아음의(爾雅音義)≫를 지었는데, 처음으로 반어(反語, 卽反切)를 사용하였다. 이는 중국 언어학에서 최대의 발명이었다. 이어 이등(李登)이 ≪성류(聲類)≫를 지었는데, 첫 번째 운서(韻書)이다. 진(晉)의 여정(呂靜)은 ≪운집(韻集)≫을 지었는데, 후세의 운서들은 ≪운집≫의 체계에서 온 것이다.

문자학은 허신의 ≪설문(說文)≫과 진(晉) 여침(呂沈)의 ≪자림(字林)≫을 합한 호칭인데, ≪자림≫은 이미 일실되었다. ≪봉씨문견기(封氏聞見記)≫에 근거하면, ≪자림≫ 역시 540부수이지만 자수는 더 많아졌다고 한다. <설문서(說文序)>에 의하면, 중문(重文)까지 합하여 10,516자이나, ≪자림≫에는 12,824자가 있다. ≪위서(魏書)·강식전(江式傳)≫에 의하면, "글자가 바른 예서를 얻게 되면 전서의 뜻에 어긋나지 않는다.(文得正隸, 不差篆意)"고 하였으니, ≪자림≫이 예서로 쓰였다는 것을 알 수 있다. 당대(唐代) 사람들은 ≪설문≫과 ≪자림≫을 동시에 익혔는데, 그래서인지 현재의 ≪설문≫에 ≪자림≫의 내용이 혼재되어 있다.

속문자(俗文字)는 문자학사에서 마땅히 중요한 위치를 차지하고 있으나, 과거에는 주의를 기울이는 사람이 없었다. 이것은 과거를 중시하고 현재를 경시한 병폐 때문이다. 안지추가 다음과 같이 말한다.

> ≪통속문≫은 세간에 "하남 사람 자가 자신인 복건이 지었다"고 제하고 있다. 복건은 한나라 사람이고 그 책은 소림과 장읍의 서적을 인용하고 있다. 소림과 장읍은 모두 위나라 사람이다. 또한 정현 이전에는 반절음을 전혀 이해하지 못했고, ≪통속문≫의 반절음은 통속음과 매우 가까웠다. 완효서는 또 말하길, "이건이 지었다"고 한다. 하북에서는 이 책을 집집마다 한 권씩 소장하고 있으나 이건이 지었다고 하는 자는 없다. 진의 ≪중경부≫와 ≪칠지≫에도 그 조목이 없으니 누가 지었는지 알 수 없다. 그러나 그 문의

가 타당하고 적합하니 실로 뛰어난 재능의 작가이다. 은중감의 ≪상용자훈≫에서도 복건의 ≪속설≫을 인용하고 있으나 지금은 이 책이 없으니, ≪통속문≫인지 다른 책인지 알 수 없다. 근대에 다른 복건이라는 사람이 있었는지는 밝힐 수 없다.(通俗文, 世間題云: "河南服虔字子愼造". 虔旣是漢人, 其書乃引蘇林, 張揖, 蘇張皆是魏人. 且鄭玄以前, 全不解反語, 通俗反音甚爲近俗. 阮孝緖又云: "李虔所造". 河北此書, 家藏一本, 遂無作李虔者. 晉中經簿及七志, 並無其目, 竟不得知誰制. 然其文義允愜, 實是高才. 殷仲堪常用字訓, 亦引服虔俗說, 今復無此書, 未知卽是通俗文, 爲當有異? 近代或更有服虔乎? 不能明也.)≪顔氏家訓·書證篇≫

학자들과 문인들이 주목한 것은 '≪창힐≫과 ≪이아≫에 대한 학문(倉雅之學)'이었다. 경사백가(經史百家)의 서적에서 수집한 이런 문자들은 모두 한(漢) 이전의 고자(古字)에 대한 훈고로 근세에 새롭게 생겨난 언어를 대표할 수 없다. 한(漢) 이후 사실적 필요에 기초하여 많은 사람들은 새로운 언어를 대표하는 문자들을 수집하였는데, ≪통속문≫은 이런 종류의 서적 중 가장 빨리 발견된 것이다. 안씨의 추론에 근거하면, 당연히 복건이 지은 것이 아니지만, 그러나 은중감은 복건의 ≪俗說≫을 인용하고 있는 것으로 보아 은씨(殷氏) 이전에(서기 400년 이전) 이런 자서(字書)가 이미 출현하였음을 알 수 있다.

안씨가 말한 "문의가 타당하고 적합하여 실로 뛰어난 재능의 작가이다.(文義允愜, 實是高才.)"와 "하북에서는 이 책을 집집마다 한 권씩 소장하고 있다.(河北此書, 家藏一本.)"는 내용으로 보아, 이 책이 정밀하고 훌륭하며 넓게 유행했음을 알 수 있다. 후에 왕의(王義) ≪소학편(小學篇)≫, 갈홍(葛洪) ≪요용자원(要用字苑)≫, 하승천(何承天) ≪찬문(纂文)≫, 완효서(阮孝緖) ≪문자집략(文字集略)≫ 그리고 돈황에서 발견된 당나라 사람이 저술한 ≪속무요명림(俗務要名林)≫, ≪쇄금(碎金)≫과 같은 종류는 모두 이 계통에 속한다. 아쉽게도 사람들이 중시하지 않아 대부분 자료는 이미 실전되어 없어졌다.

육조 시기는 문자학이 쇠퇴하였고, 문자가 혼란스러웠던 시기였다. 북방에는 후위(後魏)시기에 양승경(陽承慶)의 ≪자통(字統)≫ 20권이 있었는데 13,734자가 수록되어있고, 대략 자형(字形)을 해석하고 있다. 남조(南朝)에는 진(陳) 시기에 고야왕(顧野王)의 ≪옥편(玉篇)≫ 30권이 있었는데 16,917자가 수록되어 있었으며, 비록 ≪설문≫의 체계를 본받았으나, 도리어 ≪창힐≫과 ≪이아≫ 학의 훈고를 모아 기록하고 있다. 이 책은 가장 좋은 최초의 자전(字典)이다. 아쉽게도 현재 전하는 것은 손강(孫强)이 자수(字數)를 증가한 판본이고, 또 축약본(略出本)인데, 주석의 많은 부분이 제거되었다. 일본에 보존된 원본은 단지 10%나 20% 정도에 불과하다. 수(隋) 제갈영(諸葛穎)의 ≪계원주총(桂苑珠叢)≫ 100권, 주(周) 무후(武后) 때의 ≪자해(字海)≫ 100권은 아마도 ≪옥편≫ 계통의 자서일 것이다.

성운학은 육조시기에 부단히 발전하였고, 수 왕조에 이르러 육법언(陸法言)이 ≪절운(切韻)≫을 지었는데, 이 계열 운서의 경전이 되었으며, 문자학과 일찍부터 분가하였다. 당 왕조 사람들은 육조시기 문자의 혼란 때문에 또 획일적으로 가지런히 정리하려는 운동을 펼쳤는데, 이것이 자양학(字樣學)이다. 안사고(顏師古)는 ≪자양(字樣)≫을, 두연업(杜延業)은 ≪군서신정자양(群書新定字樣)≫을, 안원손(顏元孫)은 ≪간록자서(干祿字書)≫를, 구양융(歐陽融)은 ≪경전분호정자(經典分毫正字)≫를 지었고, 당 현종(玄宗) 개원 23년(서기 735년)에 ≪개원문자음의(開元文字音義)≫를 지으며 자서(自序)에 다음과 같이 말한다.

> 고문자에서 오직 ≪설문≫과 ≪자림≫만이 가장 격식이 있고, 빠져서 없는 내용을 구비하였으니, 먼저 예서를 확정하였고, 다음으로 전자를 보존하고 있으니, 무릇 320부로 합하여 30권이다.(古文字唯說文字林最有品式, 因備所遺缺, 首定隸書, 次存篆字, 凡三百二十部, 合爲三十卷.)

임한(林罕)은 "예서의 체는 이때부터 처음 정해졌다.(隸體自此始定)"고 말하는데, 중국 문자사(文字史)에서 첫 번째 문자통일은 진나라 때의 소전(小篆)이고, 결과적으로 실패했다. 두 번째는 예서(즉 현재의 소위 해서)를 확정하는 것이었는데(당 태종 정관4년[서기 630년]), 도리어 성공했다. 해서체는 현재까지도 사용되고 있으니, 이미 1,200년이 지났다. 후에 장삼(張參)은 ≪오경문자(五經文字)≫를, 당 현도(玄度)는 ≪구경자양(九經字樣)≫을, 송 장유(張有)는 ≪복고편(復古篇)≫을 지었으며, 근세에 이르러 지어진 ≪자학거우(字學擧隅)≫ 등은 모두 이런 계통이다.

당 왕조시기에 보통 사람들은 이미 전자(篆字)를 쓸 수가 없었으나, 이양빙(李陽冰)이 전주(篆籀)를 중흥시킨 것은 서법(書法)을 통해 얻은 결과이다. 그는 "≪설문≫을 개정하고, 필법을 수정하여, (刊定說文, 修正筆法)" 30권을 만들고, 자주 새로운 견해를 냈으며, 만당(晩唐)시기에 이 개정본은 매우 유행하였다. 그의 조카인 이등(李騰)은 ≪설문≫ 목록의 500여 자를 모아 석각(石刻)하고 ≪설문자원(說文字原)≫이라 명명하였다. 오대(五代)시기에 촉(蜀) 임한(林罕)은 이양빙의 개정본에 집해(集解)를 하고, 또 편방(偏旁)의 541자를 취하여 ≪설문자원편방소설(說文字原偏旁小說)≫을 지었다. 곽충서(郭忠恕)는 "임씨의 설은 황당하다(林氏虛誕)"고 말하지만, 곽씨도 스스로 ≪설문자원(說文字原)≫을 썼고, 몽영(夢瑛)이 쓴 ≪자원(字原)≫이 있지만 착오가 적지 않다. 남당(南唐)의 이서(二徐)는 모두 ≪설문≫을 연구했는데, 서개(徐鍇)는 ≪설문계전(說文繫傳)≫을 지어 이양빙을 매우 공격하였고, 서현(徐鉉)은 후에 송(宋)에 귀의하여 구중정(句中正) 등과 ≪설문≫을 교정하였다. 현재 유행하는 ≪설문≫은 단지 이서(二徐) 교정본뿐이다.

송 왕조시기의 이왕(二王)의 ≪설문≫학은 실제로는 훈고학이다. 왕안석(王安石)은 공허한 상상으로 모든 문자를 해석하였는데, 이는 일반인이 쉽게 범하는 병폐이다. 그러나 그는 독서를 많이 하여 견강부회에 뛰어나서, 말에 일리가 있는 것 같았고, 정치적 지위가 높아 ≪자설(字說)≫ 20권은 한 때를 풍미했다. 당사(唐耜)는 ≪자설해(字說解)≫ 120권을 지었고, 육전(陸佃), 나원(羅願) 등은 모두 새로운 설명을 신봉했다. 그러나 왕안석을 욕하는 사람들도 많아 끝내는 실전되었다. 동시에 왕성미(王聖美, 子韶)는 우문설(右文說)을 처음으로 만들었는데, 형성자의 성부(聲符)가 대체로 의미를 겸유한다고 여기는 학설로 훈고학에서 매우 중요한 법칙이다.

송대(宋代)는 문자학의 중흥시기로 두 가지 점에서 중요한 발전을 이루었다.

一. 고문자 자료의 수집과 연구

二. 문자 구성 이론과 육서의 연구

고문자 자료의 수집은 멀리 한 왕조시기에 이미 시작되었으나, 그 시기에는 단지 베껴 쓰기 방법밖에 없었다. 허숙중(許叔重) ≪설문·서≫에는 비록 정이(鼎彝)에 대해 언급하고 있지만, 한 글자도 인용하지 않았다. 단지 고문경(古文經)만 문자학자인 허숙중에 의해 ≪설문≫에 인용되었고, 또 서예가 한단순(邯鄲淳)의 제자들에 의해 삼체석경(三體石經)에 쓰였다. 그 후의 대량의 급총(汲冢)고문은 아쉽게도 보존되지 못했다.

당 왕조에 이르러 서예가나 경학자들이 말하는 고문은 주로 전해 내려온 전사본 고문경과 삼체석경 등이다. 육조시기 대 혼란기를 거치면서 위조된 ≪예고정상서(隸古定尙書)≫가 있게 되었는데, 호기심이 많은 사람이 조작한 고문잡체(古文雜體)로, 잘못 쓰인 곳도 있고 잘못 인식한 곳도 있으며, 잘못이 또 잘못 전해지기도 하였다.(예를 들면 行자의 고문 衜자를 '道'자로 잘못 인식함) 그리고 많은 글자들은 후세의 자서(字書), 운서(韻書)에서 비교적 특수한 자체를 찾아, 해서를 전서(篆書)로 변화시켰는데, 이런 자료들은 모두 오대시기 곽충서(郭忠恕)의 ≪한간(汗簡)≫에 모아졌다. 송 진종(眞宗) 때, 하송(夏竦)이 모은 ≪고문사성운(古文四聲韻)≫은 여전히 이런 자료들이다.

송대(宋代)에 금석학이 발달하면서 예서(隸書)의 연구, 고문자의 연구가 모두 개시되었다. 황우(皇祐, 1049-1054)이후 양남중(楊南

仲), 장우직(章友直), 유원부(劉原父), 채군모(蔡君謨), 구양영숙(歐陽永叔) 등은 모두 종정(鐘鼎)문자를 좋아하였으며, 양씨가 가장 유명하였다. 원우(元祐) 임신(壬申, 서기 1902년)에 이르러, 여대림(呂大臨)이 ≪고고도(考古圖)≫를 짓고, 동시에 또 ≪고고도석문(考古圖釋文)≫을 지었으니,(청대 학자들은 조구성[趙九成]이 지었다고 잘못 여겼다.) 이는 고고학(考古學)과 관련한 고문자학의 첫 저서이다. 그는 고문자를 변별하여 인식하는 몇 가지 원칙을 종합해냈다.(예를 들면, 필획의 다소와 편방 위치의 좌우상하의 다름 등) 그는 말하길, 소전(小篆)으로 고문을 고찰하면, 단지 10 중 3이나 4정도 얻을 수 있을 뿐이고, 그 나머지는 의미로 유추하여 얻기도 하고, 어떤 것은 생략되기고 하며, 어떤 것은 번잡하기도 하고, 어떤 것은 반문(反文)이고, 어떤 것은 편방의 쓰는 법을 알지만 음의(音義)를 알지 못하는 등의 방법으로, 이렇게 나머지 6이나 7을 고찰할 수 있다. 그는 이런 방법으로 몇 백 개의 글자를 인식하였고, 고문자학의 새로운 길을 열었다. 후에 왕초(王楚)는 ≪종정전운(鐘鼎篆韻)≫을 짓고, 설상공(薛尙功)은 ≪광종정전운(廣鐘鼎篆韻)≫을, 원(元)의 양균(楊銁)은 ≪증광종정전운(增廣鐘鼎篆韻)≫을 지었는데, 자수가 지속적으로 증가하였다.

한인(漢人)이 육서(六書) 이론을 세운 후, 허숙중을 제외하고 아무도 그것을 사용한 사람이 없었다. 정초(鄭樵)는 첫 번째로 ≪설문≫의 체계를 제쳐놓고 오로지 육서만을 사용하여 모든 문자를 연구하였다. 이것은 문자학에 있어서 큰 진보였다. 그는 ≪상류서(象類書)≫ 11권을 쓰고, 독체(獨體)를 문(文)이라 하고, 합체(合體)를 자(字)라 하며, 330모(母)를 형(形)의 주로 삼고, 870자(子)를 성

(聲)의 주로 삼아, 1200문을 합하여 수많은 글자를 만들었다. 정초는 ≪설문≫의 '句'나 '半' 등을 부수로 삼은 것을 비평하고, 이들은 단지 성방(聲旁)이고 형방(形旁)이 될 수 없다고 여겨, ≪설문≫의 540부를 330부로 합병하였다. 이는 자신의 창으로 자신의 방패를 공격하는 방법이다. 이외에 그는 또 ≪육서증편(六書證篇)≫을 지었는데, 단지 276부만 있으며, 그 서로 다름이 무엇인지 알 수 없다. 이 두 서적은 모두 실전되었으며, 그의 학설은 다만 ≪통지(通志)·육서략(六書略)≫에 남아있을 뿐이다. 청대의 ≪설문≫학자들은 정초가 허신을 비판했기 때문에 모두 정초를 칭송하기를 원치 않았지만, 그의 영향을 받지 않을 수 없었다. 우리가 만약 다시 평가해 보면, 그가 만든 육서 분류 방법이 사소하고 잡다하며 융통성이 없고 구분이 명확하지 않아 정말로 실패작이지만, 의의가 없는 것은 아니다. 한나라 유생의 육서이론은 본래 연역된 결과로 명확한 정의가 없었다. 정초의 귀납적 분석을 한 차례 거친 후, 이런 학설의 약점이 완전히 드러나게 되었다.

육서학(六書學)이 ≪설문≫ 이외에 새로운 학술 방법의 길을 열었다. 원대(元代)에 양환(陽桓)의 ≪육서통(六書統)≫, ≪육서소원(六書泝源)≫, 대동(戴侗)의 ≪육서고(六書故)≫, 주백기(周伯琦)의 ≪육서정와(六書正譌)≫가 있었고, 원명(元明)시기에 조위겸(趙撝謙)의 ≪육서본의(六書本義)≫가 있었으며, 명대(明代)에는 위교(魏校)의 ≪육서정온(六書精蘊)≫, 양신(楊愼)의 ≪육서색은(六書索隱)≫ 등이 있었다. 양환과 대동은 모두 고문자 자료를 이용하려고 생각했다. 양환은 육서를 육문(六門)으로 나누어, 그 세부 항목이 잡다하고 중복되었다. 그는 대담하게 고문의 대전(大篆)으로 소전(小篆)

을 대체하려고 시도했으나, 당시의 자료가 충분치 않았으며, 지식은 더욱 부족하여 억지로 하나의 체계를 끌어 맞췄으나, 당연히 믿을 만하지 않았다. 후에 위교가 그의 이 체계를 계승하여 더욱 난잡하게 만들었다. 청대 학자들은 이 두 명에 대해 자주 공박하였다. 대동은 단지 숫자를 사용하여 문자를 아홉 부류로 나누고, 그리고 天, 地, 人, 動, 植, 工事 등을 이용하여 세분하여 479개의 항목을 세웠는데, 그중 188개는 文이고, 45개는 疑文이며, 245개는 字이다. 文은 독립된 원시자이다. 그러므로 그의 설명에 의하면 모든 문자는 200여개의 지사(指事)와 상형(象形)의 文 혹은 疑文 항목 아래에 놓을 수 있다. 원칙이 명백하고 체계가 치밀하여 鄭樵나 楊桓의 체계보다 훨씬 뛰어나다. 그는 ≪설문≫에 있어서 서본(徐本) 이외에 당본(唐本)과 촉본(蜀本)을 아울러 채택하여, 청대에 ≪설문≫을 교정하려는 사람들이 그의 교정본을 폐기할 수 없었다. 그러나 그는 금문을 사용하여 예증을 삼으면서 새로운 의미로 문자를 해설하였는데, 예를 들면 '鼓'자를 북을 두드리는 상형자이고, '壴'자가 북의 형상을 그린 것과 같은 부류이다. 청대 학자들은 그의 이런 학설을 감히 채택하지 못했다. 청 말에 이르러 서호(徐灝)의 ≪설문단주전(說文段注箋)≫ 등과 같은 서적에서 비로소 인용하였다. 사실 그의 문자에 대한 견해는 문자학사에서 허신 이후 천거할 만한 가치가 있는 유일한 학술 성과이다.

명대(明代)는 문자학이 쇠퇴한 시기로 처음부터 끝까지 전체를 판각한 ≪설문≫은 없었다. 명 말에 조환광(趙宧光)이 ≪설문장전(說文長箋)≫을 지었으나, 단지 이도(李燾)의 ≪설문오음운보(說文五音韻譜)≫를 근거하였기에, 청 초의 고염무(顧炎武)는 조환광의 일천하고 비루함을 비평하였다. 그러나 그 조차도 ≪설문≫을 본 적이 없었다. 명청(明淸) 교체기에 이르러 급고각(汲古閣)의 모씨(毛氏)가 송본(宋本)을 근거로 중간하여,(단옥재[段玉裁]의 설명에 의하면, 모부계[毛斧季]의 다섯 차례 교정본으로 '순치계사(順治癸巳)'라고 자신이 기록하고 있다. 이는 순치 10년으로 서기 1653년이다.) 학자들이 비로소 서현(徐鉉)본 ≪설문≫을 볼 수 있게 되었다. 건륭 47년(서기 1782년)에 왕계숙(汪啓淑)이 비로소 서개(徐鍇)의 ≪설문계전(說文繫傳)≫을 판각하였다.

한학(漢學)의 부흥에 따라 청대에는 ≪설문≫학이 전에 없이 창성하였고, 소학이 여느 경학분야보다 발달하였다. 그리고 소학에서 ≪설문≫은 다른 자서에 비해 특히 발달하였다. 왕명성(王鳴盛)이 다음과 같이 말한다.

> ≪설문≫은 천하제일의 서적으로 천하의 서적을 다 읽어도 ≪설문≫을 읽지 않으면, 책을 읽지 않은 것과 같다. 단지 ≪설문≫에 능통하면 다른 서적을 읽지 않아도 능통한 유생이 아니라 말할 수 없다.(說文爲天下第一種書, 讀偏天下書, 不讀說文, 猶不讀也. 但能通說文, 餘書皆未讀, 不可謂非通儒也.)≪說文解字正義·序≫

이런 지나친 숭배는 학자들로 하여금 일가(一家)의 설에 갇히게 하므로, 전체 문자학사에서 보면 결코 크게 진보된 개념이 아니다. 단옥재(段玉裁) ≪설문주(說文注)≫에 보이는 몇 가지 새로운 견해들은 ≪설문≫학자들로 하여금 처음으로 그 명성을 누리게 하였으며, 또한 비평도 가장 많이 받게 했다. 계복(桂馥)의 ≪설문의증(說

文義證)≫은 수집한 예들이 확실히 매우 풍부하였으나, 아쉽게도 비교적 늦게 간행되었다. 엄가균(嚴可均)의 ≪설문교의(說文校議)≫는 "편방을 이동하여도 단지 같은 자이고(偏旁移動, 只是一字)"와 "생략하나 생략하지 않으나 단지 같은 자이다(省不省只是一字)"에 대해 고문자 정리의 관점에서 ≪설문≫의 체례(體例)를 의심하였는데, 허신에 관한 학설 중에 가장 걸출한 내용이라 할 수 있다. 왕균(王筠)의 ≪설문석례(說文釋例)≫는 고인을 대신해 예를 만들려고 하였는데, 잘 하기가 결코 쉽지 않은 일이었으며, ≪설문≫의 결점만을 드러낼 뿐이었다. 그러나 그는 그의 연구방법을 기꺼이 통째로 내놓아 초학자들에게 흥미로운 책이 되기에 충분하였다. 이어 출간된 주준성(朱駿聲)의 ≪설문통훈정성(說文通訓定聲)≫은 단지 훈고학에 있어서 유용한 한 권의 저서일 뿐이다. ≪설문≫학자들 중 일부는 자(字)를 변별함으로서 속자를 바르게 하는(辨字正俗) 일에 오로지 힘썼다. ≪설문≫에 실리지 않은 자는 속자(俗字)뿐이니, 반드시 ≪설문≫에서 본자(本字)를 찾아내려고 했다. 옛 것을 좋아하는 이런 버릇은 우리가 보기엔 별 가치가 없다. 고문자는 명(明) 이후에도 수집한 사람이 여전히 있었다. 예를 들면, 이등(李登)의 ≪척고유문(摭古遺文)≫, 주시망(朱時望)의 ≪금석운부(金石韻府)≫, 청(淸) 왕립명(汪立名)의 ≪종정자원(鐘鼎字源)≫, 민제급(閔齊伋)의 ≪육서통(六書通)≫과 같은 부류는 고인(古印)을 제외하고, 새로운 자료가 없으며 이리 저리 답습하여 진위가 뒤섞여 있어 말할 가치도 없다. 청 건륭 14년(서기 1749년)에 ≪서청고감(西淸古鑑)≫이 판각된 후 종정(鐘鼎)문자가 비로소 다시 사람들의 주목을 받게 되었다. 비록 현재까지 200년밖에 지나지 않았지만, 종정문자에 대한 연구는 이미 가장 빠르게 발전하여 이전의 관련 문헌들은 경중을 말할 가치가 없게 되었다. 예서(隸書)가 먼저 사람들의 주목을 받았는데, 고애길(顧藹吉)의 ≪예변(隸辨)≫같은 서적이 그 예이다. 다음으로 한인(漢印)인데, 원일성(袁日省)의 ≪한인분운(漢印分韻)≫이 그 예이다. 그 다음이 금문(金文)인데, 엄가균(嚴可均)이 ≪설문익(說文翼)≫을 시어 종정문자를 수집하고, ≪설문≫의 순서에 따라 편집하였으나, 아쉽게도 간행되지 않았다. 장술조(莊述祖)의 ≪설문고주서증(說文古籀疏證)≫은 새로운 체계를 세워 ≪설문≫을 대체하려고 했다. 그러나 믿을 수 없는 자료, 주관적 생각, 금문경학자의 비합리적인 공상으로 공중누각을 세우려 하면서, 모든 문자의 근원을 갑자(甲子)에서 미루어 찾으려 했으니, 이는 불가능한 일이었다.

완원(阮元)이 ≪적고재종정관지(積古齋鐘鼎款識)≫를 짓고, ≪황청경해(皇淸經解)≫에 판각되어 들어간 후, 관지학(款識學)이 한때 유행하여 한학(漢學)의 일부가 되었다. 진경용(陳慶鏞), 공자진(龔自珍) 등과 같은 무리들은 견강부회하고 황당한 학설을 내세웠으나, 서동백(徐同柏), 허한(許瀚) 등은 비교적 내실이 있었다. 동치(同治), 광서(光緖)시기에 이르러, 고기물(古器物)의 발견이 더욱 많아졌는데, 고새(古鉨), 봉니(封泥), 도기(匋器), 화폐(貨布) 등 모두 대량의 자료가 생겼다. 오대징(吳大澂)은 ≪자설(字說)≫을 저술한 것 외에, 종정(鐘鼎)문자와 이런 새로운 자료를 수집하여 ≪설문고주보(說文古籀補)≫를 지었는데, 이 또한 시대의 획을 긋는 저작이다. 후에 정불언(丁佛言)의 ≪설문고주보보(說文古籀補補)≫와 강운개(强運開)의 ≪설문고주삼보(說文古籀三補)≫는 단지 창의성이 없는 모방 저작에 불과하다.

광서(光緒) 26년(서기 1900년)에 은허복사가 발견되어, 문자학에 있어서 새로운 시대를 열었다. 손이양(孫詒讓)은 금문 연구를 통해 ≪고주습유(古籒拾遺)≫, ≪고주여론(古籒餘論)≫을 짓고, 갑골문 연구를 통해 ≪계문거례(契文擧例)≫를 짓고, 이들을 종합하여 ≪명원(名原)≫을 지었는데, 갑골문 연구 시대의 선구자라 할 수 있다. 나진옥(羅振玉)은 ≪은허서계고석(殷虛書契攷釋)≫을 지어 은허문자의 학문영역을 세웠다. 그는 금문, 고새(古鉨), 도기, 화폐 등 자료는 마땅히 나누어 수집하고 정리하여야 한다고 여겼다. 20여년 이래로 그의 아들인 나복이(羅福頤)와 그의 문인 후학들이 이미 적지 않은 자료 서적과 자휘(字彙)를 엮었다. 임의광(林義光)은 ≪문원(文源)≫12권을 지었는데, 육서 분류 방법을 사용하였으나 매우 번잡하다. 일본인 중도송(中島竦)은 ≪서계연원(書契淵源)≫을 지으며, 금문을 위주로 하고, 단지 사람의 신체와의 관련된 일부분만을 기술하고 연역적 방법을 사용하였기 때문에 억지 설명 부분을 피할 수 없었다.

금석학의 발달로 인해, 청대 학자들은 비문(碑文)의 별자(別字)를 연구하였고, 양수경(楊守敬)이 ≪해법소원(楷法溯源)≫을 지었다. 행초서(行草書)에 관해서는 ≪초서운회(草書韻會)≫, ≪초자휘(草字彙)≫와 같은 부류 외에는 아직 좋은 자휘(字彙)에 관한 서적이 없다. 속문자(俗文字)에 대해서는 적호(翟灝)가 ≪통속편(通俗編)≫을 지은 이후, 몇 십 명의 학자가 있고 저작도 있으며, 모두 방언 방면으로 그 연구를 확대하였다.

중국문자학의 역사에서 보면, ≪설문≫, ≪자림(字林)≫ 이후,

학문 영역을 다섯 개의 큰 유파로 나누어 볼 수 있는데, 一. 속문자학(俗文字學), 二. 자양학(字樣學), 三. 설문학(說文學), 四. 고문자학(古文字學), 五. 육서학(六書學) 등이다. 앞쪽의 두 유파는 근대문자학에 속하고, 뒤쪽의 세 유파는 고문자학에 속하며, 모두 문자학에서 없어서는 안 될 영역이다. 청대 학자들은 단지 ≪설문≫학과 고문자학만을 부흥시켰다. 그러나 다른 분야 특히 송원(宋元)사람들의 육서학(六書學)은 아직 중건되지 않았다. 새로운 자료를 수집하고, 새로운 방법을 사용하여 문자의 발생 및 구성의 이론과 고금자형(古今字形) 변화의 규율을 연구하는 것이 앞으로 학자들의 책임이다.

문자의 발생

七 중국 원시 언어의 추측

중국 고대 언어는 어떠했을까? 우리들은 알기가 매우 어렵다. 왜냐하면, 언어 자체가 보존할 방법이 없었으며, 중국어의 주음(注音) 문자라는 특징 때문에 우리들은 이런 문자의 고대 독법을 밝힐 수 없다. 기껏해야 몇 가지 문헌에 근거하여 추측할 뿐이다.

일부 학자들은 중국어를 단음절어로 분류하는데 잘못된 것이다. 중국문자는 한 글자가 단지 하나의 음절은 대표하지만, 그러나 그 언어는 결코 단음절이 아니다. 이런 잘못은 '字(Character)'와 '語(Word)'를 명확히 분석하지 않은 연유에서 비롯되었다. '字'는 쓰는 것으로 하나의 중국 글자이며, 사각모양이고 하나의 음절을 대표한다. 그러나 '語'는 말로, 말속에서 분석할 수 없는 한 단위이며, 글자로 썼을 때 때로는 단지 하나의 글자이기도 한다. 그러나 쌍음절어나 삼음절어를 만나면 반드시 두 개 혹은 세 개의 글자를 써야 한다.

이런 상황은 번역 명사를 예로 들어 설명하면 매우 쉽게 명확해진다. 즉 '葡萄' 같은 글자는 우리가 결코 분리할 수 없다. 앞쪽의 '葡'와 뒤쪽의 '萄'는 비록 두 개의 사각모양으로 쓰였지만, 실제로는 단지 하나의 '語'이다. '포도(葡萄)'는 한대(漢代)의 외래어이지만 그러나 상고시기의 중국어 또한 이런 모습이었다. 예를 들면, '참치(參差)'는 하나의 말로 결코 '參'이고 '差'인 것이 아니며, '실솔(蟋蟀)'도 하나의 말로 결코 이 '蟋' 저 '蟀'이라 할 수 없다. 그러므로 '參差'와 '蟋蟀'과 같은 종류는 모두 중국의 쌍음절어이다. 그러나 각 글자는 하나의 음절을 대표하므로 어쩔 수 없이 두 개의 사각형 글자를 쓴 것이다. 그렇지만 이 두 글자는 사실 나눌 수 없으며, 우리는 한 번도 '蟋'자와 '蟀'자를 단독으로 사용해 본 적이 없다.

그러나 구식 훈고학자들은 종종 '字'와 '語'의 차이를 이해하지 못하고, 글자 표면의 모습에 오도되어 쌍음절어를 분리하여 하나하나 해석하였다. 예를 들면, '窈窕'는 쌍음절어로 숙녀의 아름다움을 형용한 말이다. 그런데 일부 학자들은 "선한 마음을 요(窈)라하고, 선한 용모를 조(窈)라 한다(善心曰窈, 善容曰窈)"라고 해석하고 있다. '과라(果蠃)'는 쌍음절어이고, 전음(轉音)되어 '괄루(栝樓)', '과루(瓜蔞)' 또는 '과라(果蓏)'로도 쓴다. 본래 하나의 과실을 지칭하는데, 어떤 사람들은 해석하기를 "나무에 열리면 과이고 땅위 풀에 열리면 나이다.(在木曰果, 在地曰蓏)"라고 하거나 혹은 "씨가 있으면 과이고 씨가 없으면 나이다.(有核曰果, 無核曰蓏)"라고 해석한다. 그러나 '과라포로(果蠃蒲盧)'를 허리가 가는 벌로 해석할 때, 이 두 자는 여전히 분리할 수 없다. 또한 '유예(猶豫)'는 본래 쌍음절어이나, ≪노자≫에서 "머뭇머뭇 겨울에 내를 건너듯 두리번두리번 사방의 인근을 두려워하듯(豫兮, 若冬涉川. 猶兮, 若畏四隣.)"과 같이 두 곳으로 나누어 말함으로써, 이 두 글자를 의심 많은 두 마리 짐승의 이름으로 해석하게 되었다. '낭패(狼狽)'의 의미는 본래 '낭발(狼跋)', '날발(剌癶)'과 같고, 또한 쌍음절어이다. 글자의 외면으로 보면 두 마리 짐승이므로 단성식(段成式)은 ≪유양잡조(酉陽雜俎)≫ 권16에서 견강부회하여 말하길,

혹은 말하길, 낭패는 두 동물인데, 패는 앞다리가 지극히 짧아 매

번 길을 갈 때 항상 두 마리 이리를 타고 갔으며, 이리가 없으면 움직일 수 없었다. 그러므로 사람들은 일이 어긋나는 것을 낭패라고 칭한다.(或言狼狽是兩物, 狽前足絕短, 每行常駕兩狼, 失狼則不能動, 故世言事乖者稱狼狽.)

후대 사람들은 한술 더 떠 '서로 결탁하여 나쁜 짓을 하다(狼狽爲奸)'의 의미로도 쓴다.

이런 쌍음절어를 송나라 장유(張有)는 ≪복고편(復古篇)≫에서 '연면자(連綿字)'라 하였고, 명나라 방이지(方以智)는 ≪통아(通雅)≫에서 '연어(謰語)'라 불렀다. 이들은 때로는 '參差'와 같이 쌍성인 경우도 있고, 때로는 '窈窕'와 같이 첩운인 경우도 있으며, 때로는 '權輿'처럼 성운(聲韻)에 있어서 연결점을 찾을 수 없는 것들도 있다. 이런 쌍음절어에 대해 우리는 문자의 표면적 형태를 버리고 예를 들면 '果蠃'는 단지 Kuoluo 혹 Kala 음을 대표하듯이 단지 그 글자의 독음만을 취하여야 한다. 왜냐하면 그들의 의미는 반드시 어음(語音)을 통해 감지해야 하기 때문이다.

중국 고대 언어에는 쌍음절어의 수량이 상당히 많았으나, 아쉽게도 그것을 정리해낸 사람이 현재까지 없다. 삼음절어는 내 지식에 근거하면, '섭제격(攝提格)', '적분약(赤奮若)', '소여기(昭余祁)', '의무려(醫無閭)', '화불주(華不注)'와 같은 종류로 수량이 특히 적고, 사음절 이상은 더욱 보기가 쉽지 않다. 이런 언어의 특징은 중국 선조들로 하여금 네모난 글자를 답습하여 한 글자는 단지 하나의 음절만 대표한다고 생각하게 하여, 복음절어를 만나면 마음대로 동음자를 빌려 썼다.

중국 언어의 또 다른 특징은 '사(詞)'가 풍부하다는 것이다. 그러나 일반인에게 '語(Word)'와 '詞(즉 복합어[Composite Word])'의 구분은 분명하지 않다. 보통 자전(字典)에 쌍음절어를 분리하여 쓸데없는 두 개의 단자(單字)로 변화시켜 놓았고, 나열된 글자를 한데 모아 놓은 많은 어휘 속에서 어떤 부류가 '語'이고 어떤 부류가 '詞'인지 나눌 수 없다. 부정일(符定一)의 ≪연면자전(連綿字典)≫에서는 '上帝', '中國'을 연면자(즉 쌍음절어)로 여기는데, 정말로 가소롭고 황당하다. 그리고 왕료일(王了一)선생의 ≪중국현대어법(中國現代語法)≫에서는 '糊塗', '身體', '保養', '故意', '桌子', '石頭', '這麽', '那麽', '芥菜', '兄弟', '妻子', '先生', '妹妹', '慢慢'을 모두 쌍음사(雙音詞)라고 하는데,(上册, 11-14쪽) 우리는 타당하지 않다고 생각한다. 쌍음절어는 언어에서 나눌 수 없는 단위이고, 쌍음사는 나눌 수 있다. 왕씨가 예로 든 '糊塗'는 실제로 쌍음절어로, 정말 그가 말한 것처럼 "붙이거나 또는 먹으로 지어버리는(黏上而又用墨抹去)" 뜻이 결코 아니다. 손혁(孫弈)의 ≪시아편(示兒編)≫에서는 ≪여씨가숙[독시]기(呂氏家塾[讀詩]記)≫의 "여단의 사람됨이 어리석다(呂端之爲人糊塗)"를 인용하였는데, 본래 주에 '골돌(鶻突)'로 읽는다로 되어 있다. 유대백(劉大白)은 ≪사통(辭通)·서(序)≫의 한 항목에서 말하길,

> 荒唐, 混沌, 恢台, 豁達, 澒洞, 鶻突, 糊塗의 부류는 모두 첩운 연어로서 쌍성이 변한 것으로 의미가 서로 같거나 유사하다.(荒唐, 混沌, 恢台, 豁達, 澒洞, 鶻突, 糊塗之類, 都是疊韻謰語而以雙聲轉變, 意義相同或相類的.)

이 두 글자들은 분리할 수 없다는 것을 알 수 있으니, 그러면 마땅히 쌍음사(雙音詞)가 아니다.

중국어는 주로 단음절어와 쌍음절어이고, 삼음절 이상의 語는 많지 않다. 그래서 語의 범위가 제한되고, 동음자 또한 특히 많아서, '詞' 로 발전하게 되었다. 예를 들어, ≪시경≫을 펴면,

> '關關''雎鳩', 在河之洲. '窈窕''淑女', '君子''好逑'.
>
> '參差''荇菜', '左右'流之. '窈窕''淑女', '寤寐'求之.

'窈窕'와 '參差'는 쌍음절어이고, '關關'은 전인들이 말하는 중언(重言)으로, 중자복합어(重字複合語)라 부른다. 왜냐하면 우리가 한 자만 사용하여도 그 의미가 같기 때문이다. '雎鳩'와 '荇菜', '淑女', '君子'와 '好逑'는 모두 별류복합어(別類複合語)이고, '左右'와 '寤寐'는 집의복합어(集義複合語)이다.

왕료일(王了一)이 예로 든 '妹妹', '慢慢' 등은 중자복합어(重字複合語)로, 글자를 중복하는 것은 전적으로 말하는 사람의 기분에 달려 있다. 대부분의 글자는 모두 중복할 수 있고, 쌍음절어도 중복할 수 있으니, 예를 들면 '肅雝'은 '肅肅雝雝'으로 '糊塗'는 '糊糊塗塗'로 할 수 있다. 그러므로 우리는 이렇게 중복시킬 수 있는 경우는 쌍음절어라고 인정할 수 없다.

왕씨가 예로 든 '芥菜'에 관해서는 '荇菜'를 설명하는 것과 같다. 이것은 '飛機', '火車', '輪船', '銀行'의 부류와 같다. 왕씨는 전자를 쌍음사(雙音詞)라 하고, 후자를 복합사(複合詞)라 칭하는데, 이해할 수 없는 설명이다. '先生'과 '後生'은 구별되는데, '先生'은 나이 든

사람을 지칭하고, '後生'은 젊은 사람을 지칭한다. 이는 마치 '王子'는 왕의 아들이고, '公子'와 '君子'는 公 혹은 君의 아들인 것과 같다. 이들은 원래 모두 별류복합어(別類複合語)이다. 그런데 '先生'을 '사장(師長)'의 의미로 쓰며, 다시 변하여 성인 남자의 존칭으로 쓰고, '君子'를 덕행 있는 사람의 의미로 쓰는 것은 '老婆'를 '妻室'의 의미로, '丈人'을 아내의 아버지 의미로 쓰는 것과 같다. 이것은 단지 詞의 의미 변이(變異)이며, 의미가 파생된 것이다. 우리는 '先生'(師長)의 의미가 결코 먼저 태어났다는 의미와 무관하다고 말할 이유도 없고, '老婆'의 원의가 늙은 할머니가 아니라고 말할 이유도 없다. 이렇게 보면 이들도 여전히 복합어(複合語)이다. '這麼'와 '那麼'의 '麼'는, 비록 단지 어음(語音)을 대표하지만, 이미 '這'와 '那'를 나누고 있으므로 별류복합어(別類複合語)이다.

왕씨가 들고 있는 '身體', '保養', '兄弟' 등의 詞는 모두 집의복합어(集義複合語)라 한다. 이들은 의미가 서로 같거나 가까운데, 예를 들면 '方國', '室家'와 같다. 어떤 것들은 의미가 대립되거나 혹은 상반되는데, 예를 들면 '父母', '成敗', '東西'와 같다. 두 글자 중 한 글자의 의미에 편중된 경우가 있는데, '兄弟'를 '弟弟'의 의미로 쓰는 예가 그것이며, 이는 후에 변화된 사례이다.

이외에 '桌子', '石頭', '花兒'과 같은 부류는 우리는 이들을 부착복합어(附着複合語)라 한다. 이들은 비교적 늦게 생겨났으며, 고서에는 단지 '眸子'만 있고, 육조시기에 '日子'가 있으며, '頭'와 '兒'는 아마 모두 당 이후에 비로소 있게 된 것으로 보인다. 우리가 말하는 '桌面', '石臼', '花盆'은 부착어를 붙일 필요가 없기 때문에, 그들을 일종의 복합어로 간주한다. '妻'를 '妻子'로 하는 것도 이 종류에 속한다. '耳'를 '耳朵'라 하고, '故'를 '故意'라 하며, '扮'을 '打扮'이라 하는 것도 모두 한 글자를 더 붙인 것이다.

종합해보면, 왕씨가 말한 '쌍음사(雙音詞)'에 쌍음절어인 '糊塗'를 포함시킨 것은 잘못되었다. 이외에 그는 또 여덟 가지를 분류하고, 다시 소위 '복합사(複合詞)'를 둔다. 우리는 '쌍음사'를 바로 두 글자로 이루어진 복합어라고 생각하고, 네 종류로 나눌 수 있다. 一. 중자복합어(重字複合語), 二. 별류복합어(別類複合語), 三. 집의복합어, 四. 부착복합어이며, 네 번째 종류는 늦게 생긴 것이다. 그리고 '성어(成語)', '전고(典故)'는 모두 '관용복합어(慣用複合語)'이므로 합하여 다섯 종류라고 생각한다.

중자복합어(重字複合語)는 대부분 수사 방면에 쓰이고, '집의복합어'와 '별류복합어'의 용도가 가장 광범위하다. 후세에 속어(俗語)에는 '부착복합어'를 많이 사용하였고, 문담(文談)에는 '관용복합어'를 많이 사용하였다. ≪순자(荀子)·정명(正名)≫에 말하길, "하나로 깨닫기에 족하면 단독으로 하고, 하나로 깨닫기에 부족하면 겸해야 한다.(單足以喻則單, 單不足以喻則兼.)" 하니, 겸(兼)해진 명사는 복합어이다. ≪윤문자(尹文子)·대도(大道)≫에 다음과 말한다.

> 속어에 이르길, '好牛'라 하고, 또 이르길, '不可不察'이라고 한다. '好'는 사물에 통용되고, '牛'는 사물의 정형이며, 통칭으로 정형을 따르면 그 예는 끝이 없다. 만약 '好馬'라 하면, 다시 '馬'와 연결되니, '好'가 통용되는 대상은 구애받지 않는다. 만약 다시 '好人'을 말하면, 저 好는 '人'에 부속된다. 즉 '好'는 '人'이 아니고, '人'도 '好'가 아니다. 그러니 '好牛', '好馬', '好人'은 스스로 분리

된다. 그러므로 명분은 서로 어지러울 수 없다고 말한다.(語曰, '好牛', 又曰, '不可不察也'. '好'者物之通稱, '牛'者物之定形, 以通稱隨定形, 不可窮極者也. 設復言'好馬', 則復連於'馬'矣, 則'好'所通無方也. 設復言'好人', 則彼屬於'人'矣, 則'好'非'人', '人'非'好'也. 則'好牛', '好馬', '好人'自離矣. 故曰, 名分不可相亂也.)

중국어의 특징은 "통칭으로 정형을 따르면 그 예는 끝이 없다.(以通稱隨定形, 不可窮極者也.)"는 데 있다. 중국어는 거의 쌍음절(雙音節) 이하에 한정되어 수량이 제한되며, 그래서 복합어로만 발전하고, 더욱이 당 이후에 이르러서는 거의 어떤 말도 서로 복합어로 쓰이지 않은 것이 없었다. 상용된 글자는 비록 5천자 진후에 불과한데, 모든 詞를 수집해보면, 확실히 5백만 개는 넘을 것이다. 우리가 만약 어휘(語彙)를 써본다면, 다 쓸 수 있을 것이다. 그러나 만약 사휘(詞彙)를 하나도 빠뜨리지 않고 다 쓰려고 한다면, 영원히 완성할 수 없을 것이다.

나는 여기서 '字', '語', '詞' 세 자의 차이를 다시 비교해 보려고 한다.

一. '字'는 서사(書寫)의 단위이다. 하나의 네모난 글자가 단지 하나의 음절을 대표할 뿐이다.
二. '語'는 언어의 최소 단위이다. 단음절어는 하나의 네모난 글자로 써낼 수 있다. 쌍음절어는 두 개의 네모난 글자로 써내고, 삼음절어는 세 개를 사용한다. 그러나 글자의 외면적 형태로 이들을 분리할 수 없다.

三. '詞'는 복합어이다. 두 개 이상의 단어가 조합하여 이루어졌다. 이들은 새로운 의미가 생겨날 수 있지만, 그러나 항상 이들을 분리하여 글자의 형태로부터 그 의미의 변화를 추적할 수 있다.

어떤 학자들은 하나의 네모난 한자(漢字)를 두 개의 음절로 읽을 수 있다고 여긴다. 그러면, '果臝', '科斗' 등 쌍음절어는 두 개의 글자를 쓰는데, 어찌 불필요한 일이 아닌가? 초나라 사람은 '虎'를 '於菟'라 하고, 오나라 사람은 '筆'을 '不律'이라 하며, 모두 두 개의 글자를 쓴다. '薺'는 '蒺藜'이고, '椎'는 '終葵'이니, 단음절어는 한 글자를 쓰고, 쌍음절어는 두 개를 쓴다. 그러니 한 글자는 마땅히 두 개의 음절이 있지 않다. 장태염(章太炎)은 ≪설문≫에 있는 '悉蟹', '焦僥'를 근거하여 고인이 이 '蟹'을 만들고 '蟋'자를 만들지 않았고, '僥'자를 만들고 '僬'자를 만들지 않았으며, '蟹'는 '悉蟹' 두 음을 겸하고, '僥'는 '焦僥' 두 음을 겸한다고 여겼다.

그는 끝내 선을 그은 사물(鳳과 같은 글자) 외에 쌍음절어는 본래 모두 가차자라는 것을 몰랐다. '倉庚'이 바로 한 예이다. 후인이 형성자를 만들 때, 무릇 '二名'을 만나면, (반드시 쌍음절어는 아님) 단지 하나의 글자에 자주 편방을 더하였는데, 예를 들면 '忍冬'을 '葱冬'으로 썼으니, '葱'자도 '葱冬' 두 음을 겸했다고 할 수 있는가? ≪회남자(淮南子)·주술훈(主術訓)≫에, "조나라 무령왕은 항상 금계를 대동하고 조회에 나왔다.(趙武靈王具帶鵔鸏鳥而朝)"고 하는데, 고유(高誘)는 주에서 "鵔鸏鳥는 私鈚頭라 읽으니 두 글자에 세 개 음이 있는 것이다.(鵔鸏鳥讀曰私鈚頭), 二字三音也.)"라고 했다.

이것이 비록 유일한 증거이기는 하지만, 한 글자에 두 개의 음이 있다는 것을 주장하는 사람들에게는 가장 중요한 근거자료이다. 그러나 우리가 고유의 '鵔鸃鳥'는 '私鈚頭'라 읽는다는 주를 보면 '私鈚頭'가 '鵔鸃鳥'의 본음이 아님을 알 수 있다. 대구(帶鉤)는 본래 오랑캐 복장이다. ≪전국책·조책(趙策)≫에는 '師比'라 하고, ≪사기·흉노전(匈奴傳)≫에는 '胥紕'라 하며, ≪한서·흉노전≫에는 '犀毗'라 하고, ≪동관한기(東觀漢記)≫에는 '鮮卑'라 하는데, 모두 오랑캐 말의 역음(譯音)이며, 안사고(顔師古)가 말한 "말에 경중이 있을 뿐이다.(語有輕重耳)"의 현상이다. ≪회남자(淮南子)≫의 '鵔鸃鳥'를 고유가 '私鈚'로 읽었다면, 그것은 '師比'와 큰 차이가 없지만, 성음(聲音)은 부합하지 않는다. 만약 단지 '鵔'자를 私閏切로 읽는 것만 본다면, '私'자의 전음(轉音)이라 말할 수 있다. '鸃鳥'와 '比'는 도리어 차이가 너무 크다. 그러나 고유는 여전히 견강부회하여 '私鈚' 아래에 '鸃鳥'자에 대한 음으로 '頭'자를 더하였다. 그럼으로써 '鵔'자는 '私鈚' 두 개의 음에 해당된다. 반고(班固)가 두(竇) 장군에게 보낸 편지에서 말하길, '犀毗金頭帶'라 하고, ≪초사·대초(大招)·주(注)≫에는 '鮮卑帶頭'라 하는데, 이것으로 보면 '頭'는 역음 자체는 무관함을 알 수 있다. '私鈚' 두 자는 첩운이고, 빨리 읽으면 단지 '私'자의 소리이다. 고유가 '鵔'을 '私'로 읽었으므로 또한 억지로 '私鈚' 두 음으로도 읽을 수 있다. 그러므로 이 독법(讀法)은 견강부회이며, 결코 어떤 한 글자가 본래 두 개의 음으로 읽을 수 있는 것이 아니다. 하물며 번역된 명사는 자주 원문보다 간략하게 표현되는데, 예를 들면 '佛'은 '佛陀'이나, 우리는 '佛'을 '佛陀'로 읽을 수 있다고 말할 수 없다. 그러므로 가령 대구

(帶鉤)의 원래 명칭을 '私鈚頭'라 부른다 하여도, 이를 '師比'로 번역할 때, 우리는 '比'자 음을 '鈚頭' 두 음이라 말할 수 없으며, '鵕鸃'라 번역할 때도, 당연히 '鵕'자의 음이 '私鈚' 두 개의 음이나, 혹은 '鸃'자의 음이 '鈚頭' 두 개의 음이라 말할 수 없다. 그러므로 일자양음(一字兩音)설은 근본적으로 터무니없는 설명이다.

고대 중국 언어가 대체적으로 단음절어와 쌍음절어이므로, 어근을 탐색하는 것은 크게 어렵지 않을 것이다. 그것은 중국 고대의 원시음이 많지 않기 때문이다. 가령 우리가 고대에 몇 개의 운모(韻母)와 몇 개의 성모(聲母)가 있는지 고찰할 수 있다면, 당시 음의 전모를 상상할 수 있다. 중국문자는 한 글자가 하나의 음절을 대표하는데, 원시 문자 중 '公'과 '工'의 부류처럼 성음(聲音)이 완전히 같은 것은 결코 많지 않다. 그러므로 모든 원시 문자를 고찰해 낸다면 우리는 그들의 독법을 밝힐 수 있을 것이며, 고대 중국의 원시 언어에 도대체 몇 개의 서로 다른 음절 단위가 있는 지도 알 수 있을 것이다.

우리가 여기서 봉착한 혼란스러운 점은 모음이 자음보다 훨씬 적다는 것이다. ≪절운(切韻)≫ 체계의 자음에서 보면, 일등(一等) 운자는 단지 19개뿐이며(운표[韻表]상에 일부분은 사등(四等)에 나열되어 있으나, 사실은 일등(一等)운이다.), 이등(二等)운자는 치음(齒音)에서 4개를 없애고 다른 4개를 더한다. 삼, 사등운자는 4개의 자음이 이등의 운자에 같은 것을 제외하고, 그 외에 29개가 있다. 4등운자를 합하면, 모두 52류의 자음이 된다.(순음[脣音]은 아마도 다시 분석할 수 있을 것이나 여기서는 상론하지 않겠다.) 그러나 해성(諧聲) 체계에서는 많은 현상들이 있는데, 쉽게 해석할 수 없다. '貪'자 음은 他含反인데, 어떻게 居音反의 '今'자가 성(聲)이 되었는가? '唐'자는 徒郎反인데, 어떻게 古行反의 '庚'자에서 성(聲)을 얻었는가? 이는 K음에서 T음 혹은 D음과 해음(諧音)이 되는 현상이다. '鞹'는 匹各反이고, '霸'도 또한 匹各反이니, 분명히 모두 古核反의 '革'자로부터 음을 얻은 것이다. '別'은 憑列反이니 마땅히 古瓦反의 '冎'자로부터 음을 얻었다. 이것은 K음에서 P음 혹은 B음과 해음이 되는 현상이다. '屈'자는 九物反, 또는 區物反이니, 尺聿反의 '出'로부터 음을 얻었다. '從出'자로는 또한 '咄'은 當沒反이 있으니, 이것은 T음 혹은 TS음에서 K음과 해음이 되는 현상이다. '豹'자는 博敎反이니 之若反 혹은 市若反의 '勺'자로부터 성(聲)을 얻었다. '鼠勺'자는 豹음, 酌음을 제외하고, 的음 都歷反이 있다. 이는 T음 혹은 TS음에서 P음과 해음이 되는 현상이다. 高孟反의 '更'자는 兵永反의 '丙'자로부터 성(聲)을 얻었으니, P음에서 K음과 해음이 되는 현상이다. 徒刀反의 '匋'자는 方久反의 '缶'자로부터 성(聲)을 얻었다.(≪설문≫에는 從包省聲이라 하면서 "사편에는 독음이 缶와 같다[案史篇讀與缶同]"라 하여, 이를 근거로 개정한다. 금문의 '缶'자는 '寶'로 읽으니 博抱反 음이다.) 多則反의 '㝵'자는 본래 博蓋反의 '貝'자로부터 성(聲)을 얻었고, 徒紅反의 '同'자는 본래 扶芝反의 '凡'자로부터 성(聲)을 얻었다. 이는 모두 T음 혹은 D음이 P음 혹은 B음과 해음이 되는 현상이다. 이런 현상은 도처에 많이 있지만, 더욱이 고문자를 연구할 때에 정말로 쉽게 찾아 볼 수 있다. 그러나 이런 예는 매우 산만하게 분산되어 있고, 어떤 글자들은 이전 사람들이 자주 회의나 혹은 다른 방법으로 해석을 하여, 남은 것들은 주의하지 않았다. 단지 래모자(來母字)가 비교적 가장 복잡하고 두드러진 문제여서, 예를 들면 '從各聲' 글자는 광운(廣韻)의 盧各切에 洛, 烙 등 23자가 있고, 洛故切에는 路, 露 등 11자가 있어, 쉽게 사람들의 주의를 끌었다. 현대의 어음학은 인도유럽어의 연구로부터 발전해 와서, 학자들은 먼저 복보음이 있다는 편견을 갖게 되었고, 그래서 이런 난해한 문제에 부딪치게 되자, 그들은 곧바로 중국 고대어에는 복보음이 있다고 주장하였다. 이 견해는 영국의 에드킨스(Edkins)가 창시했고, 칼그렌(Bernhard Karlgren)은 ≪한어사류(漢語詞類)≫에서 다음과 같이 말한다.

> 처음 시작하는 복합보음에 관해서, …… K : L과 P : L의 전환이 있다. 예를 들면 '各'의 고음 kak : '洛' lak, '變'의 고음 pian : '䜌' liwan 이다. 이때 그런 복합적 보음이 K(P)음 글자에 존재하는지, L음 글자에 존재하는지, 혹은 두 경우에 모두 존재하는지 의심스럽다. 이런 세 종류의 해석은 원인에 따라 결과를 추론하였기 때문에 모두 가능성이 있는 것 같다.
>
> A '各' klak : '洛' lak
>
> B '各' kak : '洛' klak(glak)
>
> C '各' klak : '洛' glak
>
> ……많은 사례에서 이 세 종류의 설명 중 가장 취할 만한 것은 C의 설명이다. A의 설명은 몇 개의 예에서는 배제되어야 하니,…… 첫째, '藍'자가 있는데, 고음은 lam이다. ……한편으로 '監'자가 있는데, 고음은 kam이다. 또 다른 한편으로 태국어 k'ram(靛青), 비교적 오래된 음은 gram, 그렇다면 상고음 lam 앞의 설근음은 확실하다: 상고음 glam(靛青). 이외에,……뤄부호(신장에 있는 호수)가의 누란성(樓蘭城)은 장건(張騫)의 여행 보고서에 이미 '樓蘭'으로

> 되어 있다. 이 외국어의 역음문자는 당시의 어음과 분명히 부합할 것이다. 그러므로 '樓' lou 자는 '寠' g'iu 자와 서로 같은 음성부호를 가졌으니 설근음이 드러난다. 또한 이 성은 可哈洛斯底(Kharoshti)글의 기록에서는 kroraimna 로 되어 있다. 그러므로 ləu는 한(漢) 왕조 때의 glu 였다. 이 두 종류의 예는 A의 설명을 배제하는데 충분하다.
>
> 마스페로(Henri Maspéro)는 일찍이 '變' pian 이라는 글자가 태국어의 plien과 부합한다는 것을 밝혔다. 이 설명은 신뢰할만하고, 만약 이 설명이 맞다면, 이 하나의 사례가 B의 설명을 배제하기에 충분하다.……이런 예들은 확실히 우리로 하여금 C의 설명에 찬성하게 한다. 그리하여 우리는 '各' klak : '洛' glak 등의 설명을 얻게 된다. — 장세록(張世綠) 역본, 103-105쪽(원서의 어음 표기는 비교적 상세하나, 중요한 관계가 없어서 여기서는 생략한다.)

후에 칼그렌은 ≪Grammata Serica(中日漢字形聲論)≫에서 C의 방식을 응용하여 많은 고음을 추정하였다.

우리는 이런 견해가 매우 어설프고 논증이 성립될 수 없다고 생각한다. 현대 중국 방언에 복보음의 흔적이 없고, ≪절운(切韻)≫체계의 반절상자(半切上字)에서도 복보음 현상을 볼 수 없다. ≪절운≫체계의 반어(反語)는 ≪성류운집(聲類韻集)≫으로부터 온 것으로, 위로 한말(漢末)까지(서기 3세기 초) 거슬러 올라갈 수 있다. 그러나 반어의 방법은 멀리 손염(孫炎) 이전에 민간에서 유행하였다. 양(梁) 원제(元帝)의 ≪금루자(金樓子)≫에 말하길, "宋玉戲太宰屢遊之談"라 하는데, '屢遊' 두 글자를 사용하여 반어로 삼았다. 가령 송옥이 실제로 쓴 문장이 아니더라도, 최소한 한 왕조 사람이 기탁한 것임은 분명하다. 하물며 '終葵'를 '椎'로, '不可'를 '叵'로 삼은 것은 분명 반어의 전단계이다. 반어의 방법에서 보면 복보음이 있는 것을 허용하지 않는다.

이런 설명은 매우 널리 유포되었고, 많은 학자들은 가볍게 생각하며 별다른 생각 없이 이 신기한 견해를 받아들였다. 사실, 만약 태국어를 예로 들어 비교하자면, 靛青은 k'ram, 變은 plien, 그리고 임어당이 예로 든 孔은 klong 등 단지 두 세 개의 소소한 예가 있을 뿐인데, 이것으로 한어에 복보음이 있다고 증명할 수 있는가? 이것은 실제로 매우 위험한 생각이다. 나는 태국어를 전혀 모르지만, 매우 다른 두 언어 체계에서 아무거나 몇 개의 예를 들어 비교한 것은 어쨌든 믿을 수 없다. 가령 靛青의 명칭은 중국어에서 태국어로 전해졌거나, 혹은 본래 태국어였는데 한어로 차용되었을 것이다. 차용할 때, 새롭게 사용한 사람들은 원래 주인의 언어를 완전히 모방할 필요는 없다. 예를 들면, '人力車' jinrikisha 란 명사는 일본인이 한자를 읽는 소리를 영어로 옮긴 것이다. 우리는 결코 중국인이 '力'자를 riki 로 '車'자를 sha 로 읽었다고 말할 수 없을 것이다. 그러므로 태국어에 원래 있던 복보음은 Kl을 K나 혹은 L로 대조할 수 있고, 한어에는 복보음이 없으니 또한 K나 혹은 L을 Kl로 대조할 수 있는 것이다. '樓蘭'의 번역명칭에 대해 고대 중앙아시아 언어로 대조하는 것은 더욱 위험하다. 첫째, 만약 장건(張騫)의 역문이 반드시 잘 부합한다면, '樓'는 glu 이고, 그러면 '蘭'은 raimna 와 꼭 대조되어야 한다. 이것이 가능한가? '樓'와 '屢'는 같은 음성부호를 갖고 있으므로, 이 둘의 음은 glu 이다. 그러면 '樓'와 '數' 또한 마찬가지로 같은 음성부호이다. ≪한서·동방삭전(東方朔傳)≫에 머리에 이는 기물인 '寠藪'가 있는데, 우리들은 왜 slu 라 말하지 않은가? 혹은 정말로 gslu 라 말하지 않은가? 번역 문자를 대조하는 것의 신뢰할 수 없음을 앞에서 이미 여러 차례 설명했다. 칼그렌의 설명은 실재로 편견이 있어서 즉흥적으로 쓴 것으로 자세히 고려하지 않은 것이다.

해성(諧聲)에 대해 말하면, 나는 민국 26년에 일찍이 고음에는 복보음이 없었다는 내용의 단문을 쓴 적이 있다.(그곳에서 말한 來母는 고음에 泥母로 읽었다는 주장은 잘못되었다.) 그곳에서 10여개 항목의 예는 K, T, P, X, G, D, S, B, M 등에서 몇 개는 자주 L과 전변한다는 것을 예로 들었다. 근래에 동동화(董同龢) 선생의 상고음운표고(上古音韻表稿)에서 또한 '䜌', '翏', '龍' 세 가지 예를 들어 말한다. "이런 상황에서 '䜌, 翏, 龍'의 자음은 bl인가? dl인가? 아니면 gl인가? 의심할 바 없는 것은 이것을 고려하면 저것을 잃을 것이다." 그는 또 칼그렌을 비평하여 말하길,

> 칼그렌이 '䜌'음을 bl-로 하고, '翏'음을 gl-로 할 때, 그는 '䜌'와 '翏'가 이들과 접촉하는 각 계열의 모든 자와의 관계가 평등하다는 것을 소홀히 한 것이다. '䜌'과 '變'의 관계는 bl-:pl-이고, '翏'와 '膠'의 관계는 gl-:kl-이다. 그러나 '䜌'과 '孿'의 관계는 bl-:sl-일 뿐이고, '翏'와 '謬'의 관계는 또 ml-:gl-일 뿐이다. 그는 무엇을 근거로 이런 경중을 나누었는가? '龍'의 예에서는 그도 결국 C방식을 포기할 수밖에 없었다. 그러나 그가 왜 또 '龍'과 '寵'의 관계만은 인정했는지 나는 알 수 없다. '龐'은 l-母자로 잘못 여겼고, '龏'은

또 아무 이유도 없이 '艹'의 계통 속에 넣었다. 이런 종류의 현상은 당연히 A방식을 쓰는 것이 가장 적합하다고 생각한다.—29-30쪽

동동화의 비평은 매우 정교하다. 그러나 그는 먼저 칼그렌의 복보음의 견해를 받아들이고 있으므로, 단지 칼그렌이 제시한 세 종류 대표적인 복성모(複聲母)의 형식으로부터 생각한 것이다. 그는 'A방식은 어떻게 하든지 이롭다'고 여겼고, B방식이나 C방식도 가능하다고 여겼다. 결과적으로 그는 아무것도 결정하지 않은 것이다.

동동화가 해성(諧聲)에 대해 토론하면서 이렇게 중요한 문제를 쉽게 넘어간 것은 아쉽다. 그는 두 개의 동류가 아닌 자음을 보고는, 간단하게 이것은 아마도 상고시기의 복보음(複輔音)이라고 여겼다. 그러나 그는 상고시기의 복보음이 얼마나 있는가를 생각해 보지 않았고, 어떤 복보음이 역사적 증거가 있는지 제시하지도 않았다. 단지 많은 변칙사례를 근대 어음학에서 쉽게 말할 수 없으므로, 이를 설명하는 쉬운 방법은 차라리 모두 복성모(複聲母)라고 간주하는 것이다. L음이 있는 글자를 설명하면서, 어떤 자들이 원래 來母字인지, 예를 들면 '龍', '翏' 등과 같은 자, 어떤 자들이 원래 來母字가 아닌지, 예를 들면 '各', '卯' 등에 대해, 그는 구분하지 않았다. 이는 해성 체계에서 말하면 본래 쉽게 구별할 수 있다.

성모(聲母)가 원래 來母字 일지라도 다른 계열의 글자와 반드시 관계가 생기는 것은 아니다. 예를 들면 '良'(≪설문≫에서 從亡聲이라 하는데 잘못이다)자에는 '娘'자 하나만 娘母로 읽는다. '兩'자는 실로 다른 독법이 없다. 문제가 있는 '龍'자를 들어 말하면, ≪광운≫에 다음과 같이 말한다.

一東 L 24자 B 1자

三鍾 L 9자 K 1자

四江 L 2자 B 1자 S 1자

一董 L 9자

二腫 L 2자 TS 1자 D 1자

一送 L 1자

三用 L 3자 K 1자

다시 '䜌'자를 가지고 설명하면, 寒韻에 1자, 桓韻에 14자, 仙韻에 3자, 獮韻에 2자, 換韻에 1자, 線韻에 4자로 모두 來母에 속한다. 단지 刪韻의 '彎'자와 '蠻鸞'자, 潸韻의 '彎' 사, 諫韻의 '孿'자, 願韻의 '𢍰'자, 線韻의 '變'자와 '孿'자는 예외이다. 이로부터 來母字는 단지 L밖에 없다고 단정할 수 있다. 만약 從䜌聲자에 '變'자가 있기 때문에, '䜌'자를 bl로 한다면, 동씨가 말한 '𢍰'k⁻, '彎'·⁻, '孿's⁻, 등 자와 맞지 않고, 불평등한 분류가 된다. 실제로 더욱 맞지 않은 점은 다른 從䜌의 來母字가 아무 이유 없이 왜 L음에 b음이 더해져야 하는 것인가에 있다.

칼그렌이 사용한 C방식이 이처럼 통하지 않고, 동씨가 말한 항상 통한다는 A방식은 어떠한지 살펴보자. 해성(諧聲) 체계에서 보면 다음과 같다.

'各' klak : '洛' lak

'卯' mlog : '柳' liog

그러나,

'彔' lok : '剝' plok
'䜌' luan : '變' pliwan

잠시 이들 글자의 쓰는 법이 다름을 차치하고, 이렇게 쓴다고 보면 來母字의 책임은 경감되지만, 그러나 만약 원시 글자가 來母가 아니면, 책임은 또 가중된다. 가령 다음과 같은 글자들,

'萬' miwan, '譪' xwad, '蠆' t'ad, '厲' lad.

이 '萬'자는 또 무엇을 버리고 무엇을 따르는가? 우리가 알고 있듯이 '萬'자는 상고시기에 '蠆'자였다. 그렇다면 도대체 그 음이 ml인가? 아니면 tl인가? 만약 ml이면 어떻게 '蠆'에 t⁻음이 있고, 가령 tl이면, 어떻게 스스로 m⁻음으로 변하였는가?

만약 다시 B방식을 보면 다음과 같다.

'各' kak : '洛' klak
'卯' mog : '柳' mliog

그리고,

'彔' plok : '剝' pok
'䜌' pluan : '變' piwan

來母字가 여전히 불평등한 대우를 받은 것은 C방식과 다르지 않다.

만약 우리가 복보음을 반드시 유지하려고 한다면 네 번째 방식을 만들 수 있다. D방식은,

'各' kak : '洛' klak

'卯' mog : '柳' mliog

'彔' lok : '剝' plok

'䜌' luan : '變' pliwan

이것은 적어도 칼그렌의 세 방식보다 합리적이지만, 그러나 이런 방식이 필요한가?

사실상 來母가 아닌 글자, 예를 들면 '各', '卯' 등의 해성자(諧聲字)가 변환되어 來母字가 된 숫자는 매우 많다.(各聲의 來母字만 34개이다.) 그러나 본래 來母字이나 변환되어 다른 성모(聖母)가 된 글자는 매우 적다. 이런 현상에 대해서 우리는 무엇보다도 주목해야 한다. 그 다음은 漢 이후 來母字로 변환된 예이며 자주 발생했다. 예를 들면, ≪산해경≫, ≪전국책≫, ≪사기≫ 등의 서적에서 모두 기록되고 있는 북방의 '橐駝'는 때로는 '馲駝'라고 쓰기도 한다. 이는 쌍음절어로 소위 쌍성연어(雙聲謰語)를 말한다. '橐'과 '馲'은 마땅히 t'ak으로 읽고 결코 의심할 바가 없다. 그러나 ≪박물지(博物志)≫, ≪이원(異苑)≫, ≪후한서≫에 이르러서는 모두 '駱駝'로 되어 있다. '駱'자는 從'各'聲이다. 여기서는 당연히 'ak' 이고 'klak'일 수 없다. ≪광운(廣韻)≫에서 '驝馲' 두 글자는 託과 落 두 음이 있었다. 그러나 '駱'자는 '託'음이 없었다. 이로 보아

'駱'의 음은 더욱 tlak가 아니다. 그러나 '槖駝'는 漢 이후에 '駱駝'로 변했다. 이것이 복보음과 무슨 관계가 있는가? '轒轤'가 '轆轤'로 변하고, '屬鏤'와 '屬盧'가 '鹿盧'로 변하는데, 우리는 '轒'와 '屬', 혹은 '轆'과 '鹿'이 'dlok'의 독법이 있는지는 상상할 수 없다. '沐猴', '母猴', '獼猴', '馬猴' 모두 한 말의 전환(一語之轉)으로, ≪시화총구(詩話總龜)≫ 권38에 말하길, "馬留는 우인이 원숭이를 부르는 명칭이다.(馬留蓋優人呼沐猴之名)"라고 한다. 현재 광동어에서도 '猴'를 '馬留'라 부르며, 송대의 속명(俗名)과 같다. 현응(玄應)의 ≪일체경음의(一切經音義)≫ 권11에 "鵂狐는 鵂鶹이다. 관서지역에서는 訓侯라고 부르고, 지금 산동지역에서는 訓狐라고 부른다.(鵂狐, 鵂鶹也. 關西呼訓侯, 今山東呼訓狐也.)"라고 했다. '鵂狐', '鵂鶹', '訓侯', '訓狐'는 모두 한 소리의 전환(一聲之轉)이다. 이로써 '狐'를 '留'로 읽을 수 있고, '鶹'를 '侯'로 읽을 수 있음을 증명할 수 있다. 그러나 '侯'성 혹은 '留'성(從卯聲)의 자가 복보음의 독법이 있다는 것을 증명할 수는 없다.

우리가 만약 非來母字의 해성자(諧聲字) 중 예로 들면, '各' kak : '洛' klak과 같은 자들이, 대량으로 來母字로 변한 것이 복보음이라고 가정하고, 來母字의 해성자가 다른 계통의 성모로 변한 것, 예를 들면 '樂' kak : '濼' p'lak, '鑠' sliak, '藥' gliak, '嚛' xlok과 같은 부류가 복보음이라고 가정할 수 없다면, 이것은 매우 모순된다. 왜냐하면, 새로운 형성문자를 만들기 위해서는 적어도 습관적 현상이 있어야 하기 때문이다. 즉 문자를 만드는 사람이 이미 광범위하게 K, T, P, S, M 등 성모자를 응용하여 Kl-, Tl-, Pl-, Sl-, Ml- 등등의 복보음과 해음하는 것으로 충분한데, 또 어떻게 L성모를 이용하여 각종 복보음과 해음하겠는가? 잘못과 예외는 결국 우연적인 현상이다. 그러나 來母字를 다른 성모로 읽어 매우 넓고 균등하게 분배된다면, '龍', '里', '婁', '坴', '林', '翏', '樂', '䜌' 등은 모두 동시에 몇 개의 다른 계통의 성모로 읽히게 된다. 비록 그렇다 하더라도 각 독법의 수량은 많지 않다. 그러므로 '各', '卯' 등의 글자 계통 속의 來母字는 복보음이라 가정할 수 있지만, '龍', '里' 등의 글자와 해음되는 非來母字에 대해서는 우리들은 단지 성모의 전독(轉讀)이라 말할 수 있고 결코 복보음이 내재한다고는 할 수 없다.

그러나 사실이 보여주듯이, '槖', '馲', '轒', '屬', '猴' 등 글자를 來母로 읽는 것과 복보음과는 무관하다. 그러므로 '各', '卯' 등 글자의 해성자가 변환하여 來母字가 된 것도 복보음의 관계에서 비롯되었다고 할 수 없다. 그리고 이론상으로 보자면, 來母字를 다른 계통의 성모로 전환하여 읽을 수 있은데, 그렇다면 다른 성모는 왜 그렇게 할 수 없는가? 중국어에 복보음이 있다고 가정하는 문제는 본래 언어학자의 어찌 할 수 없는 표현 방법이었다. 중국 언어에 광범위하게 사용되는 성모전독(聲母轉讀)은 서양 언어학자들 눈에는 신기한 현상이었다. 그들은 다른 계통의 성모가(예를 들면 K와 T, P와 L 등) 전독될 수 있다는 것을 인정하고 싶지 않아서 곤란한 상황에서는 복보음을 이용하여 대충 얼버무렸다. 이는 마치 ≪서유기≫의 관음보살처럼 항상 성공하였다.

사실 중국문자에는 해성(諧聲)체계와 같이 중요한 이독(異讀)의 문제가 또 있다. 예를 들면, '角'자가 '角里先生'이라고 말할 때와 '谷'자가 '谷蠡王'이라 말할 때, 모두 '祿'자로 읽는다. '龒'자가 '不龒'이라 말할 때, '郎'이라 발음한다. 복보음을 주장한 사람들은 당당하게 말할 것이다. 이것은 좋은 증거이지만, 해성자에서는 來母字로 읽지 않는다. 그러므로 칼그렌은 ≪Grammata≫에서 KL⁻로 쓰지 않았다. '角'자에 '祿'음이 있었는데, 그 기원은 매우 오래 됐다. '宮商角徵羽'의 '角'은 ≪창힐편≫에 '觮'자로 쓰고, 원본 ≪옥편(玉篇)≫에서 음을 古學反이라 하고, 육법언(陸法言)의 ≪절운(切韻)≫에서는 도리어 盧谷反이라 한다. 이 글자는 주초(周初)의 청동기에 이미 보인다. 가령 이 從彔聲의 '觮'자가 원래 kok 음이라는 것을 발견한다면, 그것은 lok 을 kok 으로 읽었다는 것이며, 만약 복보음이라고 말한다면 또한 '剝'자의 pok 과는 서로 용납될 수 없다. 우리는 단지 그 음이 원래 lok 이었다고 말할 수밖에 없다. 그러므로 이것은,

'角' kok : '觮' lok

우리는 kok 은 lok 으로 읽을 수 있다고 말할 수 있고, 마찬가지로 lok 또한 kok 으로 읽을 수 있으며, 여기에 결코 복보음이 존재하지 않는다. 더욱 흥미로운 것은 이런 이독자(異讀字)는 대부분 변화된 來母諧聲자가 아니고, 대다수가 來母諧聲字이다. '各'자와 같은 종류는 결코 한번도 來母의 이독(異讀)이 아니었다. 가령 중국어가 본래 복보음이 있었다면, 이는 매우 괴이한 일이다. 우리의 해석에 따르면, 어떤 성모도 來母로 전독할 가능성이 있지만, 그러나 각각이 반드시 전독할 필요가 있는 것은 아니다. '各'자에 L음이 없는 이유는 이 자가 본래 이독(異讀)이 없기 때문이다. '炮烙'을 또 '炮格'이라고 쓰고, '伯格長'을 '伯落長'이라고도 하며, 금문(金文)에 '洛于

官'으로 '格'자를 대체한 것으로 보아, 비교적 이른 시기의 來母로 읽은 '各'자에는 여전히 본래의 K음의 독법이 있었다.

당연히 이독(異讀)이 見母와 來母의 관계인 것만은 아니다. 예를 들면, '樂'자에는 五教反 혹은 五角反의 이독이 있다. 그러므로 칼그렌은 음을 nglok 라고 썼다. 그러나 그는 '濼'자에도 匹各反의 이독이 있다는 것을 알지 못하고, '濼'자의 음을 단지 glok 라고 썼다. 우리가 만약 '梁山泊'을 '梁山濼'이라고 읽는다면, 찬성할 사람이 없을 것이다. 그러나 만약 '濼'의 음이 p'lok 이라고 말한다면, 우리는 왜 고인들이 명쾌하게 '泊'자를 쓰지 않고, '樂'성을 사용하려고 했는지 알 수 없다. 더욱 중요한 것은, 예를 들면 금문의 '令'자는 우리가 다 알 듯이 '命'자와 같은 자이다. 그리고 금문의 '鈴'자는 從'命'이므로, 주(周)시기에 '命'자는 來母로 읽었다는 것을 알 수 있다. 주(周) 왕조 末 이후에 확실히 '令'과 '命'을 나누려고 했으며,(예를 들면, "영을 내릴 수도 없고, 명을 받을 수도 없었다.[旣不能令, 又不受命.]") 비로소 이들을 두 개의 소리로 읽게 되었다.(命令猶螟蛉) 그리하여 令聲의 글자가 明母에 들어간 것은 단지 '命'자뿐이다. 그러나 칼그렌은 여기에서 '命'자를 회의(會意)자로 여기고, 복보음이라고 말하지 않았다. 금문의 '立'자는 자주 '位'자로 사용되는데, 현재 '位'자는 于母로 읽는다. 그러나 從'位'得聲의 '涖莅' 등의 자들은 여전히 來母이다. 于母로 읽는 것은 단지 '位'자 하나이므로, 이것이 단지 이독임을 더욱 알 수 있다.

來母 이외의 이독(異讀)도 자주 보인다. 예를 들면, '禚'자는 之若切로 읽는데, 이는 근대의 속자 '做'자가 '故'聲을 따르는 것과 유사하다. 이런 것은 결코 우연이 아니다. 갑골문에서 '噩'과 '喪'자

는 한 글자이다. '御'자는 갑골에서 '䢐'로 쓰고, 從午聲이다. 그리고 후세에 '卸'자가 있게 된다. 從'午'得聲인 '許'자는 몇몇 지역에서는 '所'자와 통한다. 여기에서 우리는 Ng음과 S음의 관계를 볼 수 있다. 심지어 앞에서 말한 K, P, T 등 성모의 각종 변환 관계는 모두 복보음이라 여길 수 없고, 단지 '성모(聲母)'의 전독(轉讀)으로 볼 수 있다. 당연히 이런 전독은 소수의 예외를 제외하고는 친소원근(親疎遠近)의 차이가 있기 마련이다.

중국 언어는 왜 이렇게 많은 성모전독이 있는가? 나는 많은 가설을 만들 생각이 없다. 그러나 나는 사람들이 '順'을 '忿'으로 읽는 것을 들은 적이 있다. 이런 이독(異讀)현상이 우연히 광대한 지역에서 장기간 유포된다면, 당연히 이런 혼란스런 국면이 조성될 것이다. 중국 언어의 원음 부분은 고대에 비교적 고정적이었다. 그러나 보음(輔音) 부분은 도리어 매우 모호하고 소홀하여, 쉽게 변하였다. 예를 들면, 운미(韻尾)의 보음은 탈락할 수 있고,(入聲 같은 것) 전변할 수 있었다.(예를 들면, 몇몇의 폐구운[閉口韻] 글자는 祭部나 脂部로 읽고, 태운(咍韻)의 글자는 尾를 거두고 陰陽入의 對轉이 된다.) 성모보음(聲母輔音)에도 탈락이 있으니, 예를 들면 '影', '喻' 등의 성모이다. 그러면 당연히 또 전변(轉變)이 된다. 언어학자가 마음을 비워 편견을 버리고, 서양인의 견해만을 베끼지 않고 생각해 보면, 중국 언어의 특징인 즉 보음(輔音)에서 비교적 쉽게 변화하는 음이 있음을 느낄 수 있을 것이다.

만약 중국 언어에 또 하나의 특징이 있다고 한다면, 그것은 아마 성조(聲調)일 것이다. 중국 언어는 단음절어라고 말하는 것보다 '성조어(聲調語)'라고 말하는 것이 차라리 더 낫다. 왜냐하면 성조의 다름은 단어의 성질의 다름을 나타낼 수 있기 때문이다. 이것은 마치 '곡절어(曲折語)'의 어형변화와 같은 것이다. 중국 언어의 보음(輔音) 종류는 본래 많지 않으며, 성모도 많아야 50여 종류로 나뉘고, 많은 경우 개음(介音)을 포함한다. 예를 들면 精系一等과 四等은 같으나 후자에는 단지 개음이 있을 뿐이다. 그러나 운의 분별은 복잡하다. 육법언(陸法言)의 ≪절운(切韻)≫에서는 429 종류로 나누었고, ≪운영(韻英)≫에서는 580 종류로 나누었다. 근대인은 ≪절운≫의 반절에 근거하여 분류하면서, 脣音字와 같은 많은 옛 분류의 예를 없앴으나 그래도 339 종류나 된다. 이렇게 많은 운(韻)은 어떻게 나뉜 것인가? 운의 분석은 원음이 다른 것을 제외하고, 첫째는 운미(韻尾)가 다른 것이 있는데, 최대한 9종류로 나눌 수 있다. 둘째는 개음인데, 3,4 等의 합구(合口)와 복개음(複介音)이 있다. 셋째는 성조의 변화이다.

옛 시기의 고음운학자 중, 단옥재(段玉裁)는 고음에는 거성(去聲)이 없었다 하고, 공광삼(孔廣森)은 고음에는 입성(入聲)이 없었다고 하며, 황간(黃侃)은 또 고음에는 단지 평성과 입성 두 음만 있었다고 한다. 그러나 현대학자들은 대부분 고대에 이미 사성(四聲)이 있었다고 믿는다. 사실 '四聲'은 입성운미(入聲韻尾)가 다르나, 단지 음양성운(陰陽聲韻)에 각각 平, 上, 去 삼성(三聲)이 있다. ≪문경비부론(文鏡祕府論)·조사성보(調四聲譜)≫ 중에 6자를 같은 뉴(紐)에 귀결시키고 있다.

皇晃璜　鑊　禾禍咊　　傍旁徬　薄　婆潑紴
光廣珖　郭　戈果過　　荒恍侊　霍　咊火貨

여기에서 볼 수 있듯이, 이전 사람들은 이미 음양입(陰陽入)이 서로 짝을 이룬다는 것을 알고 있었다. 그러나 당시에 가운(歌韻)이 이미 모운(模韻)의 자리를 대신했으며, 그렇기 때문에 그것으로 당운(唐韻)과 서로 짝을 이루었다.

육덕명(陸德明)의 ≪경전석문(經典釋文)·서록(序錄)≫에 말하길,

> 무릇 바탕에는 정밀하고 거침이 있으면 호악(好惡)이라 말하고, 마음에 애증이 있으면 호오(好惡)라고 말한다. 실체에 당면해서는 명예(名譽)라 말하지만, 감정을 논할 때는 훼예(毁譽)라 말한다. 무릇 自敗와 敗他의 다름이 있고, 自壞와 壞徹의 다름이 있다. 이런 것들은 근대에 비로소 나뉘기도 하고 예부터 이미 구별되어 누적된 관습을 서로 이어서 온 것이다. 나는 스승의 학설을 이어 그것을 모두 분석할 것이다.(夫質有精麤, 謂之好惡, 心有愛憎, 稱爲好惡. 當體卽云名譽, 論情則日毁譽. 及夫自敗敗他之殊, 自壞壞徹之異. 此等或近代始分, 或古已爲別, 相承積習, 有自來矣. 余承師說, 皆辨析之.)

고정림(顧亭林)은 ≪이소≫의 "好蔽美而稱惡"와 '固'자가 협음(協音)임을 근거로 美惡의 '惡'도 거성으로 읽을 수 있음을 증명하면서, 상고시기에 이런 구분 방법이 없었다고 말한다. 이것은 잘못되었다. 고문자로 보면 한 글자에 두 독음의 예는 아주 옛 시기부터 있었다. 예를 들면, '受'자는 고문자에 두 손으로 배(舟)를 전해주는

受尊

형상을 그리고 있다. 위쪽 손은 주는 것을 표시하고, 아래쪽 손은 받는 것을 표시한다. 이 글자는 두 방면의 의미를 갖기 때문에, 후인들은 구별이 안 될까 염려하여 준다는 의미에 手旁을 더하여 '授'로 쓰고, 이 去聲字와 上聲의 '受'가 다름을 표시하였다. '買'자는 殷 왕조 시기의 금문과 복사에 보인다. 이 글자는 상성자인데, '出'자를 더하여 '賣'자로 변하고 거성으로 읽은 것은 확실히 후에 생겨났다. 그러나 우리는 결코 옛사람들이 '授'와 '受', '買'와 '賣' 조차도 구분하지 않았다고는 말할 수 없다. '糴'자의 훈은 곡식(穀)인데, 入자를 더하면 '糴'자가 되고 입성이 되며, 出자가 더해지면 '糶'자가 되고 거성이 된다. '姓'자는 從女로 모계사회 때문에 반대로 된 것이고 '甥'자는 從男이니, 전자는 거성이고 후자는 평성이다. 고인들이 썼던 '正'자의 의미는 出征의 뜻이었으나 正月의 正은 政으로 읽었다. 후에 진시황의 이름 때문에 휘(諱)하여 征으로 고쳐 읽었으니, '正'자는 고음에 평성과 거성 두 가지 독음이 있었음을 알 수 있다. 이로 보면, 사성이 고대에 이미 존재하였고, 소위 '動靜異音'이라 하니, 결코 후세에 비로소 나누어진 것이 아님을 알 수 있다.

일부 학자들은 중국문자가 진화하지 않아 표음문자에 이르지 못했고, 자모를 발명할 단계에 이르지 못했는데 그것은 자형의 장애 때문이라고 불평한다. 그러나 사실은 중국 언어의 특징을 이해하지 못한 것이다. 중국문자는 문자에 말과 배합되어 있는 것이 그 특징으로 이런 언어는 음절이 간단하다. 원음(元音)은 특히 중요하고 보음(補音)은 쉽게 변한다. 운류(韻類)가 가장 복잡하지만, 복보음(複輔音)은 없으며, 성조의 변화는 있으나 형식의 변화는 없다. 현대중국어에서 조차도 별로 변한 것이 없다. 비록 중국 언어가 충분히 진화하지 않았다고 불평하는 사람이 그래도 있지만, 자연적으로 변하는 것을 제외하고 언어의 본질을 개진하려는 노력은 헛된 일이라고 생각한다. 그러므로 중국문자를 개진하려 할 때에는, 반드시 말과의 관계를 고려해야 할 것이다.

八 중국문자의 기원에 관한 전설

중국인들은 문자의 기원에 대해서 대략 전국시기에 이미 주목하였다.

≪역(易)·계사(繫辭)≫에 말하길,

> 상고시기에는 결승하여 다스렸고, 후세의 성인이 書契로 대신하였다.(上古結繩而治，後世聖人易之以書契.)

≪장자(莊子)·거협(胠篋)≫편에도 이르길,

> 그대는 유독 지극한 덕으로 다스려졌던 세상을 알지 못하는가? 옛날 용성씨·대정씨·백황씨·중앙씨·율륙씨·여축씨·헌원씨·혁서씨·존노씨·축융씨·복희씨·신농씨 등의 시기에는 백성들이 결승하여 그것을 사용하였다.(子獨不知至德之世乎? 昔者，容成氏·大庭氏·伯黃氏·中央氏·栗陸氏·驪畜氏·軒轅氏·赫胥氏·尊盧氏·祝融氏·伏羲氏·神農氏，當是時也，民結繩而用之.)

<거협>편에는 또 전성자(田成子) 12세에 제나라가 있었다고 말하는 것으로 보아, 이 글이 쓰인 시기가 아마 진한교체기일 것이다. <계사>의 말들 중에는 공자가 한 것으로 견강부회하고 있지만, 마땅히 전국시기 말기의 작품으로 <거협>보다는 다소 빠를 것이다.

어떤 민족들은 문자를 발명하기 전에 기억을 돕기 위해 결승(結繩)의 방법을 사용하였다. 중국에서는 송나라 이후까지도 남방의 계동만족(谿洞蠻族)은 결승을 사용하였다. 일설에 의하면 대만, 유구(琉球) 등지와 멀리 아프리카, 호주에 이르기까지 모두 기억을 돕는 이런 방법을 사용하였다고 한다. 남미의 페루는 더욱 유명하다. 이런 방법을 사용한 지역의 분포는 매우 광범위하며 역사도 아주 오래 되었다. 일부 민족들은 새끼의 색깔과 묶는 방법을 이용하여 사건을 아주 정밀하게 기록할 수 있었다.

≪역(易)·계사(繫辭)≫에 포희씨(庖犧氏)를 언급하면서 또 말하길,

> 결승하여 그물을 만들고 그것으로 사냥을 하고 물고기를 잡았다.
> (作結繩而爲網罟，以佃以漁.)

이 기록은 마치 수렵사회의 일을 묘사한 것 같다. <계사>에서 말한 것은 본래 추론한 것으로 역사적 사실이 아닐 것이니, 중국 고대에 이런 일이 있었는지 여부는 말하기 어렵다. 전국시기 사람이 아마도 고대 전설에 근거하거나 개화되지 않은 민족이 이런 방법을 사용했다는 것을 듣고, 자기의 조상들도 반드시 그러했으리라 여겼던 것이다. 그러나 몇 개의 문자에 대한 해석을 근거하여 보면,

이런 전설이 믿을 만하다는 것을 알 수 있다.

정현(鄭玄)의 ≪주역주(周易注)≫에 말하길,

> 결승으로 약속을 삼으니, 일이 크면 그 매듭을 크게 하고, 일이 작으면 그 매듭을 작게 한다.(結繩爲約, 事大, 大結其繩, 事小, 小結其繩.)

이정조(李鼎祚)의 ≪주역집해(周易集解)≫에 ≪구가역(九家易)≫을 인용하여 또 말하길,

> 옛날에는 문자가 없었다. 그 시기에 약속할 일이 있으면, 큰일은 그 새끼를 크게 하고 작은 일은 새끼를 작게 하였다. 매듭의 다소는 사물의 많고 적음에 따랐고, 각자 갖고 있는 것으로 서로 고증하였으나, 또한 족히 서로 다스릴 수 있었다.(古者無文字. 其有約誓之事, 事大, 大其繩, 事小, 小其繩. 結之多少, 隨物衆寡, 各執以相考, 亦足以相治也.)

이 인용문은 "결승으로 약속을 삼은(結繩爲約)" 일을 말하고 있다. 또 곽상(郭象)의 ≪장자주(莊子注)≫에 말하길,

> 족히 요점을 기술할 따름이다.(足以紀要而已.)

'要'자와 '約'자는 비록 글자가 다르지만, 말의 의미는 서로 같다. ≪설문해자≫에 "약은 얽어매다(約, 纏束也.)"는 뜻이라고 하는데,

約자의 본의다. ≪주례(周禮)·사약(司約)≫에 말하길,

> 나라와 만민의 약제를 장악한다.……무릇 큰 약제는 종이 같은 기물에 기록하고 작은 약제는 단도에 기록한다.(掌邦國及萬民之約劑,……凡大約劑書於宗彝，小約劑書於丹圖.)

정현은 주(注)에서 '約劑'는 '언어의 약속'이라고 말한다. 그러나 <사사(士師)>에서는 다음과 같이 말한다.

> 무릇 제물로 인한 소송을 당한 자는 나누어 가진 어음으로 시비를 가린다.(凡以財獄訟者，正之以傅別約劑.)

정현은 또 '각자 소지한 어음이다'라고 말한다. 이것으로 보면 '約'자의 기원은 아마 결승일 것이며, 문자가 있기 전에 차용증서가 결승이었던 것이다. '要'자는 ≪좌전·문공(文公)6년≫에 "由質要"의 注에서 "차용증서(契券)"라고 한다. ≪주례(周禮)·직금(職金)≫의 "入其要"에 정현은 "범수(凡數)"라고 주를 달고 있다. <사사(士師)>에서 "해가 끝나면 요회를 바르게 한다.(歲終則令正要會)"라고 하는데, 정현은 "계산 장부를 정한다(定計簿)"라고 주한다. <소재(小宰)>에서 "지출과 수입은 요회에 따른다(聽出入以要會)"라고 하는데, 정현은 "월별 회계를 요라 하고 연별 회계를 회라 한다.(月計曰要，歲計曰會)"고 주한다. 이런 예들로 보아 '要'도 차용증서의 뜻이며, 숫자를 헤아린다는 의미이다. 주나라 여왕(厲王) 때의 산반(散盤)의 마지막 줄에는 다음과 같은 문구가 있다.

그 왼쪽 어음, 사정인 중농.(厥左執緌, 史正中農)

'執緌'는 후세의 증인이라는 의미이다. '緌'자는 從糸旁이니 '約'자와 같으므로, 이런 숫자를 기록한 차용증서는 원래 결승이었다고 추측할 수 있다.

그러나 결승은 문자가 아니다. 그러므로 유사배(劉師培)는 정초(鄭樵)의 <기일성문도(起一成文圖)>를 근거로 결승시기의 문자는 문자를 이해하지 못하였을 뿐만 아니라 또한 결승의 방법도 아직 이해하지 못한 상태였다고 여긴다. 정초는 단지 문자를 하나의 근원으로 귀결시키려고 했고, 비록 황당무계한 생각이지만, 결승을 포함시키지는 않았다. 본래 새끼를 매어 표시한다면, 어떻게 一 丨 丿 乀 과 같은 자형을 만들 수 있었겠는가?

전국시기 말에 이르러서 학자들 사이에는 또한 창힐이 문자를 만들었다는 이야기가 많이 전해졌는데, 우리가 볼 수 있는 기록으로는 다음과 같은 것이 있다.

一. ≪순자(荀子)·해폐(解蔽)≫, "문자를 좋아하는 사람은 많으나, 창힐이 유독 전해지는 것은 마음을 하나로 썼기 때문이다.(好書者衆矣, 而倉頡獨傳者一也.)"

二. ≪여씨춘추(呂氏春秋)·군수편(君守篇)≫, "해중은 수레를 만들고, 창힐은 문자를 창조하며, 후직은 농사를 짓고, 고요는 형벌을 만들며, 곤오는 도기를 굽고, 하곤은 성을 쌓았으니, 이 여섯 사람이 만든 것은 모두 마땅히 필요한 것들이다.(奚仲作車, 倉頡作書, 后稷作稼, 皐陶作刑, 昆吾作陶, 夏鯀作城, 此六人者所作, 當矣.)"

三. ≪한비자(韓非子)·오두편(五蠹篇)≫, "창힐이 문자를 만들면서 스스로를 돌아보는 것을 '사'라고 하고, '사'에 등을 돌리는 것을 '공'이라 한다.(倉頡之作書也, 自環者謂之私, 背私謂之公.)"

四. ≪세본(世本)·작편(作篇)≫, "저송과 창힐이 문자를 지었다.(沮誦倉頡作書)" — ≪광운(廣韻)·구어(九魚)≫에서 인용.

五. 이사(李斯)≪창힐편(倉頡篇)≫, "창힐이 문자를 만들어 후손을 가르쳤다.(倉頡作書, 以教後詣.)" — 거연(居延)에서 출토된 한나라 목간(木簡)

六. ≪회남자(淮南子)·본경훈(本經訓)≫, "옛날 창힐이 문자를 만들자 하늘에서 조비가 떨어지고 귀신이 밤에 곡을 하였다.(昔者倉頡作書而天雨粟, 鬼夜哭.)"

왕충(王充) ≪논형(論衡)≫에 이르러서는 더욱 자주 언급되어 많은 이야기들이 생겨났다. 예를 들면,

창힐은 눈이 네 개였다.(倉頡四目.)—<골상편(骨相篇)>
창힐은 병일에 죽었다.(倉頡以丙日死.)—<기일편(譏日篇)>
창힐은 새의 자취를 보고 문자를 만들기 시작했다.(倉頡起鳥跡)—<감류편(感類篇)>

≪효경(孝經)·수신계(援神契)≫에는 "창힐이 거북이를 보고 문자를 만들었다.(倉頡視龜而作書.)"라고 말하고, ≪황람(皇覽)·총묘기(冢墓記)≫에는 그의 매장 장소까지도 언급한다.

창힐이 문자를 만들었다는 이야기는 그 당시 보편적으로 알려진 이야기이었던 것으로 보인다. 저송(沮誦)은 단지 ≪세본(世本)≫에

만 언급되고 있는데, 나는 그가 바로 축송(祝誦)(무량사 화상에 보인다) 즉 축융(祝融)이 아닌가하고 의심한다. ≪법원주림(法苑珠林)≫(卷十五)에는 다음과 같은 기록이 있다.

> 옛날 문자를 만든 주인이 무릇 세 사람이 있었는데, 장자의 이름은 범이고, 그 글은 오른쪽으로 써간다. 다음은 구로인데 그 글은 왼쪽으로 써간다. 소자는 창힐인데 그 글은 아래로 써간다. 범과 구로는 천축에 살고 황제의 사관인 창힐은 중하에 살았다. 범과 구로는 맑은 하늘에서 법을 취했고, 창힐은 새의 발자취에서 화려한 문양을 따랐으므로 그 문양이 사뭇 달랐으나 전하는 이치는 같았다.(昔造書之主, 凡有三人, 長名曰梵, 其書右行. 次曰佉盧, 其書左行. 少者倉頡, 其書下行. 梵佉廬居於天竺, 黃史倉頡在於中夏. 梵佉取法於淨天, 倉頡因華於鳥跡, 文畫誠異, 傳理則同矣.)

승려들의 견강부회임이 분명하니, 범문이 성행한 이후의 이야기인 것이다.

고대인들은 '圖'와 '書'를 구별하였으니, "하수에서 도가 나왔고 낙수에서 서가 나왔다.(河出圖, 洛出書.)"는 기록이 그 명백한 증거이다. 전설 속에서 창힐은 단지 문자만 만들었고, 그림을 그렸다는 기록은 없다. ≪여씨춘추(呂氏春秋)·물궁편(勿躬篇)≫에 말하길,

> 대요는 甲子를 만들고, 검여는 윤달(虜首)을 만들며, 용성은 역법을 만들고, 희화는 태양점을 만들며, 상의는 달점을 만들고, 후익은 해점을 만들며, 호조는 옷을 만들고, 이예는 활을 만들며, 축융은 시장을 만들고, 의적은 술을 만들며, 고원은 집을 만들고, 우후

> 는 배를 만들며, 백익은 우물을 만들고, 적기는 절구를 만들며, 승아는 수레를 만들고, 한쇠는 어가법을 만들며, 왕빙은 소를 모는 법을 만들고, 사황은 그림을 그리며, 무팽은 의료법을 만들고, 무함은 점치는 법을 만들었으니, 이 20개의 관직은 성인이 천하를 다스리는 내용이다.(大撓作甲子, 黔如作虜首, 容成作曆, 羲和作占日, 尙儀作占月, 后益作占歲, 胡曹作衣, 夷羿作弓, 祝融作市, 儀狄作酒, 高元作室, 虞姁作舟, 伯益作井, 赤冀作臼, 乘雅作駕, 寒哀作御, 王冰作服牛, 史皇作圖, 巫彭作醫, 巫咸作筮, 此二十官者, 聖人之所以治天下也.)

≪문선(文選)·선귀비뢰(宣貴妃誄)≫의 주에서 ≪세본(世本)≫을 인용하여 "사황이 그림을 그렸다(史皇作圖)"라고 말한다. 이 말과 "창힐이 문자를 만들었다(倉頡作書)"는 일은 본래 완전히 다른 두 일이다. 그러나 ≪회남자(淮南子)·수무훈(修務訓)≫에는 "사황이 태어나면서 글을 쓸 수 있었다.(史皇産而能書.)"라고 '圖'가 '書'로 바뀌어 있는데, 주석가가 글에 따라 마음대로 바꾼 것이다. 그러므로 고유(高誘)가 설명하길,

> 사황 창힐은 태어나면서 새의 자취를 보고 문자를 짓는 법을 알아, 사황이라 부르고 혹은 힐황이라 불렀다.(史皇倉頡, 生而見鳥跡, 知著書, 號曰史皇, 或曰頡皇.)

여기서는 '史皇'과 '頡皇'이 혼합되어 한사람이 되었다. 사실 ≪회남자≫의 이 '書'자는 잘못된 글자로 마땅히 '畫'자로 써야한다. ≪예기(禮記)·외사(外史)≫의 ≪소(疏)≫에 ≪세본≫의 "창힐이 문

자를 지었다(倉頡作文字)"를 인용하고 있는데, '文字'로 '書'를 해석한 것이고, ≪예문유취(藝文類聚)≫에서는 ≪세본≫의 "사황이 그림을 그렸다.(史皇作畵.)"를 인용하고 있는데, '畵'로 '圖'를 해석하고 있는 증거가 된다. ≪회남자≫의 아래 글은 또 말하길,

> 옛날에 창힐이 문자를 만들고, 용성이 역법을 만들며, 호조가 의복을 만들고, 후직이 농사법을 만들며, 의적이 술을 만들고, 해중이 수레를 만들었다.(昔者倉頡作書, 容成造曆, 胡曹爲衣, 后稷耕稼, 儀狄作酒, 奚仲爲車.)

위에서 볼 수 있듯이 다른 글에서는 '史皇'을 '倉頡'로 여기지 않고, 단지 '畵'자를 '書'자로 잘못하여 주석가로 하여금 오해하게 한 것이다. 이런 사실이 1700여 년간 얽혀있었는데 아무도 교정하지 않은 것은 매우 이상한 일이다.

대략 전국시기 말의 학자들은 문화의 기원에 대해 각별히 주의한 것으로 보인다. 그렇기 때문에 어떤 사람이 어떤 물건을 만들었다는 전설이 자주 보인 것이다. ≪세본≫에 전문적으로 이런 내용을 기록한 <작편(作篇)>이 있는데, '倉頡作書'와 '史皇作圖'는 그 중의 일부에 불과하다.

창힐의 시대에 관해서 공영달(孔穎達)의 ≪상서정의(尙書正義)≫에 이르길,

> 창힐에 대해서는 말하는 자에 따라 내용이 다르다. 원래 ≪세본≫에 이르길, "창힐이 문자를 만들었다."라고 하였다. 사마천, 반고,

위탄, 송충, 부현은 모두 "창힐은 황제의 사관이다."라 하고, 최원, 조식, 채옹, 삭정은 모두 단지 "옛날의 왕이다."라고 하였다. 서정은 "신농과 황제시기에 살았다."라 하고, 초주는 "염제시기에 살았다."라고 한다. 위씨는 "마땅히 포희와 창제시기에 살았다."라 하고, 신도는 "포희 전에 살았다."라고 하며, 장읍은 "창힐은 제왕이 되었는데 선통기에 살았다."라고 한다.……장읍의 이 말에 의하면, 창힐은 획린 전 27만6천여 년 전에 살았다. 이런 내용을 보면 창힐의 연대는 확정할 수 없다는 것을 말하고 있다.(其倉頡則說者不同, 故世本云: "倉頡作書." 司馬遷, 班固, 韋誕, 宋忠, 傅玄, 皆云: "倉頡, 黃帝之史官也." 崔瑗, 曹植, 蔡邕, 索靖, 皆直云: "古之王也." 徐整云: "在神農黃帝之間." 譙周云: "在炎帝之世." 衛氏云: "當在庖犧蒼帝之世." 愼到云: "在庖犧之前." 張揖云: "倉頡爲帝王, 生於禪通之紀."……如揖此言, 則倉頡在獲麟前二十七萬六千餘年. 是說倉頡, 其年代莫能有定.)

대개 한나라 초기의 사람들은 모두 창힐이 '황제의 사관이었다.'라고 말한다. 한(漢) 말 이후에 비로소 그의 시기를 더 앞으로 밀어올렸다. 신도(愼到)는 ≪신자(愼子)≫43편을 지었는데, 후세에 전한 것은 모두 한(漢) 이후에 위탁한 내용이라 하니, 그러므로 위씨(衛氏) 등의 설명과 서로 가깝다. 장읍의 설명이 있고, 게다가 '사황(史皇)'의 내용과 뒤섞이면서, ≪노사(路史)≫ 부류의 서적에 이르러서는 커다란 틀을 갖춘 신화가 엮어졌다.

그러나 본래 ≪역·계사(繫辭)≫를 지은 사람이 문자의 기원을 너무 늦게 잡은 것이다. 그는 문자를 만든 사람이 '후세의 성인'이라 하였으니, '옛 성인(古聖)'이 아님이 분명하다. 그는 또 "옛날 포희씨가 천하에 왕 노릇을 할 때,……처음 역의 팔괘를 지었다.(古者庖犧氏之王天下也,……始作易八卦.)"라 하고 있으니, 분명 '후세의 성인(後世聖人)'이 아니다. 허신은 ≪설문해자·서(序)≫에서 포희가 팔괘를 만든 일과 문자를 지은 이야기를 연결시키고, '후세의 성인'을 직접 '황제의 사관 창힐'로 고쳤다. 이렇게 함으로써 계사를 지은 사람의 생각과 크게 멀지 않게 되었다.

위진(魏晉)시기의 사람들은 고대사를 길게 늘이고, 문자의 기원에 대한 이런 설명에 만족하지 않았다. 그래서 공안국(孔安國)이 ≪상서전(尙書傳)≫을 지었다고 위조한 사람은 '삼분(三墳)'을 복희(伏羲), 신농(神農), 황제(黃帝)의 책이라고 견강부회하기 위해, 복희가 "팔괘를 그리고 문자를 만들어 결승의 정치를 대신했다.(畵八卦, 造書契, 以代結繩之政.)"고 말하면서 문자를 만든 일을 앞당길 수밖에 없었으며, 또한 <계사>의 문자를 기꺼이 바꾸었다.

그러나 누구도 아직까지 팔괘가 문자라고 말하는 사람은 없다. 이런 견강부회는 대략 송 이후에 생긴 일이다. 정초(鄭樵)의 ≪육서(六書)·약론변종(略論便從)≫에서 다음과 같이 말한다.

> 문자는 세로로 하면 편하고, 가로로 하면 불편하다. 감, 리, 곤은 가로로 된 괘이다. 이것으로 글자를 만들려면 반드시 세로로 해야 한다. ☵는 세로로 한 후 비로소 水자가 되고, ☲은 세로로 한 후 비로소 火자가 되며, ☷은 세로로 한 후 비로소 巛자가 된다.(文字便從不便衡, 坎, 離, 坤, 衡卦也, 以之爲字則必從. 故☵必從而後成水, ☲必從而後成火, ☷必從而後成巛.)

이 세 글자에서 水자가 가장 쉽게 사람들을 믿게 한다. 육국(六國) 문자의 水旁의 글자는 종종 |¦|자를 쓰는데, 또한 ☵를 쓰기도 한다. 그러나 상대(商代)에는 단지 ʃ로 썼으니,(≪설문≫의 畎자와 같다) 때로는 점을 더하고, 대부분은 점을 더하지 않았으니 견강부회할 수 없었다. 離卦와 火의 형상은 근본적으로 닮지 않았다. 고문의 火자는 구소설 삽화 속의 불꽃과 닮은 부분이 있어 쉽게 山자와 서로 혼돈된다. 坤卦자는 한나라 비문에 巛川 등의 형태로 쓰였고, ≪주역음의(周易音義)≫에 "곤 자는 본래 또 巛으로도 쓴다.(坤本又作巛)"라 하고, 왕념손(王念孫) 부자는 川의 가차자라고 여겼으니, 매우 옳은 견해이다. 왜냐하면 이 巛자의 형태는 어떻게 보든 땅을 닮은 글자는 아니다.

3획의 건괘로 하늘을 닮은 글자는 단지 초서인 [illegible]자를 가져올 수밖에 없다. 그러나 설령 우리가 이런 옳은 것 같지만 잘못된 예들을 인정한다 하더라도, 진(震), 간(艮), 손(巽), 태(兌)괘들은 여전히 증명할 방법이 없다. 양만리(楊萬里)는 天, 地, 水, 火자로부터 雷, 風, 山, 澤자도 같은 방법으로 만들어졌음을 알 수 있다고 한다. 항안세(項安世)도 水자를 예로 미루어 보아도, 팔괘의 글자들은 모두 3획을 사용했다고 말한다. 송 이후의 사람이 위조한 ≪역위건곤착도(易緯乾坤鑿度)≫에서는 아예 팔괘를 天, 地 등 여덟 글자의 고문(古文)으로 여겼다. 이런 전혀 근거 없는 설명은 더욱 말할 가치도 없다.

그러나 팔괘의 1획과 한 글자의 1획은 구별하기 어렵다. 그러므로 괘 자체가 문자가 아니라 하더라도 자주 문자 구성요소의 형상으로 여겨졌다. 하지만 내 의견에 의하면 팔괘의 기원은 산가지(卜

算子)를 이용하여 점을 치면서 효를 펼치는 것이고, (고문은 爻로 쓰니 三爻와 닮았다) 고문의 '學'자는 또한 양손으로 효를 펴는 모습과 닮았다. 이런 방법은 무(巫)에 의해 발명되었을 것이며, 그러므로 '巫'자는 古字에 𢀖로 썼으니 본래 두 개의 산가지가 교차하는 형상이다.

爻盉　《鐵雲藏龜》一五七葉粤戊　巫姜簋　史懋壺露筭

이런 산가지는 뼈로 만든 것도 있고 옥으로 만든 것도 있다. 그러므로 '巫'자는 從兩工字이다. 후세에는 대나무로 산가지를 만들어서 '筮'자를 만든 것이다. 그리고 양손의 형상을 더하여 서괘(筮卦)를 나타내는 자는 바로 '𥶦'이다. ≪여람(呂覽)·물궁(勿躬)≫과 ≪세본(世本)·작편(作篇)≫에 모두 "무함은 점을 만들었고 무팽은 의술을 만들었다.(巫咸作筮, 巫彭作醫.)"라고 한다. 이 두 일은 무술(巫術)행위의 중심 내용이다. 춘추시기에 이르러서도 남방에서는 여전히 무(巫)의 힘이 매우 컸기 때문에, "남방 사람들은 말하길, 사람으로서 항심이 없으면 무당이나 의사를 할 수가 없다.(南人有言曰, 人而無恒, 不可以作巫醫.)"라고 한다. 그리고 굴원은 "나는 장차 팽함이 머문 곳을 따르리라.(我將從彭咸之所居.)"라고 말했는데, 彭咸은 巫彭과 巫咸을 지칭한 것이다. ≪주례·서인(筮人)≫에 이르길,

삼역을 관장하여 구서의 이름을 분명히 하였으니, 첫째는 연산이고 둘째는 귀장이며 셋째는 주역이다. 구서의 명칭은 첫째는 무경이고 둘째는 무함이며 셋째는 무식이고 넷째는 무목이며 다섯째는 무역이고 여섯째는 무비이며 일곱째는 무사이고 여덟째는 무삼이며 아홉째는 무환으로, 이것으로써 길흉을 변별한다.(掌三易以辨九筮之名, 一曰連山, 二曰歸藏, 三曰周易. 九筮之名, 一曰巫更, 二曰巫咸, 三曰巫式, 四曰巫目, 五曰巫易, 六曰巫比, 七曰巫祠, 八曰巫參, 九曰巫環, 以辨吉凶.)

여기서 말하는 것은 본래 아홉 명의 무(巫)의 이름이다. 이것은 ≪산해경(山海經)·해내서경(海內西經)≫에서는 다음과 같이 말한다.

무팽, 무저, 무양, 무리, 무범, 무상.(巫彭, 巫抵, 巫陽, 巫履, 巫凡, 巫相.)

<대황서경(大荒西經)>에서는 다음과 같이 말한다.

무함, 무즉, 무반, 무팽, 무고, 무진, 무례, 무저, 무사, 무라.(巫咸, 巫卽, 巫盼, 巫彭, 巫姑, 巫眞, 巫禮, 巫抵, 巫謝, 巫羅.)

이상은 모두 큰 차이가 없다. 소위 '二曰巫咸'은 바로 무함이 지은 서법(筮法)인데, 정현은 이 사실을 알지 못하고, "함은 모두의 의미와 같으니, 뭇사람들의 마음이 기쁜가 그렇지 않은가를 점치는 것을 말한다.(咸猶僉也, 謂筮衆心歡不也.)"라고 해석하였으니, 그 의미가 분명하지 않게 되었다.

무함(巫咸)은 은(殷)나라 때의 사람으로 ≪상서≫에 보인다. ≪귀장(歸藏)≫에 황제가 탁록(涿鹿)의 전쟁에서 무함에게 점을 치게 한 적이 있다고 하는데, 이 또한 후세 사람들이 의탁한 내용일 것이다. 팔괘의 기원은 무당이 산가지를 사용하여 점괘를 나열하는 방식이었을 것이며, 이것으로써 사물의 상징으로 삼았고 문자와는 무관하였을 것이다. 그리고 무술(巫術)이 성행한 것은 은나라 때이고 그 시기는 문자가 이미 만들어졌으니, 팔괘의 괘 모습은 결코 문자를 만들 때 소재가 된 것은 아니었을 것이다.

九 중국문자는 어떻게 발생했는가?

만약 우리가 고문헌을 근거로 문자의 기원을 탐구한다면, <계사(繫辭)> 작자의 설명은 예로 들만한 가치가 있다.

> 상고시기에는 결승하여 다스렸고, 후세의 성인이 서계로 대신하였다.(上古結繩而治, 後世聖人易之以書契.)

이 내용은 '서계(書契)' 이전에 따로 문자나 유사한 것이 없었다는 것을 말한다. 말이 비록 두루뭉술하여 모호하지만, 도리어 지적할 곳이 없는 설명이다.

'서계(書契)'는 무엇인가? 역대의 대부분 사람들은 모두 단지 '문자(書)'라고 해석하였다. 허숙중(許叔重)은 ≪설문해자·서≫에서 말하길,

창힐이 처음 문자를 지었을 때, 대개 유사함에 의지하고 형상을 본받았으므로 문이라 하고, 그 후 형성자가 서로 더해지게 되어 그런 문자를 자라하였다. 문이라는 것은 사물형상의 근본이고, 자라는 것은 파생되어 점차 많아진 글자를 말한다. 죽백에 쓰이게 되어 서라 하였으니, 서라는 것은 같게 쓴다는 것이다.(倉頡之初作書, 蓋依類象形, 故謂之文, 其後形聲相益, 卽謂之字. 文者物象之本, 字者言孳乳而寖多也. 著於竹帛謂之書, 書者如也.)

그의 생각에 '書'는 쓰인 문자인 것이다. 그러면 '契'는 무엇인가? 정현은 <계사>의 주에서 다음과 같이 말한다.

나무에 쓰고 그 곁에 새겨 계로 삼아 각자 하나를 갖고, 후에 갖고 있는 것으로 서로 합치하는 가를 견주어본다.(書之於木, 刻其側爲契, 各持其一, 後以相考合.)

또 ≪주례·질인(質人)≫의 주에 말하길,

서계는 시장의 물건을 주고받는 어음이다. 그 어음의 모습은 두 패에 글을 쓰고 그 곁에 새긴 것이다.(書契取予市物之券也. 其券之象, 書兩札, 刻其側.)

≪주례·소재(小宰)≫의 주에 말하길,

서계는 나가고 들어오는 모든 요목을 말한다. 무릇 장부의 총목과 옥송의 중요한 진술 등을 모두 계라고 한다. ≪춘추전≫에 이르길, "왕숙씨는 그 계를 제시하지 못했다.(書契謂出予受入之凡要, 凡簿書之最目, 獄訟之要辭, 皆日契. ≪春秋傳≫日: "王叔氏不能擧其契.")

이 예들은 모두 '契'와 '書'를 구별하지 않고 혼용하고 있다. ≪구가역(九家易)≫에 말하길,

백관은 서로써 직분을 다스리고, 만민은 계로써 그 일을 명백히 한다.(百官以書治職, 萬民以契明其事.)

職과 事를 나누었으며, 그러나 또 말하길,

계는 새긴다는 것이다.……쇠로 대나무와 나무를 나누어 서계의 모습을 만든다.(契刻也.……金決竹木爲書契象.)

여전히 혼합하여 사용하고 있다. ≪시경≫에 "거북에 새겨 점을 치고(爰契我龜)"라고 하는데, 契는 새긴다는 의미로 쓰였다. 나진옥(羅振玉)은 복사(卜辭)를 ≪은허서계(殷虛書契)≫라고 불렀는데, 이 또한 잘못 사용한 것이다.

'書'와 '契'는 원래 두 가지 완전히 다른 일이었다. 원시인들에게 문자는 없었으나, '契'는 이미 있었다. 예를 들면 ≪위서(魏書)·제기서(帝紀敍)≫에 말하길,

문자로 쓰지 않고, 나무에 새기고 계에 표시할 따름이다.(不爲文字, 刻木紀契而已.)

≪수서(隋書)·돌궐전(突厥傳)≫에 말하길,

문자가 없어 나무에 새겨 계로 삼았다.(無文字，刻木爲契.)

≪구당서(舊唐書)·남만전(南蠻傳)≫에 동사만(東謝蠻)부족에 대해서 설명하면서 또한 다음과 같이 말한다.

세속에 문자가 없어 나무에 새기고 계로 삼았다.(俗無文字，刻木爲契.)

그 후 줄곧 근대의 남방 묘요(苗傜)족에 이르러서도 여선히 나무에 새겨 나이를 기록한 사실이 있었다. 이로 보아 정강성(鄭康成)이 "나무에 쓰고 그 곁에 새겨 계로 삼는다.(書之於木，刻其側爲契.)"로 '書契'를 해석한 것은 잘못된 것이다. ≪설문≫에 "계는 대략의 의미다.(契大約也.)"라고 하는데, 본의를 말하지 못하고 있다. '券'자의 주에 다음과 같이 말한다.

契는 從刀关聲이다. 券을 구별하는 글은 칼로 나누고 그 곁에 새겼다.(契也，從刀关聲. 券別之書以刀判，契其旁.)

계약서(契券)를 '契'라 칭하는 까닭은 그 곁에 새기기 때문이다. '契'자가 동사로 쓰이면 '새기다'의 의미가 된다. 그러므로 ≪석명(釋名)≫에 다음과 같이 말한다.

계는 새기다는 의미다. 그 숫자를 새겨 표지한다.(契刻也, 刻識其數也.)

'刻'과 '契'는 소리가 서로 가깝고 본래 동일한 말이다. 예를 들면 ≪이아(爾雅)·석고(釋詁)≫에 "契는 끊는다(契絕也)"라고 하는데, 곽박(郭璞)이 다음과 같이 주한다.

지금 강동지역에서는 각단을 계단이라 한다.(今江東呼刻斷爲契斷.)

≪여씨춘추·찰금(察今)≫편에 "갑자기 그 배에 새긴다.(遽契其舟.)"에 고유(高誘)는 "갑자기 배에 새겨 표지한다(疾刻舟識之)"라고 주한다. 契자는 또한 鍥자로도 쓸 수 있다. 예를 들면 ≪좌전·정공(定公)≫ 9년에 다음과 같이 말한다.

마을 사람의 수레를 모두 빌려 그 굴대에 새겼다.(盡借邑人之車鍥其軸.)

두예(杜預)는 주에서 "鍥는 새기다의 의미다(鍥刻也)"라고 말한다. 이것으로 보아 나무에 새기는 행위를 '契'라 불렀고, 이런 이유로 새긴 나무도 '契'라고 하였다는 것을 알 수 있다. 유희(劉熙)가 말한 "그 숫자를 새겨 표지한다(刻識其數也)"는 내용은 매우 중요하다. 왜냐하면 숫자는 기억하기가 힘들고, 더욱이 사람 사이의 계약에서 쌍방의 기억이 같지 않을 수도 있어, 숫자는 가장 쉽게 다툼을 일으키게 하기 때문에, 나무에 새겨 일종의 신뢰의 약속으로 삼은 것이다. 아프리카나 오스트레일리아의 토착민들은 자주 대나무나 나무에 선의 흔적을 새겨 숫자를 기록했는데, 이것이 바로 가장 원시적이며 간단한 '契'이다. 고서적에서 볼 수 있는 자료들로 예를 들면 다음과 같다.

一 ≪노자≫: "이런 까닭에 성인은 좌측 어음을 쥐고 채무자에게 책하지 않는다.(是以聖人執左契而不責於人.)"
二 <곡례(曲禮)>: "조를 헌납한 자는 오른쪽 어음을 잡는다.(獻粟者執右契.)"
三 ≪역림(易林)≫: "부는 왼쪽이고 계는 오른쪽이니, 서로 합치된다.(符左契右, 相與合齒.)"
四 ≪열자(列子)·설부(說符)≫: "송나라 사람이 길을 다니다가 다른 사람이 잃어버린 어음을 주워서, 집으로 돌아와 숨겨두고 남몰래 그 치의 수를 세어보고, 이웃에게 말하길, 나는 곧 부자가 될 것이라고 하였다.(宋人有游於道, 得人遺契者, 歸而藏之, 密數其齒, 告鄰人日, 吾富可待矣.)"

위의 예로 보아 戰國 秦漢시기의 '契'는 좌우로 양분되었고, 합하는 부분은 치아의 형상으로 새겨졌다는 것을 알 수 있다. 이런 방법은 건축이나 기구에도 사용되었는데, ≪문선(文選)·진기총론(晉紀總論)≫에 "만약 집을 다 지으면 착계를 제거하다.(如室斯構而去其鑿契.)"에서 오신(五臣) 주에 "착계는 자루이다(鑿契籆也)"라 하니, 籆은 즉 ≪집운(集韻)≫의 '박은 자루(榫[순])'자이다. 그러므로 '契'는 치아의 다소 혹은 대소에 따라 숫자를 표시하고, 본래 문자를 사용하지 않았다. “두 패에 글을 쓰고 그 곁에 새기게(書兩札, 刻其側.) 되면서 ‘부서(符書)’ 혹은 ‘부별(傅別)’과 마찬가지로 이미 원래의 ‘契’가 아니었다.

앤더슨(安特生, J.G.Andersson)은 ≪감숙고고기(甘肅考古記)≫에서 말하고 있다. 그는 일찍이 감숙성(甘肅省) 서녕현(西寧縣) 앙소(仰韶)문화시기의 유적지에서 많은 양의 장방형 골판(骨板)을 발견했으며, 그 중에는 아무것도 없는 것도 있지만 무언가 새겨진 것들도 있었는데, 그것들을 원시문자라고 추측했다. 나는 ≪은계일존(殷契佚存)≫의 서문에서 그것들은 고대의 골계(骨契)이며 문자가 아니라고 이미 지적했다. 이런 골계 위에 숫자를 새기는 방법에는 두 가지가 있다. 첫째는 치아 모양을 새기는 방법이다. 한 골판은 한쪽 변에 두 개의 치아 모양의 결합을 새기는 것인데, 무엇을 나타내는 것인지는 알 수 없다. 다른 골판은 양변 정중앙에 모두 하나의 치아 모양의 결합이 있고 또한 대칭이 된다. 내 생각에 이것은 몇 개의 계를 병합하기 위한 것으로 묶을 때의 상하 두 조각일 것이다. 이런 두 치아 모양의 결합은 사람의 가는 허리와 같아, 차용증서(契券)를 ‘要’라고도 칭하게 되었다.

甘肅西寧縣周家寨所出仰韶期骨契

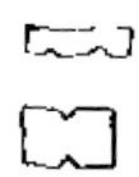

采≪甘肅考古記≫

다른 한 방법은 골계(骨契) 위에 선을 새기는 것이다. 이 선은 고문자의 ‘五’와 ‘六’자와 매우 닮았다. 중국문자의 一, 二, 三, ☰는 원래 모두 획을 누적하였고, 五에 이른 후에는 두 개의 직선으로 변하여 각종 교차 형태를 만들었다.

五× 六∧ 七+ 八⌃

이것으로 보아 고대의 숫자는 본래 '四'進과 '八'進으로 단위를 삼았고, '五'를 사용하지 않았다. 그러므로 '九'자는 龍, 蛇 형태 같은 글자에서 차용하였다. '十'자는 '一'자를 곧바로 세워 만들었고, '廿' 등은 또 四進으로 만들었다.

十丨 廿∪ 卅Ш 卌Ш

이런 숫자를 기술하는 방법은 처음에는 새끼줄과 어떤 관계가 있었을 것이다. 가령 뼈로 만든 산가지 하나를 새끼로 가로로 둘러 한 번은 '一'을 나타내고 네 번은 '四'를 나타내며, 그리고 두 번을 교차시킨 형태로 '五'를 나타내고 갈라지는 형태로 '六'을 나타내며, 十자형으로 '七'을 나타내고 나누어진 두 번의 사선은 '八'을 나타낸다. 가령 직선으로 두르면, 한 번은 '十'을 나타낸다. 그러나 '廿'에서 '卌'은 한쪽이 모여 있어 '一'에서 '四'까지와 다르다. 이 점은 비교적 이해될 수 있는 부분이다.

현재 앙소(仰韶)문화시기의 골계(骨契)는 대체적으로 이렇게 두른 형식을 모방하여 새겨 넣은 것이며, 우리의 문자는 또한 골계에서 얻은 이런 숫자를 기록한 것들이다. 은허(殷虛)에서 출토된 수골(獸骨)에서는 골구(骨臼)에 ×를 새겨놓은 것을 자주 보게 되는데,

이것은 점치는 뼈를 관리하는 사람이 수를 기록하기 위해 사용한 것이다. 이것으로 보면 은허시기에는 이미 '五'進을 사용한 것을 알 수 있다.

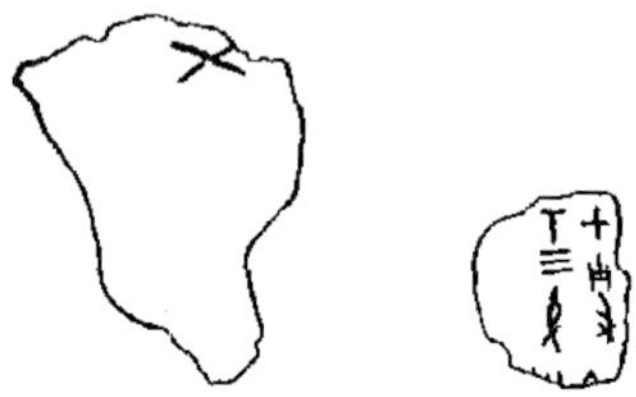

北京大學藏卜骨　　同骨之臼

그러나 '契'에서 볼 수 있는 수를 나타내는 글자는 이 몇 개에 불과하다. 그런데 일반인이 '書'도 새기는 것(契刻)으로 여긴다는 것은 잘못된 것이다. 호기심이 많은 사람들은 倉頡을 '創契'로 읽기도 하는데, 의외로 이것을 믿는 사람들이 있으니 참으로 괴이한 일이다. 그들은 일반적으로 고대에는 붓이 없었으므로 글을 쓴다는 것은 새기는 일이라고 여겼다. 그러나 은허에서 발굴된 점복갑골(占卜甲骨)에 썼으나 새기지 않은 것들이 분명히 있고, 붉은 글자가 쓰인 옥기(玉器)도 있는데, 모두 붓으로 쓴 것이 확실하다. 청동기 문자에 '율(聿)'자를 볼 수 있는데, 이것이 바로 고대 '筆'의 상형자이다.

子妻簋

문자의 발생은 본래 매우 자연스러운 일이다. 몇 만 년 전의 구석기 시대 사람들은 이미 매우 훌륭한 그림(繪畫)을 갖고 있었다.

그들의 그림은 대부분 동물과 사람의 모습이고, 이것은 문자가 생겨나기 이전의 모습이다. 그러나 그때의 그림은 단지 인상을 묘사하고 스스로 그러한 모습들을 표현했지만, 작자의 사상과 감정을 완전히 표현할 수는 없었기 때문에 문자는 아니다. 매우 긴 시기를 거쳐 인류는 수렵사회에서 농업사회로 진입하면서, 상당히 안정된 거처를 갖게 되었다. 작은 부락들이 모여 국가가 되고 격렬한 전쟁이 발생하게 되며, 교통도 하루가 다르게 복잡해지고, 사람과 사람 사이의 관계도 더욱 긴밀해졌다. 그리고 많은 서로 다른 언어들이 섞이면서 비교적 보편성을 띠고 널리 사용된 언어가 있게 되었다. 이때에 어떤 사람이 '호랑이'를 그리자 모든 사람이 '虎'라고 부를 수 있게 되었고, '코끼리'를 그리자 모두 '象'이라 말할 수 있게 되었다. 그림이 있고 통일된 언어가 있게 된 것이다. 그처럼 당시의 문화는 이미 그러한 필요를 제공할 만큼 발전하였고, 곧 문자가 생겨나게 된 것이다.

문자는 그림에서 근원하였고, 최초의 문자는 읽을 수 있는 그림이었다. 그러나 그림이 모두 읽을 수 있는 것은 아니다. 후에 문자와 그림은 점차 나뉘게 되었고, 차이가 점차 두드러졌으며, 문자는 그리는 것이 아니고 쓰게 되었다. 쓰는 기술은 핍진하게 묘사할 필요가 없었으며, 단지 특징만을 써내어 틀리지 않고, 사람들이 인식할 수 있으면 그것으로 충분하였다.

최초의 문자는 서계(書契)이다. 書는 그림에서 왔고, 契는 기호에서 왔다. 그러나 단지 기호만 있고 그림만 있으면, 아직 문자는 아니다. 문자의 탄생은 통일된 언어가 있게 된 이후의 일이다.

十 문자발생의 시기

≪역(易)·계사(繫辭)≫에 "후세의 성인이 서계로 대신하였다(後世聖人易之以書契)"라고 말하는데, 후세는 어느 시기인가? 전국시기 말의 사람들은 문자를 지은 공을 창힐(倉頡)에게 돌리고, 한나라 초기의 사람들은 그를 황제시기의 사관(史官)으로 여긴다. 또 어떤 사람은 ≪관자(管子)·봉선(封禪)≫에 12家가 태산에서 하늘에 제사를 지냈는데, 무회씨(無懷氏), 복희(虙羲), 신농(神農), 황제(黃帝) 등이 있는 것으로 보아 황제 이전에 있었다고 말한다. 그러나 복희, 신농 등의 전설은 모두 육국(六國) 이후에 생긴 것으로 신뢰할 수 없다. 문자발생시기에 대해서 문헌 기록에는 명확한 증거가 없다. 그러므로 나는 이를 증명하기 위해서 다른 방법을 사용해야 한다고 생각한다.

문자 자체로 말하면, 우리가 얻을 수 있는 대량의 자료는 단지 상대(商代)의 문자인데, 여기에는 갑골복사(甲骨卜辭)와 청동기 명문이 포함된다. 복사는 반경(盤更) 이후의 작품이고, 청동기 명문 중에서 확실하게 상말(商末)시기의 것으로 여겨지는 자료는 소수에 불과하다. 상대의 문자에는 매우 많은 그림문자가 아직 보존되어 있는데, 과거의 일부 학자들은 이런 문자들을 쉽게 인식하지 못하여 '문자그림(文字畫)' 즉 문자의 그림과 유사한 것으로 여겼다. 이는 매우 큰 착오이다. 왜냐하면 우리가 만약 상대가 아직 문자그림 시기였다고 한다면, 문자는 이제 막 발생하였고, 그러면 상대는 여전히 비문명사회라고 말해야 할 것이다. 그러나 사실 상대는 이미 매우 높은 수준의 문화를 갖고 있었고, 역사적으로 전해져 온 실물로 모두 이를 증명할 수 있다. 이런 잘못된 관찰을 하게 된 것은 첫째, 모든 문화에는 보수성이 있다는 것을 간과한 것이다. 그들은 이런 그림문자가 단지 국부적으로만 보존된 것으로 결코 원시시기의 것이 아님을 알지 못했다. 다음으로 그들은 형성(形聲)문자의 존재를 망각한 것이다. 복사(卜辭)에는 이미 많은 형성문자가 있으며, (≪고문자학도론(古文字學導論)≫에서 나는 일찍이 많은 從'斤'聲字를 열거하였고, ≪은허문자기(殷虛文字記)≫에서는 더 많은 예를 들었다.) 청동기의 문자도 이와 같다. 제1대의 상왕 이름은 '湯'인데, 복사에는 '唐'으로 쓰였으니 바로 형성자이다. 형성문자는 여하튼 그림문자가 생긴 후에 만들어졌다. 나는 형성문자가 있고 난 후의 문자를 근고기(近古期)라 칭하고, 형성문자가 있기 전에 단지 그림문자만 있었던 시기를 원고기(遠古期)라고 칭한다. 그러면 우리가 볼 수 있는 상대(商代) 문자는 단지 근고기의 문자이고, 문자가 처음 발생한 시기와는 이미 요원한 거리가 있다.

나는 ≪은계일존(殷契佚存)≫의 서문에서 또 다음과 같은 말을 한 적이 있다. ≪감숙고고기(甘肅考古記)≫에 기재된 신점기(辛店期)의 도기에 있는 소위 도안이라고 하는 것은 사실상 일종의 문자이다. 앤더슨이 열거한 네 개의 도형 중, 말의 형상은 상대의 금문과 가장 유사하다. 말의 사족(四足)과 새의 양족(兩足)은 같지 않은 듯하지만, 그러나 상대의 청동기 문자에는 양족을 그린 말의 형상이 여전히 있다.

다른 도준(陶尊)의 꽃문양 사이에 섞여있는 개의 형상은 비록 사족(四足)이지만, 머리 부분을 나타내는 방법이 귀를 아래턱에 이어 한 획으로 하고, 위턱을 목과 연결하여 한 획으로 하니 바로 중국

고문자의 특징이다. 양의 형상은 그림에 완전한 형상으로 표현되어 있지 않지만, 우리의 생각에 본래 '萈'자의 본래의 사법(寫法)이라고 생각한다. 중간에 또 육족(六足)의 곤충 모양이 있는데, '求'자로 '蟊'자의 원시형태의 글자이다. ≪설문≫에 "蟊는 다족의 벌레다. (蟊, 多足蟲也.)" 라 하고, 혹체(或體)로 '蚤'로도 쓴다. 이것은 후대 사람들이 '求'자가 다족충의 형상이었다는 것을 몰랐기 때문에, 虫 혹은 䖵의 편방을 추가한 것이다. ≪설문≫에서는 '求'자를 도리어 '裘'자의 고문으로 여겼다. 학자들 사이에는 이것이 잘못되었다는 것을 이미 모두 알았으나, 단지 '求'자가 ≪주례(周禮)·추관(秋官)·적발씨(赤犮氏)≫의 주에 기구(肌求)라고 하는데, 바로 다족충인 '蛷'이며, 이 자가 '구수(蠷螋, 집게벌레)'의 형상을 닮았다는 것은 알지 못했다.

신점기(辛店期) 시대는 대략 중국의 전설 중의 '夏'대이거나 혹은 조금 이른 시기에 해당할 것이다. 하대(夏代)에는 매우 풍부한 문화가 있었을 것으로 믿는다. 그렇지만 애석하게도 우리가 볼 수 있는 자료는 매우 적다. 그러나 한 두 개의 문자를 고증해낼 수만 있다면, 그 당시에 문자가 있었다는 것을 충분히 증명할 수 있다.

하물며, 고문자 중에 짐승의 형상은 단지 두 다리만 그리고, 측립(側立)한 사람의 형상과 새의 형상은 모두 다리 하나만 그리고, 묘사한 대상은 정지한 상태였다. 묘사기술의 측면에서 볼 때 이런 고졸(古拙)한 화법(畫法)은 네 다리의 소와 말과 두 다리의 새의 형상을 그리는 것보다 더 이르다. 그렇다면, 신점기 도기 위의 모든 기록들은 단지 중국 고대문자의 한 지류이고, 중국문자의 발생은 훨씬 그 이전에 이루어졌다는 것을 알 수 있다.

역사의 관점에서 본다면, 역사는 문자가 매우 발전한 이후에 비로소 생겨난 것이다. 중국의 상고사는 지금 비록 완전한 기록이 전해지지 않지만, 4천 년 전이 이미 역사시기였다고 말한다 해도, 결코 지나치지 않을 것이다. 복사에 기록된 선공선왕(先公先王) 중 일부분은 하 왕조 시기이고, ≪고본죽서기년(古本竹書紀年)≫, ≪세본(世本)≫, ≪사기(史記)≫에 하·상 두 왕조의 계보에 대한 연수(年數)와 사실(史實)이 모두 상세하게 기록되어 있고, 춘추시기 청동기 명문에 우(禹)의 공적을 기록하고, 공자가 요·순·우를 칭하여 기술 하듯, 虞·夏의 많은 문화는 춘추시기 이후에 많이 보존되어 있었다. 이런 사실들은 하대(夏代)가 이미 역사시기였음을 증명한다. 마찬가지로 하 왕조시기에 문자가 이미 매우 발달했었다는 점도 말할 수 있다.

다시 역법 발명의 측면에서 보면, 상 왕조가 반경(盤庚) 이후에 사용한 것은 태음력(太陰曆)이고, 대소월(大小月)이 있으며 윤달도 있었다.(13월과 14월) 육십갑자로 기일(記日)과 기순(記旬)을 하였으니, 이미 완전한 역법체계였다.(복사에 월식의 기록이 있는데, 미리 계산해 낸 것인지 아직 증명되지 않았다.) 역법은 당연히 짧은 시간에 이런 수준으로 발전할 수 없다. 우리가 알고 있듯이 상대는 축(丑)을 기준으로 하였고 주대는 자(子)를 기준으로 하였다. 그리고 전설에 의하면 寅을 기준으로 한 것이 하 왕조의 역법으로 소위 '삼정(三正)'이다. 공자가 말한 "하나라의 역법을 행하다(行夏之時)"의 하나라 역법에 대해서 우리는 지금도 그에 관한 기록인 <하소정(夏小正)>을 읽을 수 있다. 비록 전설 속에 황제력(黃帝曆), 전욱력(顓頊曆)이 있었다고 하지만, 믿을 수 있는 것은 아니다. 그러나 하대(夏代)가 이미 역사시기라고 믿는다면, 하대에 이미 매우 잘 갖춰진 역법이 있었다고 말해야 할 것이다. 그러나 역법이 아직 갖춰지지 않았던 더 이른 고대시기에 사람들이 사용한 것은 일(日)이나 월(月)을 기록하는 방법이었다. 갑(甲)에서 계(癸)까지 그들은 10개의 태양이 있어 돌아가면서 차례로 부상(扶桑)에서 떠올라 인간세상을 비춘다고 생각했다. 그들은 또 자(子)에서 해(亥)까지 12개의 달이 있다고 여겼다. 이런 방법은 아마 "희화가 해를 점치고(羲和占日)", "상의가 달을 점치다(常儀占月)"와 같은 것이다. 기일법(記日法)은 10일을 일순(一旬)으로 하고, 한 달을 상·중·하 3순으로 나누며, 대소월(大小月)은 없다. 12개월이 1년이 되고, 윤달도 없다. 이런 서툴고 어설픈 방법에 사용된 "10일의 호칭(十日之號)"과 "12월의 호칭(十二月之號)"은 모두 원시문자이고 또한 다 가차한 문자이니, 예를 들면 '무(戊)'와 '술(戌)'은 모두 병기이고, '巤'과 '子'는 모두 어린애의 모습이다. 위의 예로 보아 천간지지의 문자들은 하(夏)나라 훨씬 이전에 이미 존재했었다는 것을 알 수 있다.

복사의 연구를 통해 왕해(王亥)의 이야기를 알게 되었고, 또한 사방(四方)의 명칭에 대해서도 알게 되었다. 그래서 ≪상서(尙書)·요전(堯典)≫의 기록이 허구가 아니라는 것을 알 수 있게 되었다. 이로 보아 춘추시기의 삼분(三墳), 오전(五典), 팔삭(八索), 구구(九丘) 등의 책과 담자(郯子)가 관직을 논하며 기록한 이야기가 일정한 근거가 있었다고 추측할 수 있다. 그 예로 '상구씨(爽鳩氏)'와 같은 씨족과 그들이 살았던 지역을 모두 지적해 낼 수 있다. 만약 이런 기록을 어느 정도 신뢰할 수 있다면, 모두 하(夏)나라보다 훨씬 이전의 내용일 것이다.

그러므로 어느 측면에서 보더라도, 문자의 발생은 하나라보다 훨씬 이른 시기이며, 최소한 4·5천 년 전에 중국의 문자는 이미 매우 발전했다고 할 수 있다.

문자의 구성

十一 육서설(六書說) 비판

육서(六書)는 전국 말기의 문자학 이론이며, 서한(西漢) 말기 이후에야 비로소 상세한 서술이 있었다. 유흠(劉歆)의 ≪칠략(七略)≫이 바로 중요한 저술이며, 후에 반고(班固)가 ≪한서(漢書)·예문지(藝文志)≫에 다음과 같이 기록한다.

> 옛날에는 8세에 소학에 들어갔는데, 주관 보씨가 국자의 교육을 맡아 기르며 그들에게 육서를 가르쳤으니, 육서는 상형, 상사, 상의, 상성, 전주, 가차를 말하며, 조자의 근본이다.(古者八歲入小學, 故周官保氏掌養國子, 教之六書, 謂: 象形, 象事, 象意, 象聲, 轉注, 假借, 造字之本也.)

그 다음 예는 정중(鄭衆)의 ≪주례보씨주(周禮保氏注)≫이다. 정중(鄭衆)은 정흥(鄭興)의 아들이고, 정흥은 유흠(劉歆)의 제자였으나, 육서(六書)의 순서와 명칭은 모두 유흠과 같지 않다.

> 육서는 상형, 회의, 전주, 처사, 가차, 해성이다.(六書: 象形, 會意, 轉注, 處事, 假借, 諧聲也.)

그 다음은 허신(許愼)의 ≪설문(說文)·서(序)≫에 보이는데, 이것은 육서(六書)의 항목이 가장 상세하다. 허신은 가규(賈逵)의 제자이고, 가규의 부친 가휘(賈徽)는 유흠의 제자였다. 그래서 허신의 설명은 유흠을 근본으로 삼지만 수정을 거쳤다.

주례에는 8세에 소학에 들어가고, 주관 보씨가 국자들을 먼저 육서로 가르쳤다. 첫째는 지사를 말하며, 지사란 얼핏 한번 보아서 식별할 수 있고, 자세히 살펴보아 그 의미를 알 수 있는 것으로, '上'자와 '下'자가 이것이다. 둘째는 상형을 말하며, 상형이란 그 사물을 그려 내는데, 사물의 굴곡에 따른 것으로'日'자와 '月'자가 이것이다. 셋째는 형성을 말하며, 형성이란 일(事)을 이름(名)으로 삼고, 견줄 소리를 취해 서로 이루는 것으로, '江'자와 '河'자가 이것이다. 넷째는 회의를 말하며, 회의란 유사한 의미의 글자를 견주어서 그 의미에 합하게 하여 그것이 가리키는 의미를 드러내는 것으로, '武'자와 '信'자가 이것이다. 다섯째는 전주를 말하며, 전주란 동류의 글자를 한 부수로 세워, 같은 의미를 서로 받는 것으로서, '考'자와 '老'자가 바로 이것이다. 여섯째는 가차를 말하며, 가차란 본래 그 의미를 나타낼 수 있는 글자가 없어서 소리가 같은 글자에 그 의미를 싣는 것이며, '令'자와 '長'자가 바로 이것이다. (周禮八歲入小學, 保氏教國子先以六書: 一曰指事, 指事者, 視而可識, 察而見意, 上下是也. 二曰象形, 象形者, 畫成其物, 隨體詰詘, 日月是也. 三曰形聲, 形聲者以事爲名, 取譬相成, 江河是也. 四曰會意, 會意者比類合誼, 以見指撝, 武信是也. 五曰轉注, 轉注者, 建類一首, 同意相受, 考老是也. 六曰假借, 假借者, 本無其字, 依聲託事, 令長是也.)

세 사람의 견해의 차이와 시비에 대해서 청대(淸代) 학자들이 많은 토론을 했으나, 이것은 영원히 결과를 이끌어 낼 수 없는 논쟁거리이다. 만약 우리가 역사학자의 객관적인 눈으로 본다면 다를 것이다. 유흠이나 반고는 앞서 육서에 해석을 했다.(설령 그들이 근본으로 하는 바가 서로 다를지라도). 그들의 견해에 따르면, 육서는 조자(造字)의 근본이며, 조자의 여섯 가지 방법이다. 상형(象形), 상의(象意), 상성(象聲) 이 세 가지는 원래 이미 한 글자의 형(形), 음(音), 의(義) 세 요소를 포괄했다. 하지만 그들은 실질적인 사물을 그린 문자를 소수의 기호 문자와 분리해서 상사(象事)문자를 더 만들어 냈다. 전주와 가차는 실제로는 단지 문자를 운용하여 무궁무진한 말을 표현하는 방법으로, 새로운 문자를 만들어 내는 방법과 혼합되어 있는데, 이것은 마치 시(詩)에 육시(六始)가 있는데, 풍(風), 아(雅), 송(頌)을 비(比), 흥(興), 부(賦)와 함께 섞어 놓은 것과 같다.

정중(鄭衆)과 허신(許愼)은 의심할 여지없이 유흠(劉歆)의 견해를 수정했다. ≪후한서(後漢書)·정흥전(鄭興傳)≫에는 다음과 같이 기록되어 있다.

> 세상에 ≪좌씨전(左氏傳)≫을 익히는 자들은 대부분 '정흥(鄭興)'을 근본으로 삼고, 가규(賈逵)가 스스로 부친의 학문을 전하였으므로 정씨(鄭氏)와 가씨(賈氏)의 학통이 있다.(世言左氏者多祖興, 而賈逵自傳其父業, 故有鄭賈之學.)

≪주례(周禮)≫와 ≪좌전(左傳)≫은 모두 고학(古學)에 속해서 이 두 가지 육서설(六書說)의 차이는 분명하게 정학(鄭學)과 가학(賈學)의 차이이다. 명칭에 대한 두 학자의 수정은 비교적 유사하다. 그들은 모두 상형(象形)의 '상(象)' 한 글자만 남겨 두었고, 그 나머지 세 개를 수정했다. 회의(會意)와 더불어 두 사람이 동일하게

고친 것을 제외한다면, 정중은 처사(處事)와 해성(諧聲)으로, 허신은 지사(指事)와 형성(形聲)으로 하였다. 순서는 아주 다르다. 정(鄭)씨는 상형, 전주, 가차를 3가지 조자(造字)의 방법으로 여겼고, 상형은 조자 방법인 동시에 문자(文字)이며, 그 외에 회의(會意), 처사(處事), 해성(諧聲)과 같은 세 종류의 문자도 있다고 여긴 듯하다. 학자들은 모두 정(鄭)씨의 순서가 잘못되었다고 말하는데, 오직 섭대경(葉大慶)만이 ≪고고질의(考古質疑)≫에서 다음과 같이 말한다.

> 옛 사람이 글자를 만들 때 모두 이름과 뜻이 있었으니, 혹은 상형이며 회의이고, 혹은 가차이며 해성이고, 혹은 전주이며 처사이다.(古人制字, 皆有名義, 或象形而會意, 或假借而諧聲, 或轉注而處事.)

섭대경이 정씨의 육서 배열 방법에 따라 이상과 같이 말한 것이다. 허신(許愼)의 견해는 대략 문자가 발생한 전후에 따라 배열된 것이다. ≪설문(說文)·서(序)≫에서 또 다음과 같이 말한다.

> 창힐(倉頡)이 처음 문자를 만들 때, 무릇 유사한 것(類)에 의탁하고 사물의 형상(形)을 본뜬 연고로 '문(文)'이라 하였고, 그 이후에 형(形)과 성(聲)이 서로 더하여진 것을 즉 자(字)라고 했다. '자(字)'란 말이 파생하여 점점 많아진 것이다.(倉頡之初作書, 蓋依類象形, 故謂之文, 其後形聲相益, 卽謂之字, 字者言孳乳而浸多也.)

그는 '依類象形'과 '形聲相益'를 분명하게 경계를 지어, 첫째는 지사(指事)라 하였고, 둘째는 상형(象形)이라 하였으니, 모두 '文'이다. 셋째는 형성(形聲)이라 하였고, 넷째는 회의(會意)라고 하였으니, 모두 '字'이다. 게다가 전주(轉注)와 가차(假借) 두 가지 방법을 더하여 육서를 세 가지 부류로 나눴다. 후대에 서개(徐鍇)가 '육서삼우(六書三耦)'라고 말하였는데, 이는 허숙중(許叔重)의 육서에 대한 본래의 뜻이라 할 수 있다.

허숙중(許叔重)은 비록 '文'과 '字'를 조자(造字) 시기의 전후로 구분하였지만 의의는 여전히 불분명하다. 그가 말한 '그 이후에 형(形)과 성(聲)이 서로 더하여진 것을 즉 字이다.(其後形聲相益, 卽謂之字)'라는 것은 창힐 시대를 말하는가? 아니면 창힐 이후를 말하는가? 만약 우리가 한(漢)나라 사람의 심리를 이해한다면 '其後' 두 글자는 실제로 후세를 말하며, '形聲相益, 卽謂之字'는 절대 창힐 스스로가 더한 것은 아니라는 것을 알 수 있다. 왜냐하면 漢代 사람들은 '字'를 말할 때 그들 마음속에는 창힐 이후에 생겨난 것으로 여겼기 때문에, 그래서 정현(鄭玄)은 '옛날에는 名이라 하였고, 지금은 字라 한다.'라고 하였다. 그러나 허신의 序에는 '文'과 '字'의 경계가 곳곳마다 엄밀하지 않아서 후대 사람이 쉽게 오해하여 자주 허신의 설명에 근거하여 형성, 회의는 모두 창힐이 만든 것이라고 말하였다. 육서가 창힐의 여섯 가지 조자 법칙이며, 또한 조자의 가장 원시적인 법칙이라고 자주 오해하였다. 강성(江聲)의 육서설(六書說)에서 육서(六書)는 '주(周)에서 비롯되지 않고, 조자(造字)의 초창기에 시작되었다.'라고 생각하였고, 진풍(陳澧)의 ≪서강간정징군육서설후(書江艮庭徵君六書說後)≫에는 다음과 같이 말한다.

대동원은 지사, 상형, 형성, 회의 네 가지는 조자의 체(體)이고, 전주, 가차 두 가지는 조자의 쓰임(用)이라고 말하였다. 단무당은 송(宋)이후에 육서를 말하는 자들은 전주나 가차가 고훈(詁訓)의 전부를 포함한다는 것을 알지 못하고, 육서는 창힐의 조자의 여섯 가지 방법이라고 말했다. 강간정의 설명에 의한다면 전주는 조자의 방법이고 글자의 훈고(訓詁) 방식이 아니다. 또 가차는 본래 정자(正字)가 있으나, 경전에서 서로 이어받아 가차자를 썼다면, 이는 즉 글자를 사용하는 방법이다. 가령 '西'자, '來'자가 본래 정자(正字)가 없어서 '鳥西'와 '來麥'의 자를 가차하였으니, 어찌 조자의 방법이 아니라고 할 수 있겠는가? 즉 육서를 조자의 방법으로 말하는 것을 어찌 비웃을 수 있겠는가?(戴東原謂指事, 象形, 形聲, 會意, 四者爲字之體, 轉注, 假借, 二者爲字之用, 段懋堂謂宋以後言六書者不知轉注假借所以包括詁訓之全, 乃謂六書爲倉頡造字六法. 如江氏之說, 則轉注誠造字之法, 而非詁訓. 又假借如本有正字, 而經典相承用假借字者則用字之法, 若西字來字本無正字, 假借鳥栖來麥之字, 安得謂非造字之法乎? 則謂六書爲造字六法, 又可譏乎?)

이처럼 지나치게 옛 시기로 미루어 생각하는 방법은 사실 결코 허신의 본의(本意)가 아니다.

반고(班固), 정중(鄭衆)이 육서의 명목을 제기한 후 허신에 이르러서 설문(說文)의 서(序)에서 육서에 대한 설명을 하였는데, 이것은 아주 중요한 이론적 성과이다. 허신의 설명 이후에야, 육서설(六書說)은 비로소 성립할 수 있었다. 그리고 허신부터 지금까지 천 팔백년 동안 사람들이 연구한 육서는 기껏해야 아주 적은 일부분의 수정이었고, 대체적으로 변동이 없었다.

허신이 육서의 정의를 내릴 때 지나치게 간단하여 육서의 정의를 확정할 수 없었고, 들었던 예시는 각 항목 마다 두개 밖에 없기 때문에 후세 사람들은 사람마다 각기 달리 해석하였다. 육서의 학에 대해서는 그야말로 많은 저서가 있는데, 여기에서는 자세한 토론은 하지 않겠다. 내가 지금 지적하고 싶은 것은 다만 허신이 설명한 내용에 대한 문제뿐이다.

먼저 지사(指事)이다. 허신이 그 예시로 '上'과 '下'를 들었는데, 그의 본의(本意)는 매우 분명하다. 지사문자는 원래 기호이고, 추상적인 것이며, 실물의 그림이 아니다. 이 기호들은 아마도 문자가 흥성하기 전에 일찍이 있었을 것이다. 문자가 발생할 때 동시에 문자의 일부가 되었다. 그래서 허신의 뜻은 그런 지사 문자는 상형문자 이전의 것이다. 그림과 기호는 도대체 어떤 것이 먼저 생겨났는지 잠시 토론하지 않겠다. 우리가 지금 볼 때, 이런 기호들은 문자에 사용될 때 문자가 취한 기호 또한 그림문자의 형식이므로 여전히 그림문자의 한 종류이며, 바로 상형문자이다. 우리가 '一'이라는 문자를 보고 바로 숫자의 '일'로 읽을 수 있는 것과 '虎'라는 문자를 보고 '호'자로 읽을 수 있는 것과 같은 것이다. 그래서 우리는 추상적인 상형문자를 따로 독립시켜 한 부류로 분리할 필요가 없다.

회의(會意)에 허신이 든 예시는 '武'와 '信'이다. '止戈爲武'는 ≪좌전(左傳)≫에 보이며, '人言爲信'이 ≪곡량(穀梁)≫에 보이는 것은 마치 상당한 근거가 있는 것 같다. 하지만 현재의 관점에서 볼 때 이 설명은 모두 잘못된 것이다. 고문자(古文字)에는 상의(象意)만 있을 뿐 회의(會意)는 없다. 상의자(象意字)는 그림 속에서 그것의 의미를 식별해 낼 수 있다. '武'자는 '從戈'와 '從止'로, '止'는 발 모양을 나타낸다. 우리는 절대 '止'를 '멈추다'의 뜻으로 여길 수 없다. '멈추다'의 뜻은 그림 속에는 없기 때문이다. '武'자는 고문자(古文字)에서 본래 '사람이 창(戈)을 어깨에 메고 가다'를 나타냈고, '戈' 모양의 그림에서 '威武'라는 의미가 생겨날 수 있다. '足' 모양의 그림에서 '步武'라는 의미를 볼 수 있다. 하지만 전체적으로 '止戈(전쟁을 멈추다)'의 의미는 있을 수 없다. '信'은 단지 '從言人聲'의 형성자(形聲字)일 뿐이다.

'比類合誼, 以見指撝'의 이런 회의자(會意字)는 진(秦) 이전의 고문자(古文字)에는 정말로 찾아 볼 수가 없다. 전국(全國) 말기에는 잘못된 자형(字形)을 보고 제멋대로 한 해석이 점점 더 많아졌다. 예를 들면, '自營爲私, 背私爲公'(스스로 이익을 꾀하는 것을 '私'라 하고, 사사로움을 등지는 것을 '公'이라 한다), '一貫三爲王'('一'로 '三'을 꿰뚫은 것을 '王'이라 한다), '推十合一爲士'('十'을 '一'과 합하는 것을 '士'라 한다.), '刀守井爲荆'(칼로 우물을 지키는 것을 '荆'이라 한다), '人藏禾中爲禿'(사람이 벼 속에 숨어 있는 것을 '禿'이라 한다)등 이런 예들은 고문자학(古文字學)에서 보면, 하나도 맞지 않다. 허신(許愼)이 '회의(會意)'를 '형성(形聲)' 다음에 둔 것은 분명 그가 이 방법이 나중에 생긴 것으로 여긴 것이다. 그는 더욱 좋은 고문자(古文字) 자료를 보지 못해서, 터무니없고 그릇된 많은 해석에 대해서도 받아들였을 뿐이다. 이렇기 때문에 ≪설문(說文)≫의 회의자(會意字)는 또한 그렇게 많지는 않다.

하지만 이론도 때로는 사실에 영향을 미칠 수 있다. 두 명의 남자(男)사이에 한 명의 여자(女)가 끼어 있는 글자 '嬲'는 ≪삼창(三倉)≫과 혜강(嵇康)의 ≪절교서(絕交書)≫에서 찾아 볼 수 있다.

'追來爲歸', '小大爲尖', '四方木爲楞', '大長爲套' 등의 새로운 회의자는 계속해서 조자(造字)되었지만, 그 수량은 형성자(形聲字)보다 여전히 매우 적었다. 이 새로운 글자는 비록 두 개의 글자의 의미를 한 데 모아 놓았지만, 단지 기호만을 사용하였고, 그림문자와는 다르며 어쨌든 상의자(象意字)의 변형이다.

전주(轉注)는 문제가 가장 많은 항목이다. 허신은 '建類一首, 同意相受'라 했으며, 열거한 예시는 '考'와 '老'였다. ≪설문(說文)≫에서는 '考'는 '老'라고 풀이하였고, '老'는 '考'라고 풀이하였다. 그래서 '同意相受'는 쉽게 설명된다. 그러나 '建類一首'의 의미는 매우 복잡하다. 배무제(裴務齊)의 '考字左回, 老字右轉'('考'자는 왼쪽으로 돌리고, '老'자는 오른쪽으로 돌린다.)는 물론 우스갯소리지만, 어떤 사람들은 석고(釋詁)의 내용으로 전주(轉注)를 해석했는데, 그것은 자형(字形)을 등한시하고, '建類一首'의 首는 부수가 아니라고 생각했다. (비록 考자가 '老'부에 있기는 하지만), 아마도 허신의 본의(本意)가 아닌 듯하다. 어떤 사람은 '考'와 '老'는 소리의 관계만 있을 뿐이라고 생각했고, 어떤 사람은 '考'와 '老'는 단지 호훈(互訓)하는 관계일 뿐이라고 생각했다. 전체적으로 말하자면 ≪설문해자(說文解字)≫의 이 항목의 설명은 분명하지 않고, 예시도 좋지 못하여, 토론하면 할수록 더욱 혼란스러워진다.

'가차(假借)'는 이치대로 보자면 쉽게 설명할 수 있다. 허숙중이 말한 '本無其字, 依聲託事'는 해석을 잘하였다. 아쉬운 점은 그가 예시를 잘못 들었다는 것이다. 그가 예시로 든 '令'과 '長' 두 자는 단지 의미의 '인신(引伸)'일뿐이며, 소리의 '가차(假借)'가 결코 아니다. '추(隹)'자는 새 모양인데 발어사로 가차되었고, '기(其)'자는 키 모양인데 대명사로 가차되었으니 이것들이야 말로 진정한 가차이다.

허신의 육서설(六書說)은 설명에서 이미 많은 허점이 있고, 실제 적용할 때 그 경계를 명확하게 하기가 더욱 어렵다. 허신은 자신이 ≪설문해자(說文解字)≫에 수록한 1만여 글자를 철저하게 분류하지 않았고, 송대(宋代)에 이르러 정초(鄭樵)가 허신을 대신하여 이 작업을 했다. ≪육서략(六書略)≫에서 다음과 같이 말한다.

> 육서는 전해지는 설명이 없으니 오직 설문에 의거할 수밖에 없다. 하지만 허신은 단지 상형, 해성 이 두 방법을 가지고 조자 방법으로 삼았고, 회의 방법에 이끌리고, 다시 가차의 방법에 의해 어시럽게 되어 이렇게 해서 얻은 바를 또한 지킬 수 없었다.(六書無傳, 唯藉說文, 然許氏惟得象形諧聲二書以成書, 牽於會意, 復爲假借所擾, 故所得者亦不能守焉.)

사실 ≪설문(說文)≫에는 분명한 경계가 있는데, 형성(形聲) 한 종류일 뿐이다. 하지만 일부 '亦聲'의 예시는 여전히 회의(會意)와 조금 중복된다.

정초(鄭樵)의 ≪육서략(六書略)≫은 허신의 이론을 가지고 허신을 공격하였다. 상대방의 관점·방법·언론 등으로 상대방을 반박하였으며, 확실히 많은 새로운 성과를 거두었다. 문자학사상 추앙받을 만한 가치가 있다. 아쉬운 점은 그가 여전히 허신의 의례(義例)에 묶여 있어서 그 자체의 결점을 보지 못했다는 점이다. 그래서 분류가 쉽지 않을 때 어쩔 수 없이 '성겸의(聲兼意)'의 한 부류로 두는 방법을 썼는데, 하나의 문자가 동시에 두개의 書(두개의 조자방법)를 겸하게 되었다. 정초(鄭樵)의 문자 분류는 매우 번잡하고, 육서(六書)에서 볼 때, 그의 분류는 다음과 같다.

상형(象形)
  형겸성(形兼聲)
  형겸의(形兼意)
지사(指事)
  사겸성(事兼聲)
  사겸형(事兼形)
  사겸의(事兼意)
회의(會意)
전주(轉注)
해성(諧聲)
  성겸의(聲兼意)
가차(假借)

실제로 열두 부류이다. 사실 이 방법을 쓰면 전주(轉注)와 가차(假借)를 제외하고 각 부류는 모두 그 나머지 세 부류를 겸할 수 있다. 예를 들면 다음과 같다.

상형(象形) 겸사(兼事) 겸의(兼意) 겸성(兼聲)
지사(指事) 겸형(兼形) 겸의(兼意) 겸성(兼聲)
회의(會意) 겸형(兼形) 겸사(兼事) 겸성(兼聲)
해성(諧聲) 겸형(兼形) 겸사(兼事) 겸의(兼意)

하지만 형겸사(形兼事)와 사겸형(事兼形)의 부류는 마치 똑같은 것 같다. 그래서 정초(鄭樵)는 이렇게 분류하지 않았다.

이 분류는 육서설(六書說)의 기본 사상과 맞지 않다. 만일 상형(象形)을 원시문자(原始文字)라고 한다면 겸성(兼聲)해서는 안 되고, 해성문자(諧聲文字)가 또 본래 형(形)을 겸한다면 형겸성(形兼聲)은 이론적으로 설명할 수 없나. 분류에 있어서는 정밀해야 하고 예외가 없어야 한다. 만약 네 부류로 분류하고, 각 부류가 여전히 나머지 세 부류와 뒤엉켜 있다면 이 부류는 나눌 필요가 없어진다. 하지만 육서(六書) 자체의 결점 때문에 이 분류법은 송대(宋代)에서 현재까지 모두들 여전히 계속 사용하고 있다. 하지만 나는 방법이 동일하지 않고 때로는 한 글자가 삼서(三書)나 사서(四書)를 겸할 수도 있다. 주준성(朱駿聲)의 ≪설문통훈정성(說文通訓定聲)≫에는 일곱 부류로 더 나누었는데, 한 부류는 회의형성겸상형(會意形聲兼象形)이다. 왕균(王筠)의 ≪설문석례(說文釋例)≫에는 열세 부류로 분류하였는데, 한 부류는 지사겸형의사성(指事兼形意事聲)이다. 일부 사람들은 또 형겸사(形兼事)와 사겸형(事兼形)의 분류를 모두 나누었는데, 어떤 잘난체하는 학자는 뜻밖에도 육서를 팔괘(八卦)와 모방하여 매우 가지런한 36개 부류로 만들었다.

十二 삼서(三書)

문자학을 연구하는 목적이 다만 문자의 초창기의 모습을 탐구하는 것에 있다 하더라도, 우리들은 강간정(江艮庭)의 무리들이 조자의 초기에 육서가 시작되었다고 언급한 것 같이 육서를 가벼이 논해서는 안 된다. 하지만 육서설(六書說)이 우리에게 무엇을 줄 수 있는가? 첫째, 그것은 여태껏 명확한 설명이 없었고, 사람들마다 각자의 주장이 있었다. 그 다음으로, 모든 문자를 육서(六書)로 분류한다면 해당 문자가 어느 부류에 속하는지 단정 지을 수 없는 경우가 자주 발생한다. 이 두 가지 특징을 가지고 말하자면 우리는 오직 육서(六書)만을 숭배하고 다른 해석을 찾아보지 않아서는 안 된다. 우리가 아는 바에 따르면 육서는 진한(秦漢) 시대 사람들의 문자의 구조에 대한 하나의 생각일 뿐이며, 그 때에 봤던 고문자(古文字) 자료로 최초의 것은 단지 춘추(春秋) 이후의 것이고, 현재 보이는 상주(商周)문자는 약 천년이 더 앞선 것이다. 그리고 고대 기물문자(器物文字) 자료가 매우 풍부한데, 그것은 과거의 어느 시기에도 없었다. 우리는 왜 더욱 알맞고 정밀한 이론을 찾지 않고, 진한(秦漢)시대 사람들이 남긴 옛 방법만을 답습하려고 하는가?

나는 ≪고문자학도론(古文字學導論)≫에서 '삼서(三書)'라는 새로운 체계를 세웠는데 다음과 같다.

一. 상형문자(象形文字)

二. 상의문자(象意文字)

三. 형성문자(形聲文字)

상형(象形), 상의(象意)는 상고시기의 그림문자이며, 형성문자(形聲文字)는 근고시기의 성부문자(聲符文字)이다. 이 세 종류는 모든 중국문자를 포괄할 수 있다. 비록 중국의 역사가 너무 길어서, 많은 문자의 기원이 이미 분명하지 않고, 쓰는 법도 날로 간단해지고, 어떤 글자는 정말로 기호 같지만 어쨌든 기호문자(記號文字)가 아니다. 순수병음(純粹拼音)을 나타내는 성부문자(聲符文字)는 아마도 가장 짧은 기간 내에 주요한 문자가 될 수 없었을 것이다.

상형문자(象形文字)는 하나의 물체나 관용적인 기호(記號)들을 그려냈는데, 한 번 보면 바로 이것이 무엇을 나타내는지 인식할 수 있게 한다. 호랑이의 형상을 그린 것이 바로 '虎'자이며, 코끼리의 형상은 바로 '象'이며, 일 획, 이 획이 바로 '一', '二'이며, 사각형, 원형이 바로 '口', '○'이다. 상형문자에 대한 내용은 다음과 같다.

一. 반드시 독체자(獨體字)이다.
二. 반드시 명자(名字)이다.
三. 반드시 본래 이름 이외에 다른 의미를 갖지 않는다.

예를 들면, 고대의 '人'자는 사람의 측면 모습을 본뜬 것인데, 한 번 보면 이것이 나타내는 것이 바로 말 속의 '人'이라는 것을 알 수 있어서 상형자이다. 고대의 '大'자는 비록 사람의 정면 모습을 본뜬 것이지만, 말 속의 '大'와 인간의 모습은 무관하다. 우리는 고대의 '大'자는 어른을 본뜬 것이라고 추측할 수 있다. 어린 아이는 항상 머리가 크고, 몸의 비율은 작지만, 어른은 신체의 비율이 크기 때문에 머리는 오히려 작게 생각된다. 그래서 어른의 '大'는 어린 사람의 '小'와 비교해서 만들어진 것이고, 어른의 '大'에서 또 일반적인 '大'로 인신되었다. 이 글자는 이미 사람의 모습 이외의 의미를 포함했는데, 이것이 바로 상의자(象意字)이다. 상형문자는 '명

(名)'과 '실(實)'이 반드시 부합해서 우리는 그것을 또 '명(名)'이라고 부른다.

상의문자(象意文字)는 그림문자의 주요 부분이다. 상고시기에 아직 어떠한 형성자도 생겨나기 전, 전부 그림문자를 사용했을 때에, 소수의 상형문자(象形文字)를 제외하고는 전부 상의문자(象意文字)였다. 상의문자는 개체(單體)인 경우도 있고, 복체(複體)인 경우도 있다. 개체상의문자(單體象意文字)는 상형문자(象形文字)와 조금 유사하지만 상의자(象意字)는 하나의 도형 안의 특징에 중점을 두는데, 예를 들면 고대의 '尸'자는 사람이 쭈그리고 앉아 있는 모습을 본뜬 것으로 쭈그리고 앉은 하나의 특징에만 중점을 두었다. '身'자는 사람의 큰 배를 본뜬 것으로 큰 배의 하나의 특징에만 중점을 두었고, 그 밖의 것은 상관하지 않았는데, 이것이 상형자(象形字)와 개체상의자(單體象意字)의 차이점이다. 복체상의문자(複體象意文字)는 형성문자와 다소 유사하지만, 상의자(象意字)의 특징은 그림이라서, 해당 문자가 원래 그림문자라는 것을 알기만 하면 문자의 표면에서 바로 뜻을 생각해 낼 수 있는데, 이것이 바로 상의문자(象意文字)이다. 설령 이것들이 나중에 형성문자(形聲文字)로 귀속되더라도 우리는 여전히 상의문자(象意文字)라고 부른다. (물론 일부 문자는 절대로 형성문자(形聲文字)로 착각할 수 없다.) 상형(象形)과 상의(象意)는 모두 상고시기의 그림문자이지만 상의문자(象意文字)는 한번 보고 바로 분명하게 알 수 없어서 사람들이 생각해봐야 한다. 어떤 상의자(象意字)들은 습관적인 용법 때문에 해석할 때 매우 곤란하다. 예를 들면 '莫'자는 고대의 '暮'자이며, 태양이 덤불 속에 있는 모습을 본뜬 것인데, 왜 꼭 해질 무렵이고, 아침은 아닌 것인가? 그러나 옛 사람들은 이 그림을 사용해서 이 말을 대신했는데, 이것이 바로 '오랜 관습을 통해 은연중에 일반화된 (約定俗成)' 것이다. 상고 시기의 상의자(象意字)는 근고 시기의 형성자(形聲字)에 해당하고, 수량은 매우 많다. '物'이 서로 섞여 있는 것을 '文'이라고 하니, 나 또한 그것들을 '文'이라 부른다.

형성자의 특징은 '성부(聲符)'가 있으니 비교적 쉽게 구별할 수 있다. 하지만 일부 성화(聲化)된 상의자(象意字)는 비록 형성자의 범위 안에 통합되지만, 그것은 원래 그림문자의 일부였고, 우리는 여전히 그것을 상의자(象意字)에 넣었다. 어떤 형성자(形聲字)들은 소리가 변화했기 때문에, 그 형성자가 어떤 소리와 유사한 지 알아내기 어렵다. 예를 들면, '梓'자는 '辛'을 성부(聲符)로 한다. (≪설문(說文)≫에는 '從宰省聲'이지만, 사실 '宰'자도' 辛聲'이다. 또 '親'자는 '辛聲'이니, '親'과 '梓'는 한 소리의 전환[一聲之轉]이다.) '好'자는 '子聲'인데, (복사(卜辭)에는 은대(殷代) 사람의 '子' 성(姓)의 '자(子)'로 사용하였으니, 이에 원래는 '子'로 읽는다는 것을 알 수 있다.) 비록 현재의 성운학(聲韻學)에서 볼 때는 별로 비슷하지 않지만, 자형(字形)으로 보면 해석을 찾아낼 수 없어도 여전히 형성자(形聲字)이다. 진정한 형성자는 모두 근고(近古) 시기의 새로운 문자(新文字)이며, 성부(聲符)의 방법을 써서 대량으로 생겨났다. ≪설문(說文)≫에서 다음과 같이 말한다. '形과 聲이 서로 더해 진 것을 '字'라 하니, '字'는 글자가 파생하여 점점 많아지는 것이다. (形聲相益, 卽謂之字, 字者言孳乳而浸多.)' 그래서 우리는 형성자를 '字'라 한다.

상형(象形), 상의(象意), 형성(形聲)을 '삼서(三書)'라 하니, 모든 중국문자를 개괄하기 충분하며, '형(形)'에 속하지 않으면, 반드시 '의(意)'에 속하며, '의(意)'에 속하지 않으면, 반드시 '성(聲)'에 속한다. 형·의·성(形·意·聲)은 문자의 세 가지 요소이고, 우리가 '삼서(三書)'를 이용하여 분류하면 모든 글자를 분명하게 분류할 수 있다. 만일 명칭에서만 본다면 우리의 삼서(三書)는 유흠(劉歆)과 반고(班固)에 좀 가깝지만, 상사(象事)를 포함시키지 않은 것은 상사(象事)가 상형(象形)의 일부분이기 때문이다. 그리고 상성(象聲)을 쓰지 않고, 허신의 형성(形聲)을 쓴 것은 순수한 상성문자(象聲文字)가 사실상 없기 때문이다. 사물의 소리를 흉내 낸 것으로 예를 들면 '烏'란 글자의 음은 까마귀의 우는 소리를 닮았지만, 표기한 '烏'자는 단지 상형자(象形字)일뿐이다. 만약 이 말을 그림으로 그려낼 수 없다면 어쩔 수 없이 가차(假借)의 방법을 써서 소리가 서로 같은 문자를 찾아서 그 문자를 대신해야 하는데, 이것이 '상성(象聲)'이다. 하지만 또 '本無其字, 依聲託事'라고 했다. 그래서 '상성(象聲)'이라 칭해지는 것들은 문자가 없다. 후세 사람이 이 가차자(假借字)에 편방을 더해야 비로소 새로운 문자(新文字)가 될 수 있지만, 편방을 더하면 또 형성자가 된다.

사실, 우리의 상형(象形)은 일반적으로 이야기하는 상형(象形)이 아니고, 우리의 상의(象意)는 일반적으로 이야기하는 회의(會議)가 더더욱 아니다. 예전에 육서(六書)란 모든 문자를 개괄할 수 없었다. 이 때문에 양서(兩書)를 겸하거나 삼서(三書)를 겸하는 문자들이 생겼으며, 육서(六書)로 명하지만 최소한 십여 개의 부류로 나눠지며, 분류 방법도 사람마다 다 다르다. 현재 삼서(三書)는 모든 중국문자를 포괄할 수 있으며, 각 부류의 경계나 특징을 분명하게 하니 누구든지 분석하기만 하면 같은 결과를 얻을 수 있다.

十三 그림문자

이등(李騰)이 ≪설문(說文)≫의 부수(部首)를 써서 ≪설문자원(說文字原)≫이라 명명한 이후부터 보통 사람들은 종종 540개 부수를 자원(字原)으로 인식하였고, 어떤 사람들은 이것을 가지고 학생을 가르쳤으며, 이 540개 기본자를 알기만 하면 모든 글자를 알 수 있는 것으로 생각했다. 장태염의 ≪문시(文始)≫는 대체적으로 부수에 근거하여 모두 510개의 초문(初文)과 준초문(準初文)을 찾아냈고, 이들 글자의 소리의 변천을 살펴 문자를 해석함으로써 모든 문자는 이 500여개의 문자에서 기원한다고 생각했다.

이 학설의 발판은 대단히 취약하다. ≪설문(說文)≫의 부수(部首)는 매우 신뢰할 수 없으며, 어떤 글자들은 아예 없다. 예를 들면 'ノ'과 '乀'의 부류인데, 매정조(梅鼎祚)의 ≪자휘(字彙)≫에 보이는 '亠'자(徒鉤切)와 같은 것으로, 단지 부수(部首)를 나누기 위해서 꾸며낸 것이다. 어떤 것들은 단지 형성문자(形聲文字)이다. 예를 들면 '蓐'과 '犛'의 부류이다. ≪설문(說文)≫의 부수(部首)는 근본적으로 자원(字原)이 아니고, 부수(部首) 안에서 초문(初文)을 찾을 수도 없으니, 이런 연구는 괜한 헛수고일 뿐이다.

진정한 초문(初文)은 마땅히 상형문자(象形文字)이어야 하고, 상형문자로부터 개체의 상의자(象意字)로 분화할 수 있고, 복체(複體)의 상의자(象意字)가 될 수도 있으며, 형부(形符)나 성부(聲符)를 더하여 형성문자(形聲文字)가 될 수도 있으니 모든 문자는 상형문자(象形文字)를 근거로 삼지 않는다면 써낼 수 없다.

상형문자(象形文字)는 '名'이고, '名'은 두 종류가 있으며, 추상적인 것을 '현명(玄名)'이라 하고, 실체적인 것을 '실명(實名)'이라 한다. 말 속에서 실명(實名)은 표현하기 쉽지 않고, 의성(擬聲)의 방법 외에는 비유할 수밖에 없다. 둥근 물건들은 말 속에서 종종 둥근 소리를 사용하였는데, '環', '丸', '宛' 등과 같은 글자들은 문자는 비록 다르게 표기하나, 말 속에서는 본래 하나의 어원이다. '方', '圓', '大', '小', '長', '短', '高', '低' 등의 여러 추상적인 관념은 말 속에서는 오히려 어렵다고 느끼지 않는다.

문자는 크게 같지 않지만 비교적 쉽게 그려낼 수 있는 것이 그래도 실명(實名)이고, 현명(玄名)은 매우 제한적이다. 숫자를 나타내는 글자는 따로 기원이 있는 것 외에 '上'과 '下', '方'과 '圓'(口, ○)같은 부류의 그려낼 수 있는 글자들은 매우 적다.

일부 학자들은 늘 일점, 일획으로 부터 문자의 근원을 찾아 탐구하려 하는데, 정초의 ≪기일성문도(起一成文圖)≫에서 다음과 같이 말한다.

> 횡으로 하여 一을 만들고, 종으로 하여 丨을 만들고, 丨을 비스듬하게 하여 ノ만든다. ノ을 반대로 하여 ㇏을 만들고, ㇏에 이르면 끝난다. 一을 꺾어서 ㄱ을 만들고, ㄱ을 반대로 하면 ㄱ이고, ㄱ을 돌리면 ㄴ이 되고, ㄴ를 반대로 하면 ㅢ이다. ㅢ에 이르면 끝난다. 一을 꺾으면 ㄱ이 되는데, 이것은 한쪽으로 치우친 것이고, 한쪽으로 치우친 것도 있고 또 바르게 꺾인 것도 있다. 바르게 一을 꺾으

면 ∧이 되고, ∧을 돌리면 ∨이 된다. ∨이 한쪽으로 치우치면 <이 된다. <를 반대로 하면 >이 된다. >에 이르면 끝난다. 一을 다시 꺾으면 ㄇ이 되고, ㄇ을 돌리면 ㄩ이 된다. ㄩ을 한쪽으로 치우치면 ㄷ이 되고, ㄷ을 반대로 하면 ㅋ이 되고, ㅋ에 이르면 끝난다. 당겨 휘감아서 합하여 사각형이면 口가 되고, 원형이면 ○이 된다. ○에 이르면 둥근 모양으로 둥글게 돌려도 다른 형세가 없게 되니, 一의 도(道)가 다한 것이다.(衡爲一, 從爲丨, 邪丨爲㇒, 反㇒爲㇏, 至㇏而窮. 折一爲ㄱ, 反ㄱ爲ㄏ, 轉ㄏ爲ㄴ, 反ㄴ爲亅, 至亅而窮. 折一爲ㄱ者側也, 有側有正, 正折爲∧, 轉∧爲∨, 側∨爲<, 反<爲>, 至>而窮. 一再折爲ㄇ, 轉ㄇ爲ㄩ, 側ㄩ爲ㄷ, 反ㄷ爲ㅋ, 至ㅋ而窮. 引而繞合之, 方則爲口, 圓則爲○, 全○則環轉無異勢, 一之道盡矣.)

문자의 기원이 정말로 이렇게 기계적으로 만들어 졌다면 모든 문자는 공식으로 대체할 수 있을 것이고, 문자의 역사는 훨씬 간단해질 것이다. 그러나 정초(鄭樵)가 예시로 든 것들은 대부분 문자가 되지 못하고, 이 체계는 사실적인 근거가 없으며, 단지 상상에 불과할 따름이다.

상형문자(象形文字)는 그림에서 변화한 것이며, 각 그림문자의 단위는 본래는 하나의 완전체였고, 결코 일점(一點), 일획(一畫)을 모은 것이 아니다. 예를 들면 '刀'자의 고문(古文)은 칼 한 자루를 그린 것이고, '止' 자의 고문(古文)은 하나의 발자국을 그렸는데, 어디를 일점(一點)이나 일획(一畫)으로 나눌 수 있겠는가? 하지만 문자는 종종 간단하고 쉬워지려는 경향이 있는데, 특히 문자를 새길 때는 선이 뭉툭한 필획(肥筆)보다 훨씬 간편하다. 그래서 후세에 뭉툭한 필획(肥筆)은 대부분 선(線)으로 변했고, 실체는 대부분 사각형 모양으로 변했고, 복사(卜辭)에 이르러 대부분의 글자가 선(線)으로 새겨졌고, 주문(籒文) 소전(小篆)에 이르러서는 자형(字形)이 점점 고정되어, 필획이 더욱 가지런해졌으며, 점차 서서히 점과 획으로 나누어 쪼갤 수 있게 되어 중국문자도 마치 기호처럼 변했다.

父癸鼎

刀爵

剛爵從二刀形

亞獸鼎

鐵雲藏龜拾遺十葉

妣己觶

盂鼎奎字

점과 획으로 문자를 분석하는 것은 분명히 아주 늦게 생겨난 일이지만, 그러나 학자들이 뒤의 결과를 가지고 앞의 것을 증명하려는 것은, 후에 생겨난 선 모양의 문자를 보는 데 익숙해져서 이 방법을 쉽게 생각해 낸 것이다. 게다가 ≪설문(說文)≫의 엮은 순서는 '一'에서 시작하여 '亥'에서 끝나는데, 줄곧 모두가 의미가 있다고 생각했다. '一' 자에 다음과 같이 주(注)하였다.

> 무릇 태초에 도가 '一'에서 세워지고, 나아가 천지로 나뉘고 변하여 만물을 이루었다.(惟初太始, 道立於一, 造分天地, 化成萬物.)

복희씨(伏羲氏)가 그린 팔괘(八卦)와 노자(老子)가 말한 '一'에서 '二'가 생겨나고, '二'에서 '三'이 생겨나고, '三'에서 만물이 생겨난다.(一生二, 二生三, 三生萬物) 등의 이야기를 종합해보면 모든 문자가 모두 '一'자에서 생겨났다고 여기게 한다. 정초(鄭樵) 등의 문자일원론(文字一元論)이 바로 이런 잘못된 생각에서 생겨난 것이다.

근대 학자들은 고문자(古文字) 속에서 작은 점(點)은 무엇을 나타내고, 십자형은 무엇을 나타내며, 교차형은 또 무엇을 나타내는가?와 같은 공식화된 필획을 찾아내려고 하였다. 하지만 고문자(古文字)는 원래 고정된 필획이 없으니, '周'자는 고대에는 田로 쓰였으니, 텅 빈 틈 사이에 우연히 점을 더한 것이다. '西'자는 고대에는 로 쓰였으니, 교차형은 때로는 십자형으로 썼다. 게다가 각 필획도 고정된 의미가 있지 않으니, 예를 들면 '金'자에 딸린 점은 토양을 의미하든 금 조각을 의미하든 어쨌든 '雨'자 안의 물방울과는 다르다. '鬼'자의 머리에 있는 십자형은 불분명한 모습인데, 이것은 '東'자의 배의 십자형이 나타내는 포대주머니에 묶은 밧줄과 다르다. 고대 사람들이 마음대로 그린 그림문자 속에서 현대인들이 마음속으로 생각하는 기본적인 필획을 찾으려는 것은 문자일원론(文字一元論)에서 범하는 오류와 같다.

학자들 사이에서 더욱 잘못된 것은 그림문자를 문자그림(文字畵)이라고 말하는 것이다. 우리가 그림문자라고 하는 것은 그림방식으로 표기한 문자를 말한다. 예컨대 심겸사(沈兼士)선생 등의 표현에 따르면 그것을 문자그림(文字畵)이라고 하는데, 문자와 유사한 그림일 뿐, 아직 문자라고 할 수 없고, 양자 간의 차이는 매우 크다.

고문자(古文字) 연구는 송(宋) 나라 사람들로부터 시작되었고, 그들은 주로≪설문(說文)≫을 중요한 근거로 삼았다. 그러나 허신(許愼)이 전국(戰國)시기 이전의 문자를 보지 못했고, 또 그가 비록 鼎(정)과 彝(이)를 언급하였지만 한 글자도 기록하지 않았기 때문에 송(宋)나라 사람들이 알 수 있었던 고문자(古文字)는 모두 ≪설문(說文)≫체계에 가까이 있는 문자였고, 좀 더 오래된 상주문자(商周文字)는 완전히 알 방법이 없어서 뜻으로 해석할 수밖에 없었다. 설상공(薛尙功)의 ≪종정이기관지(鐘鼎彝器款識)≫는 子孫父己彝 항목에서 여대림(呂代臨)의 ≪고고도(考古圖)≫를 인용하여 다음과 같이 말한다.

> 명문은 순수하게 화상(畫象)을 만들어 놓았는데, 문자를 만드는 초창기에는 그 모습을 본뜬 것이 이와 같았다. 후세에 더욱 수식을 더하여 점차 필획을 바꾸어 문자를 쓰기에 편리해졌다. 그 문형에는 크고 작은 사람의 형상 같은 것이 있었으니 아마도 손(孫)과 자(子)를 말할 것이니, 작은 것은 손(孫)이고, 큰 것은 자(子)일 것이다.(銘文純作畫象, 蓋造書之始, 其象形如此. 後世彌文, 漸更筆畫, 以便於書. 其文有若大小人形者, 蓋謂孫與子也, 小者孫, 大者子.)

현재 판본 ≪고고도(考古圖)≫에는 기록되어 있지 않다. ≪고고도석문(考古圖釋文)≫에서 析자 아래에 다음과 같이 주(注)를 달고 있다.

> 이양빙(李陽冰)이 말하길, '木 오른 쪽에 片을 쓰기도 하고, 木 왼쪽에 爿을 쓰기도 했으며 牆으로 읽는다.'라고 했다. ≪설문(說文)≫

> 에는 '爿'자가 없는데, '牀', '牆', '斨'의 부류는 모두 從爿이다. 그러므로 이 글자는 나무를 쪼개는 형상이 있으니, 마땅히 '析'이다. 父己人形彝에는 '非'자가 있는데, 모두 크고 작은 사람의 모습이 있으나, 무슨 뜻인지 모르겠다. 내가 생각하기에 '非'자는 아마도 '卌'자의 省文일 것이다.(李陽冰云: '木右爲片, 左爲爿, 音牆.' 說文無爿字, 牀牆斨之類皆從爿, 則此字有析木之象, 當爲析. 父己人形彝有非字, 皆有大小人形, 不知何義. 竊意非字或亦卌字省文.)

또 권말(卷末)의 상형 난(欄)에 소위 크고 작은 사람의 모습을 그려냈지만 그것이 孫과 子라고 말하지는 않았고, 薛씨가 인용한 바와는 다르다. ≪고고도(考古圖)≫의 판본은 아주 낡으며, 薛씨가 인용한 것과 지금의 판본은 다르니, 아마도 나중에 개정한 설명일 것이다. 우리는 呂씨가 ≪석문(釋文)≫에서 먼저 父己人形彝 안의 非자를 古猛反의 非자로 풀이하였고, 또 析 자 아래에 '或亦卌字省文'이라고 말하고 있으니, 그는 확실한 견해가 전혀 없었고, 거기에서 막연하게 추측했을 뿐이라는 것을 알 수 있다. 析孫子 세 글자에 대한 석문(釋文)은 원래 정론이 없고, 그 중 한 글자의 형태가 분명히 子인데, 굳이 孫이라 말하는 것은 정말 우습다. 하지만 언제나 子가 孫을 껴안고 있어 훗날 析子孫으로 해석하였는데, 子자가 맞으니, 孫이 子를 껴안고 있는 것이 된다. 이런 식의 명확하지 않은 석문(釋文)이 어찌 후대에 800년 동안 밝혀지지 않고 대강 사용하게 될지를 알았겠는가.

'大黽' 두 글자를 子孫으로 풀이하고, '中'자는 旂形이나 斿形으로 풀이하고, '䤈'자는 선반 위에 놓은 세 개의 화살 모양이나 尊形

과 綦形으로 풀이한 것은 모두 이런 글자들을 알지 못했기 때문이다. (大자는 마땅히 알 수 있었던 글자이다.) 이 알 수 없는 글자들은 용경(容庚)이 ≪금문편(金文編)≫ 뒤쪽에 부록으로 삼았는데, 이것들은 대부분 일반인이 말하는 문자그림(文字畵)이다.

문자그림(文字畵)의 명칭은 대략 심겸사(沈兼士) 선생께서 만들었는데, 다음과 같이 말한다.

> 청동기 시대 후기가 되자 문자그림(文字畵)의 형식은 점차 퇴화되어 상형문자로 변한 것 같다. 우리가 상대(商代)의 이기(彝器)에 새긴 글을 살펴보면, 이미 직접적이면서도 분명하게 말을 표시한 문자가 있었던 것이 아닌가? 그중에는 비록 여러 가지……의 문자그림의 유형(遺形)이 조금 섞여 있지만 그 작용은 이미 사라진 듯하고, 장식하는 그림에 불과한 것 같다. (갑골문의 복사는 비록 상(商)대의 것이지만 종정이기(鐘鼎彝器)처럼 장식의 필요성이 없었기 때문에 도안화된 문자그림을 사용하지 않았다.) 이 문자그림 중 간단한 것은 후대에도 상형문자로 변해 사용되었지만, 종정의 전문가들은 자주 모든 문자그림의 유형(遺形)을 견강부회하게 해석하여 아무개 글자, 아무개 글자로 여기길 좋아했으니, 이것은 오히려 알지 못하면서 억지로 아는 척 한 것이다. -≪문자형의학≫ 9쪽 (到了銅器時代的後期, 文字畵的形式, 似乎漸漸的蛻化成爲象形文字. 我們試看商代彝器的刻辭, 不是已經有了直接而且顯明的表示語言之文字嗎? 其中雖然夾雜些……等文字畵的遺形, 但其作用, 似已消失, 不過當作一種裝飾的圖畵而已. (甲骨卜辭, 雖然也是商代的東西, 但是因爲不像鐘鼎彝器那們有裝飾的必要, 所以就不用圖案化的文字畵了.) 這種文字畵, 其簡單者, 後來也有逕變作象形文字用的,

但是鐘鼎家往往喜歡把一切文字畫的遺形，都要牽强附會，認爲某字某字，這卻是强作解人了. -≪文字形義學≫九葉)

심 씨가 말하는 문자그림이란 원래 '문자가 아직 발명되기 전에 투박한 그림을 이용하여 사물의 상태, 행동과 수량의 개념을 표현한 것이다.' 이런 그림문자 형식이 어떻게 상형문자로 변했을까? 그는 자세하게 설명하지 않았다. 우리는 그가 이 이론을 만든 주요 원인에 대해 짐작해보면 역시≪설문(說文)≫의 영향을 깊이 받아 상형문자는 단지 선(線)으로 된 간략화된 문자라고 여기고, 비교적 원시에 가까웠던 이 그림문자에 대해서는 문자가 아직 발명되기 이전의 문자그림(文字畫)이라고 생각할 수밖에 없었을 것이다. 그는 또 다음과 같이 말한다.

문자의 형식은 직접적으로 그림과 하나의 체계를 이루는데, 이것을 이집트의 문자그림, 비빌로니아·앗시리아의 쐐기문자, 중국 고대의 종정관지 중의 남아있는 도안화된 문자그림과 육서 중의 상형문자를 통해 증명하면, 모두 다 그러하다. - 문자형의학 8쪽 (文字之形式，直接與繪畫成爲一個系統，證之於埃及文字畫，巴比倫亞敍利亞楔形文字，中國古代鐘鼎款識中留存之圖案化的文字畫，及六書中之象形文字，莫不皆然. - 同上八葉)

또 이집트의 고대 문자를 문자그림(文字畫)이라고 칭한 것도 잘못된 것이다. 문자그림(文字畫)의 하나의 부호는 많은 의미를 내포하고 있고, 일정한 읽는 법이 없기 때문에 한 글자와 한 글자로 분석할 수 없다. 인디언 원주민들의 언어 사용은 이 단계에 머물러 있다. 이집트 문자는 모든 글자를 이미 다 읽을 수 있고 또한 그림문자이지 문자그림일 수 없다. 심 씨는 상대(商代) 이기(彝器)에 이미 직접적으로 말을 표현하는 문자가 있었고, 이전 학자들이 인식하지 못했던 글자들을 문자그림으로 귀속시켰던 유형(遺形)은 일종의 장식하는 그림이라고 인정했다. 하지만 그는 한 편의 청동기 명문 안에는 단지 도안화된 문자만 있을 수 있다고 생각하지 않고, 어떻게 '장식하는 그림'이 섞여 들 수 있다고 생각했는가? 그는 갑골문의 복사는 도안화된 문자그림을 사용하지 않았다고 말하지만, 우리가 아는 바에 의하면 그가 예로 든 세 개의 예시 중 앞의 두 개는 모두 갑골문 복사에서 찾아 볼 수 있다. 첫 번째 '冀'자는, 안양(安陽)에서 출토된 청동기문자와 완전히 일치하며, 모두 형부(形符)인 '爿'자 혹은 '鼎'자를 생략한 것이다. 두 번째 예는 '亞醜' 두 글자의 합문(合文)이며, 복사(卜辭)에는 '醜'자가 있는데, 하나 또는 더 많은 이 '醜'자를 '亞'자나 다른 문자 안에 써 넣었는데, 상주(商周)의 명문 속에는 더욱 자주 보인다.

문자그림의 이론은 철저하지 못해서, 조금 번잡하고 쉽게 알아볼 수 없는 그림문자는 문자그림으로 여겼고, 간단하고 인식할 수 있는 것은 문자가 되었다. 심 씨는 문자를 네 개 등급으로 분류한다.

一. 문자그림(文字畵)

二. 상형문자(象形文字)

三. 의자(義字)

四. 표음자(表音字)

상형문자(象形文字)는 또 두 부류로 나누었는데, 한 부류는 사실(寫實)이고, 다른 한 부류는 상징(象徵)이다. 그는 사실(寫實)이라는 부류의 형식과 문자그림(文字畵)은 밀접한 관계를 갖고 있다고 하였다. '그들의 차이점은 필획이 점점 간단하게 변하였고, 구조는 점점 정형화되었다는 것뿐이다.' 도대체 어느 정도까지 간단하게 되어야 하나의 정형(定形)이 되고, 또 상형문자(象形文字)란 것인가? 선의 형상을 간단하다고 여기고 ≪설문(說文)≫에 기록한 소전(小篆)을 전형으로 삼은 것인가? 이 경계는 본래 정확하게 나누기가 어렵다. 그래서 용경(容庚)의 ≪금문편(金文編)≫안의 일부 한자('咸', '集'같은 것)는 모두 그림에 가까운 문자이다. 후세에 어떤 이는 왕신(王辰)을 대신하여 ≪속은문존(續殷文存)≫을 엮었는데, 대담하게 모든 그림에 가까운 문자들을 모두 그림으로 여기고 문자로 여기지 않았다. 철저하긴 철저하였는데, 다만 아주 간단한 모든 문자, 예를 들면 '大'자, '魚'자 같은 문자도 모두 다시 형(形)과 성(聲)이 아직 고정되지 않은 그림 항목 밑에 나열하였다.

사실 그림문자(圖畵文字)에 대해 여대림(呂大臨)의 생각은 아주 옳다. 그는 '조자의 초창기에는 그 사물의 모양을 본뜨는 것이 이와 같다.(造字之始, 其象形如此)'라고 하였는데, 그것은 바로 원시의 그림문자이다. '후세에 더욱 수식을 더하여 점차 필획을 바꾸어 문자를 쓰기에 편리해졌다.(後世彌文, 漸更筆畵, 以便於書)'라고 하였는데, 이는 문자의 간략화 때문에, 글자체의 도형이 선 모양의 필획으로 변한 것이다. 양자(兩者)사이는 본래 나눌 수 없다. 문자그림(文字畵)을 주장하는 사람은 상형자(象形字)가 바로 그림문자(圖畵文字)이며, 번잡함에서 간략화로, 유동적인 것에서 비교적 고정적으로 바뀐 것이 모두 하나의 역사적 과정이며, 나눌 수 없다는 것을 알지 못한 것이다. 그들은 역사의 사슬처럼 이어지는 것을 소홀히 하여서 초기의 문자를 문자가 발생하기 이전의 그림(圖畵)이라고 잘못 인식하였다. 그들은 종종 자형(字形)이 고정되지 않고, 자음(字音)이 고정되지 않은 것을 구실로 삼아서 상대(商代) 문자는 고정되지 않은 문자라고 주장하였다. 이는 그들이 문자의 형체, 소리, 의미는 모두 영원히 유동하며, 예로부터 고정된 적이 없었음을 알지 못한 것이다. 게다가 그들은 또 상대(商代)의 문화 발전의 정도가 어떠했고, 문자발생 시기와 매우 가까웠는지의 여부를 생각해 보지 않았다. 우리가 어떠한 증거도 필요 없이 상대(商代)의 눈부신 문화를 한 번 보기만 하면 그 당시의 사람들이 문자가 발명하기 이전에 사용하는 문자그림(文字畵)을 여전히 쓰고 있었을 것이라고는 말하지 못할 것이다.

十四 상형문자(象形文字)

이전 사람들이 상형문자(象形文字)를 분류한 방법은 아주 많았는데, 매우 불합리한 방법을 제외하고도 대략 세 가지가 더 있다.

一. 상형자(象形字)가 본뜬 것에서 분류한 것.

정초(鄭樵)는 상형자(象形字)를 정생(正生)과 측생(側生) 두 부류로 분류하였다.

정생(正生)은 천물(天物), 산천(山川), 정읍(井邑), 초목(草木), 인물(人物), 조수(鳥獸), 충어(蟲魚), 귀물(鬼物), 기용(器用), 복식(服飾) 등 열 부류로 나누었고, 모두 실물을 본뜬 글자이다.

측생(側生)은 상모(象貌), 상수(象數), 상위(象位), 상기(象氣), 상성(象聲), 상속(象屬) 등 여섯 부류로 나누었고, 모두 추상적인 명칭을 나타내는 글자인데, 또한 이름을 기탁하여 표지한 글자도 있다.

二. 상형자(象形字)가 다른 부류를 겸하는 글자에서 분류한 것.

정초(鄭樵)는 겸생(兼生)이라고도 불렀고, '형겸성(形兼聲)', '형겸의(形兼意)'가 있으며, 순상형(純象形)까지 합하여 세 부류이다. 주준성(朱駿聲)은 상형겸지사(象形兼指事), 회의형성겸상형(會意形聲兼象形) 등이 더 있다고 했다.

三. 상형자(象形字)의 구조와 성질에서 분류한 것.

단옥재(段玉裁)는 상형자를 독체상형(獨體象形), 합체상형(合體象形) 두 부류로 분류하였다. 왕균(王筠)의 ≪설문석례(說文釋例)≫는 상형을 정례(正例), 변례(變例) 두 부류로 분류하였다. 주종래(朱宗萊)의 ≪문자학형의편(文字學形義篇)≫은 순상형(純象形), 합체상형(合體象形), 변체상형(變體象形) 세 부류로 분류하였다.

상형(象形)은 옛 육서설(舊六書說)에서 원래 쉽게 분석할 수 있는 부류이지만 우리가 옛 사람들의 이러한 분류를 살펴보면 분명하지 않아 여전히 현혹되는 것을 느낀다.

삼서설(三書說)에서 상형에 대한 정의는 가장 신중하고 엄밀하며, 우리가 말하는 상형문자(象形文字)는 단옥재(段玉裁)가 말하는 독체상형(獨體象形) 한 부류로만 제한되는데, 이것을 왕균(王筠)은 상형정례(象形正例)라 불렀고, 주종래(朱宗萊)가 말하는 순상형(純象形)의 부류이다. 여기에서는 합체(合體)와 변체(變體)가 없고, 겸성(兼聲)과 겸의(兼意)를 취하지도 않는다. 그래서 앞에서 언급한 두 번째와 세 번째 분류 방법은 쓸 필요가 없다.

우리가 필요로 한 것은 첫 번째 분류방법 뿐이지만, 정초(鄭樵)가 분류한 것은 너무 난잡하여, 여기에서는 네 부류로만 분류한다.

一. 상신(象身)

정초(鄭樵)가 말하는 '인물지형(人物之形)'이며, ≪계사(繫辭)≫에서 '가깝게는 자기 몸에서 취하고, 멀게는 사물에서 취한다.(近取諸身, 遠取諸物)'라고 했다. 그림을 그리는 사람이 자기 몸에 대해 아주 많이 묘사하여 오관사지(五官四肢) 등 거의 모든 부위에 해당하는 상형자(象形字)가 다 있다.

二. 상물(象物)

정초(鄭樵)가 말하는 '천물지형(天物之形)', '산천지형(山川之形)', '초목지형(草木之形)', '조수지형(鳥獸之形)', '충어지형(蟲魚之形)' 등 자연계의 일체를 포함하니, 그려낼 수 있는 상형자(象形字)는 모두 이 부류에 속한다.

三. 상공(象工)

인류의 문명은 도구의 발명에 힘입어 세워진다. 아주 오래된 구석기시기에는 (예를 들면, 周口占猿人) 도구를 만들 수 있었다. 그래서 나는 인류 문명 속에 자연계 만물을 이용하여 만든 모든 기물을 다 '상공(象工)' 속에 편성했고, 여기에는 정초(鄭樵)의 '정읍지형(井邑之形)', '기용지형(器用之形)', '복식지형(服飾之形)' 등을 포괄한다.

四. 상사(象事)

이 부류는 반고(班固)의 상사(象事)이며, 또한 허신(許愼)의 지사(指事)이다. 이 부류의 문자가 그린 것은 모두 추상적인 형태, 숫자 등이고 실물이 없기 때문에 옛 사람들은 상형(象形) 이외에 별도의 부류를 배치하려고 했다. 허신(許愼)은 '上'과 '下' 두 글자를 예시로 들었고, 정초(鄭樵)는 이미 그것을 상위(象位)로 귀속시켰다. 정초(鄭樵)는 비록 지사자(指事字)를 잘못 해석했지만 상모(象貌), 상수(象數), 상위(象位) 등 여러 부류를 모두 상형자(象形字)로 생각했는데, 이는 옳은 것이다. 우리는 현명(玄名), 실명(實名)을 모두 상형(象形)으로 생각하는데, 이들 간의 경계는 나누기가 쉽지 않다. 방형(方形)의 '□'은 허상(虛象)이고, '井'자와 '田'자는 실상(實象)인데, 만약 그림의 기술 방면에서만 본다면 방형(方形)과 정형(井形), 전형(田形)은 무엇이 다른가?

상형자(象形字)가 비록 모두 원시자(原始字)이지만 그들의 발생 시대는 같을 수 없다. 물소와 코끼리의 그림은 아마도 2만 년 전부터 존재했을 것이고, '㫃'자는 깃발을 본뜬 모양이고, '鼎'자는 솥을 본뜬 모양인데 문화 수준이 비교적 높은 시기에 생겨났을 것이니, 그러면 훨씬 늦은 시기일 것이다.

많은 사람들은 아마도 상형문자(象形文字)와 상의문자(象意文字)가 동일하게 그림문자인데 왜 반드시 두 부류로 분류해야 하는가 하고 의심할 것이다. 우리의 주요 목적은 물론 상형문자(象形文字)를 이용하여 모든 문자를 총괄하는 데 있다. 그러나 그림의 발전에서 볼 때, 상형자(象形字)의 기원도 상의자(象意字)보다 이른 시기이다. 가장 오래된 동혈예술(洞穴藝術)에는 동물의 투영(投影)된 모습만을 그렸다.(또는 새겼다). 그들은 정지된 상태에서 네 다리의 동물을 두 다리로만 그렸는데, 우리의 문자가 바로 이와 같다. 동혈화(洞穴畵)에서 자주 보이는 것은 들소, 코끼리, 순록, 말, 멧돼지 등이며, 우리의 원시문자도 이러한 동물의 상형자(象形字)가 가장 많다. 象자를 예로 들면 스페인의 동굴에 홍자석(紅赭石)으로 그린 한 폭의 단채화(單彩畵)에 보인 것과 중국의 청동기문자의 것은 아주 좋은 대조가 된다. ≪한비자·해로(韓非子·解老)≫ 편에는 다음과 같이 말한다.

> 사람들은 살아있는 코끼리를 보는 것이 아주 드물어서 죽은 코끼리의 뼈를 얻게 되면, 그 뼈의 도안에 따라서 코끼리의 살아 있는 모습을 생각하였다. 그래서 뭇사람들이 마음속으로 생각한 것을 모두 '象'이라고 말했다.(人希見生象也, 而得死象之骨, 按其圖以想其生也, 故諸人之所以意想者, 皆謂之象也.)

西班牙桑唐德省卡斯梯羅洞畵
采裴文中≪舊石器時代之藝術≫

象且辛鼎

한비자(韓非子)는 전국시기 말에 살았는데, 그 당시 북방에는 코끼리를 볼 수 없었다. 그래서 그는 '象'자를 상상의 어근(語根)으로 풀이했다. 사실 '象'자를 상상으로 풀이한 것은 매우 늦게 생긴 것이다. 고서(古書)의 '象'자는 모두 형상을 모방한다는 의미로 쓰였다. ≪설문(說文)≫에는 '상형(象形)'을 '사물을 그린다.'로 풀이했다. ≪서·구요모(書·咎繇謨)≫에서 '내가 옛사람의 모습을 보고자 한다.(予欲觀古人之象)'라고 말하였는데, 이것은 모두 형상을 말한다. ≪역·계사(易·繫辭)≫에서 '象이란 이것을 모방한 것이다.(象也者像此者也)'라고 했고, 또 '보이는 것이 象이다.(見乃謂之象)'라고 했는데, 이것은 한비자가 말한 것과 상반된다. 나는 '象'자의 어원은 마땅히 圖象, 形象, 象似인데, 원시인들이 큰 코끼리를 그려내자, 다른 사람이 보고서 그것이 모두 '象'이라는 것을 알아보았고, 이 '象'자라는 말이 전해내려 왔을 것이다. 코끼리(象)는 동물 중에 가장 큰 것이며, 가장 쉽게 그릴 수 있어서 아마도 고대 사람이 가장 일찍 선택한 그림의 본보기가 되었다고 본다. 그래서 이 象이라는 말은 이 동물과 밀접한 관계가 생겼을 것이다.

총괄하자면, 각 상형문자(象形文字)가 많은 문자로 분화될 수 있고, 그것이 비록 독체상의자(獨體象意字)와 대체로 비슷하지만 결국 후자(後者)보다 훨씬 일찍 생겨났다. 역사적 관점에서 보면, 우리도 마땅히 그것을 두 부류로 구분해야 한다.

十五 상의문자(象意文字)

만약 우리가 간단하게 말해, 문자가 그림에 말을 더한 것과 같다면 일부분의 상형문자는 2만 5천 년 전 구석기 시대에 발생했다고 할 수 있다. 왜냐하면 동굴 속에 살던 원시 예술가는 당연히 약간의 말을 사용할 수 있었으며 그들이 그려낸 코끼리를 또한 '象'이라고 부를 수 있었기 때문에 이 코끼리의 그림은 당연히 문자인 것이다. 그러나 사실상 아직 문자라고 부를 수 없다. 이런 종류의 단순한 실물 그림은 수량이 그다지 많지 않고, 모든 말을 나타낼 수 없으며, 그들은 근본적으로 이런 그림을 사용해서 말로 표현할 생각을 할 수 없었기 때문이다.

진정한 문자는 상의문자(象意文字)가 생성된 이후에 나타난 것이다. 그림 안에 우리는 복잡한 사물을 그려낼 수 있으나 그려낸 부분은 단지 찰나의 상황과 모습이며 정확하게 이야기의 시작과 끝을 말해낼 수 없다. 말은 그림과 상반되며 시간성을 구비한 이야기를 처음부터 끝까지 있는 그대로 서술할 수 있으나, 동시에 발생하는 각종 이미지를 전할 수는 없다. 인류가 진화하여 큰 국가가 되고 통일된 언어를 사용하게 되어 일반 사람들이 말을 그림의 방식으로 기록하고자 하였을 때 문자가 생성된 것이다.

동굴 예술에서 사슴을 사냥하는 이야기를 묘사할 때, 한 사람이 활을 든 손에 화살을 메겨서 시위를 당겨 맞은편에서 다가오는 수사슴을 쏘는 것을 만약에 간단한 말로 서술한다면 바로 '인사록(人射鹿)'이다. 말을 문자로 바꿀 때 사람과 사슴은 모두 상형자이며, 우리가 화살을 메겨서 시위를 당겨 쏘는 그 순간을 분석한다면 바로 '사(射)'자가 된다. 이 그림으로부터 그것을 단위로 분석하면 바로 3개의 문자가 된다. 이 그림 속의 일부는 '射'자인데, 이것은 상의문자이다. 우리들은 사람뿐만 아니라 말, 호랑이, 늑대를 쏘는 어떤 경우에도 '射'자를 사용할 수 있으니, 이것은 단지 행동을 나타내는 하나의 단위이기 때문이다. 이 글자는 한 손과 시위를 당긴 활, 화살 한 촉을 포함하지만, 단지 하나의 사건과 의미를 나타낸다.

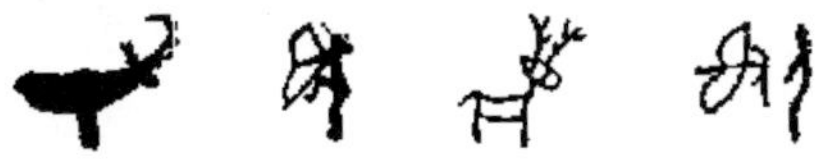

采≪人類史話≫

만약 우리가 이러한 이야기를 좀 더 상세하게 서술하고자 한다면 쏘는 대상은 사슴이니 그 수량을 나타내는 글자를 집어넣을 수 있다. 만약에 큰 사슴을 말하고자 한다면 그림과는 다르다. 그림 안에 사슴의 크기는 사람 형태의 비율로부터 알 수 있다. 말에서 '大'와 '鹿'은 각각 하나의 단위를 이루기 때문에 별도로 '大'자를 써야 한다. '大'의 형상은 그려낼 수 없으며 단지 대인의 '大'를 일반적인 '大'로 간주할 수 있다. 만약에 수사슴을 말하고자 한다면 그림 안에 뿔 모양을 사용하여 나타내는 것 외에 사슴 몸에 생식기를 그려낼 수 있으며, 말로 나타낼 때는 또한 두 개의 단위이다. 그렇기 때문에 수소의 '모(牡)'를 인신하여 일반적인 '牡'로 간주한다. 그러므로 '大'와 '牡'는 모두 상의문자이다.

'大'자는 사람의 정면을 그린 것으로 그림에서는 사람의 측면 형상을 그린 '人'자와 마땅히 구별되는 것은 아니다. 예를 들면 '龜'자는 정면과 측면으로 그리는 두 가지 방법이 있다. 그러나 문자에서는 정면의 사람 형태를 '人'으로 여기지 않고 '대인(大人)'으로 여기며 또한 인신되어 '大'의 의미로 삼았고 그래서 단지 '人'자만 상형이며, '大'자는 오히려 상의자다. '士'자는 옛날에는 '丄'이며 본래 남성(陽性)의 생식기 모양을 본뜬 것이다. (칼그렌 같은 학자들이 이 '祖'자의 고문 '且'가 생식기라고 한 것은 틀린 것이다. ≪說文≫에서 '推十合一謂之士'라고 한 것은 당연히 후세 사람들이 견강부회한 설명이다.) 이것은 상형자이다. '牡'자는 소의 머리를 그린 것으로 옆에 하나의 생식기가 있으니 이것은 수소를 나타내고, 또한 인신되어 일반적인 '牡'의 의미로 쓰이니 바로 상의자다.

상의문자는 이렇게 창조되었는데 언어를 기록하려는 필요에 의해서 그려낼 수 있는 명자(名字, 상형자) 외에 동작을 나타내거나 어떤 차이를 나타내는 모든 글자는 가능한 한 그림 속에서 하나의 단위(單位)를 찾아내어 그 의미를 대표하는 것으로 삼았다. 이러한 단위는 어떤 때는 개체(單體)이다. 예를 들면, 땅을 기는 사람은 '匕'자이고, 땅에 무릎을 꿇고 있는 사람은 '卩'자이며, 머리가 긴 사람은 '長'자이고, 큰 배를 가진 사람은 '身'자이다. 어떤 때는 복체(複體)이다. 예를 들면 사람이 창을 매고 있는 것은 '戍'자이고 창을 사용해 사람을 찌르는 것은 '伐'자이며, 아이들을 키(箕) 안에 담아서 버리는 것은 '棄'자이고, 아이를 집에서 기르는 것은 '字'자이다. 개체는 개체상의자(單體象意字)이고, 복체는 복체상의자(復體象意字)이다. 두 개 이상의 같은 형체가 만약 나누어질 수 없는 하나의 단위라면 예를 들어 '晶'자(옛날에는 星자임)는 여전히 상형자이다. 만약에 독체자를 여러 개 사용하여 만든 것 예를 들면 '艸卉'에서 개체는 '屮'이고 '林森'의 개체는 '木'이고 '從㐺'의 개체는 '人'이며 그것은 바로 중체상의자(重體象意字)이다.

≪殷虛書契≫七卷卌一葉

大鼎

성부문자(聲符文字)가 생겨나기 이전에는 그림문자 속에 상형문자는 단지 극소수이고, 이 밖의 것은 모두 상의자다. 상의자는 종종 한 폭의 조그마한 그림인데. 예를 들면 '璞'자는 본래 큰 산허리에서 어떤 사람이 몽둥이를 들고 옥을 두드려서 광주리에 담는 것을 그려낸 것이다. '鑄'자는 본래 두 손으로 역(鬲)을 들어서 화로에 굽는 모습을 그려낸 것이다. 그러나 문자와 그림은 때로는 다르기 때문에 일부 화법(畵法)은 지극히 간단하여 눈을 그려서 사람이 바라보는 것을 나타낼 수 있다. (예를 들면 '相'자이다.) 입을 그려서 사람이 말하는 것을 나타낼 수 있다. (예를 들면 '問'자이다.) 발자국을 그려서 사람이 걷는 것을 나타낼 수 있다. (예를 들면 '武'자이다.) 전해짐이 더욱 오래되고 더욱 간단하게 쓰게 되면서 사람들은 원래의 뜻을 잊어버리게 되어 '止戈爲武'와 같은 부류의 새로운 설명이 생겨났다. 시간이 오래될수록 새로운 설명이 많아지면서 많은 새로운 글자들은 새로운 설명 원칙에 의거하여 추론해 낸 것이다. 본래 그림을 이용해서 표현하는 상의자는 현재에는 두 개 혹은 더 많은 문자를 사용하여 병합하는 것으로 변했으며, 이런 변체상의자(變體象意字)는 즉, 전인(前人)이 말하는 '比類合誼'의 회의자다.

十六 육기(六技)

상형자는 그림이지만 그려낼 수 있는 것은 한계가 있다. 상의자도 그림으로 모든 사물의 동작과 형태를 나타낼 수 있지만, 그려서 나타낼 수 있는 것은 또한 한계가 있다. 우리들은 문자가 그림에 기초하여 만들어 졌지만, 문자의 형식은 결국 제한적일 수밖에 없어서 언어의 수요에 부응할 수 없다는 것을 알고 있다.

원래 있는 문자로는 사용하기 부족하기 때문에 첫 번째 방법은 새로운 문자를 창조하는 것으로 이는 '분화(分化)'이다. 같은 하나의 손(手)이지만 'ナ', '又'(左右) 두 자로 나뉘고, 후세의 많은 문자들은 이러한 예를 사용하여 나뉘어 졌는데 예를 들면 '行'자는 변하여 '彳', '亍'이 되고 '子'는 변하여 '孑', '孓'이 되고 '言'자는 변하여 '言', '言'이 되고 '兵'자는 변하여 '乒', '乓'으로 나뉘었으니 이것은 문자를 만드는 하나의 방법이다. '見'자가 눈이 뒤를 바라보게 되면 '艮'(眼의 고문)으로 변하고, 올려다보면 '朢'(望의 고문)으로 변하며 내려다보면 '臥'('臨'과 '監'자는 모두 '從臥'이다.)로 변하는데 이것 또한 하나의 방법이다. '又'자가 있으며 또한 '手'자가 있고, '疋'자가 있으며 또한 '足'자가 있고, '彳'자가 있으며 또한 '乆'자가 있고, '乑'자가 있으며 또한 '久'자가 있다. 어떤 것은 일부러 나누었고 어떤 것은 잘못하여 둘로 나누어진 것으로 이 또한 하나의 방법이다.

문자 형체의 '분화(分化)'는 언어 의미의 '인신(引伸)'에 해당한다. 중국 언어는 음절이 짧기 때문에 언어의 수량에 제한이 있어 '인신(引伸)'의 방법이 가장 넓게 사용되는데 예를 들면, '一'은 본래 하나의 숫자로 우리는 第一(一號門牌와 같다), 每一, 某一, 別一, 偶一, 略一, 獨一('一夫紂'는 즉 '獨夫紂'와 같다), 整個(一國과 같다), 專一(一心과 같다), 統一('孰能一之'와 같다), 一樣('其揆一也'와 같다) 등의 여러 가지 의미로 사용할 수 있다. 또한 예를 들면 '人'은 본래 '만물의 영장'인 일물(一物)을 지칭하는데 '중인(衆人)', '별인(別人)', '인민(人民)', '인도(人道)'의 의미로 말할 수 있다. 그래서 언어의 수는 많지 않지만 포함하는 의미는 무궁무진하다. 문자는 언어의 이런 인신의 방법을 이어 받아서 많은 새로운 글자를 만들어 낼 필요가 없었다. 주준성(朱駿聲)의 ≪설문통훈정성(說文通訓定聲)≫에서 다음과 같이 말한다.

> 전주는 한 글자에 여러 글자의 쓰임을 갖춤으로 번거롭게 조자하지 않는다.(轉注一字具數字之用, 而不煩造字.)

또한 다음과 같이 말한다.

> 전주란 글자체를 고쳐서 만들지 않고, 의미를 끌어다 서로 주고받으니, 令과 長이 이것이다.(轉注者, 體不改造, 引意相受, 令長是也.)

그가 말한 '전주'는 실제로 '인신'이며, '인신'의 결과는 때로는 형체와 관계가 있는데 예를 들면 '隻'자는 본래 옛 '獲'자로 새 한 마리를 손 안에 포획한 형상으로, 그 후 인신되어 한 마리 새를 포획하는 것은 '隻'이고, 두 마리 새를 포획하는 것은 '雙'이며, 또 다시 인신하여 '隻'은 '單'을 나타내고 '雙'은 '兩'을 나타내게 되었다. 그래서 포획의 의미는 부득이 '從見獲聲'의 '獲'자를 사용하게 되었다. 그러나 이러한 '인신(引伸)'은 항상 말이 먼저 변하고 문자는 말을 따라가는 것이다.

'인신'은 새로운 문자가 필요하지 않으니 원래 있는 문자들 중에 의거하는 바가 있어야 비로소 성립된다. 만일 말이 본래 단지 어떤 소리만 나타낸다면 감탄어의 '烏虖', 발어사의 '粤若', 대명사의 '朕, 餘', 부정의 '不, 弗', 탁명(托名)표지의 '甲, 乙, 丙, 丁', '子, 丑, 寅, 卯', 어조의 '焉哉乎也', '的了嗎呢', 쌍음절어의 '科斗活東', 번역어의 '撐犂孤塗'[흉노어에서 천자를 지칭함]와 같이 이미 그림의 방법으로 그려낼 수 없고 또한 의미가 비슷한 문자로 인신할 수 없다면, 어쩔 수없이 같은 소리의 글자를 찾아 '假借(가차)'할 수밖에 없다. 허숙중이 말한 가차는 '本無其字, 依聲托事'인데 해석은 좋으나, 예로 든 '令, 長' 두 글자는 틀린 것이다. 縣令의 '令'은 命令의 '令'에서 인신한 것이고, 官長의 '長'은 長老의 '長'에서 인신 한 것이니 주준성(朱駿聲)이 '朋來' 두 글자를 예로 들어 고치려고 하였지만, 몇 개의 '貝'가 하나의 '朋'이고, 또 그것이 변하여 붕당(朋黨)이 되니 여전히 인신일 뿐이다.

'분화', '인신', '가차'는 문자 변화의 역사에서 세 가지의 큰 갈래이다. '분화'는 형체에 속하고 '인신'은 의미에 속하며 '가차'는 대부분 소리에 속하지만 형체를 빌린 것도 있다. 예를 들면 '魚枕은 丁이라 하고 魚腸은 乙이라 하고 魚尾를 丙이라 하는데(魚枕謂之丁, 魚腸謂之乙, 魚尾謂之丙)' 이러한 명칭은 모두 자형이 비슷하여 생겨난 것이다. '鉤乙'의 乙, '藻井'의 井은 모두 빌린 자형이다.

중국 상고시기의 그림 문자는 이 세 가지 변화 방법을 통해 장구한 시기를 거치게 되었다. 그렇지만 그림문자의 단점은 매우 많다.

一. 글자가 많아 기억하기 어렵고 쓰기 어려우며 알아보기 어렵다.
二. 간략화 되어서 많은 도형(圖形)은 일찍부터 혼란스럽게 되었다. 예를 들면 '凵'과 '口', '山'과 '火', '人'과 '刀', '大'와 '矢'의 종류가 있다.
三. 생산이 증가하고 사회관계가 복잡해지며 문화가 진보하고 언어가 점차 복잡해짐에 따라 많은 새로운 말들을 그림으로 표현할 수 없게 되었다. 그리고 인신, 가차의 방법도 지나치게 많이 사용할 수 없었다. 왜냐하면 한 글자에 만약 몇 십 개의 용법을 갖게 된다면 매우 불편하기 때문이다.

이러한 병폐는 고대 사람들에게 더욱 많은 새로운 문자를 필요하게 하였지만 그러나 쉽게 배우고 쓸 수 있어야 했다. 어음(語音)을 나타내는 형성문자는 이런 이유 때문에 생겨나 그림문자의 지위를 대체하였다.

형성문자는 어떻게 발생하였을까? 중국문자가 병음으로 변하지 않고 형성으로 변한 것은 그림문자에 일찍이 이러한 경향이 있었기 때문이다.

예를 들면,

一. 합문(合文)

금문에서 ‘亞矣’ 두 자를 연달아 쓸 때 ‘亞’자의 끝 획을 즉 ‘矣’자의 첫 획으로 삼아 마치 한 글자처럼 되었다. 복사에서 ‘卜丙’의 두 글자는 한 자는 왼쪽으로 한 자는 오른쪽으로 합쳐서 쓰니 마치 한 글자와 같다. ‘雍己’ 두 글자의 ‘雍’자는 복사에서는 ‘□’로 쓰고, ‘己’자 위쪽 갈라진 틈에 숨겨 놓았고, 금문 ‘韋’자의 네모난 틀 안에 ‘典’자를 집어넣었으니 더욱 한 글자처럼 되었다. 그러나 이런 글자들은 항상 두 글자로 읽어야 되는데 예를 들어 ‘方甲’ 두 자를 합문하여 ‘田’이 되고 ‘二千’ 두 자를 합문하여 로 썼는데 후대에는 모두 한 글자로 변한 것과 같다. 전자는 현재의 甲자로 변하고 후자는 육국시대에 일찍이 사용한 적이 있으나 읽는 법은 분명하지 않다. ‘羽日’ 두 글자의 합문은 후에 ‘翊’자가 되었다. ‘之日’의 두 글자의 합문은 후에 ‘昔’자가 되었고 ‘小隹’는 ‘雀’이 되었다. ‘○鼎’은 ‘員’이 되었으니, 합문이 바로 형성자의 출발이라고 할 수 있다.

二. 계수(計數)

숫자를 나타내는 글자는 중국 언어에서 매우 중요한 위치를 차지한다. ‘二人’은 ‘仁’(현대어는 ‘倆’), ‘五人’은 ‘伍’, ‘十人’은 ‘什’이 되었는데, ‘人’자의 음(音)은 말하지 않고 단지 숫자를 나타내는 음만 말하고 있다. 세 필의 말은 ‘驂’, 네 필의 말은 ‘駟’, 두 개의 피리(龠)의 중량은 ‘兩’, 두 단의 비단은 '兩', 두 바퀴의 수레는 '兩'(지금은 輛), 두 짝의 신발은 '兩', 두 가닥의 밧줄은 '緉'이니, 숫자는 여러 경우에 다른 명칭을 나타낼 수 있고 그것들을 생략할 수 있는데, 예컨대 "之子于歸, 百兩迎之"에서 백 대의 수레이지만 수레라는 글자를 밝혀 말할 필요가 없다는 것을 알 수 있다. 이런 언어 환경에서 당연히 형성자가 생겨날 수 있었던 것이다.

三. 성화(聲化)

중국 언어에서 동자(動字), 구별자(區別字)는 대부분 명자(名字)와 소리가 비슷하며 단지 작은 차이만 있을 뿐이다. 名字는 '食'이고, 動字는 '飤'이다. 名字는 '子'고 區別字는 '字'이며 名字는 '魚'고 動字는 '魰' 區別字는 '漁'이다.('漁'는 본래 물고기가 물 가운데 있는 모양을 본뜬 것이다.) 그러므로 문자로 쓸 때 많은 상의자는 단지 반쪽만 읽을 수 있어 우리는 상의자의 성화(聲化)라고 일컫는다.

이 세 가지 상황에서 특히 상의자의 성화(聲化)는 그림문자의 말기에는 거의 보편적으로 존재하였으며, 그것들은 이미 형성자와 비슷하여 진정한 형성문자가 생성되기 직전의 상태였다.

진정한 형성문자가 생겨난 것은 사회 문화의 발전과 밀접한 관계가 있다. 우리들은 복사(卜辭)에서 지명과 여성에 관련된 형성문자가 특히 많은 것을 볼 수 있는데, 형성문자 초기에는 아마도 여전히 모계사회의 시기였을 것이라고 추측할 수 있다. 예를 들면 전설에서 보여 주는 바와 같이 염제의 성은 '姜', 황제의 성은 '姬', 황제의 아들이 14명인데 12개의 姓이 있었고, 순임금에 이르러서는 성이 '姚'이었는데 '순에게 요임금의 두 딸을 시집보내서 규예 지역을 다스리게 하였다.(厘降二女於嬀汭)'라고 했기 때문에 후에 그의 자손은 성이 '嬀'가 되었으니, 이로써 중국 고대에 일정 기간은 모계사회였음을 증명할 수 있다. 무릇 이러한 부락의 우두머리는 모두 여성으로 '井'부락 혹은 '子'부락은 사람들이 그들을 우물 혹은 아이로 해석하는 것을 피하기 위해서 모두 '女' 편방을 더하여 여자의 성을 명시한 것이니 이는 그들 모친의 성이다. (그때의 여자는 모두 모친과 살았고 다음 세대 아이들은 어머니의 형제와는 '舅'와 '甥'의 관계이니 이 두 글자는 從男인 것이다) 그밖에 소, 양, 말, 돼지, 개 등의 전용 명칭 및 풀, 나무 명칭에서 목축과 농업사회였음을 생각할 수 있다. '從金'의 글자는 늦게 생겨났는데 그것은 청동기가 매우 발달한 이후에 비로소 생긴 것이다. '從心'과 '從言'의 글자는 더욱 늦게 생겨났다.

새로운 문자의 발생은 실질적인 필요에 뿌리를 두었는데 산업과 문화의 발전으로 인해 새로운 말이 무수히 증가하였고 단지 그림문자와 인신, 가차만으로는 충분하게 표현할 수 없어서 당시의 현명한 사람들은 옛 합체문자, 계수문자, 성화문자의 방법을 사용하여 새로운 문자를 창조하였다. 이 새로운 문자는 생겨나자마자 빠르게 발전하였다. 모든 새로운 문자는 종종 한 부류의 전문 명사의 어휘와 같아서 우리의 선조가 이러한 새로운 문자를 창조하는 것은 현대 과학자가 '수소', '질소', '아연', '니켈' 등의 글자를 만드는 방식과 일맥상통하다.

형성문자는 생겨나자마자 그림문자에 비하여 우세를 차지하였다. 원래 성화된 상의자 및 소수의 합체자의 부류들은 완전히 병합되어 형성문자가 되었다. 어떤 그림문자는 변화를 거쳐서 형성문자가 되었고, 어떤 것은 그야말로 도태되었다. 그리하여 그림 문자는 점점 소리 없이 사라져 그들의 시대는 지나갔다. 비록 여전히 극소수가 남았지만 전체의 문자 체계에서 보면 대부분 형성문자였다. 이러한 문자의 대개혁은 대개 삼천년에서 사천년 전에 발생하여 줄곧 지금까지 진행되고 있다.

옛 그림문자에서 새로운 형성문자로 변하는 데는 세 가지 방법을 거쳤다.

첫째, '자유(孳乳)'이다. 허숙중이 다음과 같이 말한다.

> 그 후 형성자가 서로 더해지게 되어 그런 문자를 字라 하였다. … 字라는 것은 파생되어 점차 많아진 글자를 말한다.(其後形聲相益, 卽謂之字. … 字者言孳乳而浸多也.)

'자유(孳乳)'는 형성문자를 만드는 주요한 방식이며, 대부분 형성자는 이렇게 생겨난다. 만약 한 줄기의 강을 '羊'이라 부르고 한 부락의 姓씨도 '羊'이라 하고, 한 종류의 벌레도 '羊'이라고 한다면, 옛 사람은 바로 '從水羊聲'의 '洋'자, '從女羊聲'의 '姜', '從虫羊聲'의 '蛘'을 만들어 냈다. 길한 모습은 '吉羊'이었으며 '祥'으로도 썼고, 걱정스러운 마음은 두근두근하니 '恙'으로 썼다. 또한 예컨대 눈이 작은 것은 '眇', 나무 끝이 작은 것은 '杪', 물이 적은 것은 '淺', 조개가 적은 것은 '賤'이다. 인신된 의미든지 가차한 말이든지 많은 새로운 문자를 파생해 낼 수 있었다.

둘째, '전주(轉注)'이다. 이는 육서에 원래 있는 것으로 허신이 다음과 같이 말한다.

> 동류의 글자를 한 부수로 세워, 같은 의미를 서로 받는 것으로서, '考'자와 '老'자가 바로 이것이다.(建類一首, 同意相受, 考老是也.)

唐 이래로 전주에 대한 해석은 매우 많으나, 대부분 허 씨의 원래 뜻이 아니다. 그가 '建類一首'라고 말한 것은 분명히 같은 부수의 글자를 가리키는 것이나, 그는 牛부, 羊부, 艸부, 木부 등의 글자는 거론하지 않고, 오직 '老'부만 예로 든 것은 동부(同部)일 뿐만 아니라 또한 '동의(同意)'여야 함을 알 수 있다. 우리들은 이로부터 전주는 보통 파생되어 나온 형성자와는 바로 정반대라고 생각할 수 있다. 자유(孳乳)의 방법은 하나의 어근을 성부로 삼고 다시 형부를 덧붙여서 분별하니 주요한 의미는 성부에 있어 문자의 형체로 보면 비록 차이가 있으나 말은 완전히 같다. 전주로 생겨난 문자는 주요한 의의가 오히려 형부에 있으며 '老'자와 '𠷎'자, '丂'자, '句'자, '至'자 등은 본래 같은 말이 아니나, 단지 뜻이 같음으로 인해 새로운 문자를 만든 사람이 '𠷎', '丂', '句', '至' 등의 글자에 모두 '老'자의 편방을 더하여 '壽', '考', '耇', '耋' 등의 글자를 만들었으니, 그러므로 전주는 형부를 중심으로 삼은 것이다. 우리들은 '蘭'자를 억지로 '草也'로 해석할 수 있지만, 결코 '艸'자를 '蘭也'로 해석할 수는 없다. 왜냐하면 '蘭'은 전용명사이고 '자유(孳乳)'자이며 전주할 수 없기 때문이다. 그러나 우리들은 '謂'자를 '言也'로 해석 할 수 있으며 '言'자를 '謂也'로 해석 할 수 없는 것도 아니고 '黸'자를 '黑也'로 해석할 수 있고 '黑'자를 '黸也'로 해석 할 수 없

는 것도 아니니 이 모두는 동의자(同義字)이기 때문에 이것은 바로 전주이다. 언어에서 하나의 말이 여러 의미를 갖게 되고 문자에서는 형으로 그것을 구분함으로 내포된 뜻이 너무 많으면 각각 형부를 더하여 구별하니, 이것이 '자유(孳乳)'자이다. 이와 반대로 다수의 말이 하나의 뜻을 갖는 경우 문자로 나타낼 때 형으로 그것을 통합하게 되며 그러면 동의어가 너무 많게 된다. 그래서 가장 통용되는 말을 찾아 형부로 삼아 그 말들을 통일시키니 소위 '建類一首'이며 바로 전주자이다. 형성자에는 특수한 예가 많이 있는데 예를 들면 '叛'자는 '從反半聲'이니 그 훈은 反이며, '弑'는 '從杀式聲'이니 그 훈은 殺이니, 사실은 전주이다.

셋째 '종익(緟益)'이다. ≪설문(說文)≫에서 '緟, 增益也' 라고 했기에 우리들이 '종익(緟益)'이라 부르며, 이것은 불필요한 중복과 증가를 말하는 것이다. 문자는 한 사람에 의해 창조된 것이 아니므로 일정한 규정이 있을 수 없다. 수천 수백 년의 장구한 시간의 변화 속에서 주요한 추세는 물론 파생과 전주이나 예외적으로 특수하며 불합리한 '종익(緟益)'같은 현상도 적지 않다. 최후에는 심지어 주객이 전도되려고 했는데 만약 역사적 관점에서 본다면 이런 현상은 매우 중요하다.

종익문자의 조자는 원래 있던 문자가 그 글자의 음과 뜻을 충분히 나타내지 못한다고 느껴서 특별히 하나의 부호를 더한 것이다. 이러한 원래의 문자들은 혹은 그림이고 혹은 형성자이며, 혹은 인신과 가차에서 온 것으로 실질적으로는 매우 잘 표현할 수 있었지만 시대가 다르고 사람들의 생각이 일치하지 않아 이런 종류의 특별한 종익(緟益)현상이 있게 되었다.

그림문자에 성부를 더한 것으로 옛 사람들이 벼슬과 깃이 있는 닭의 형상을 그렸는데 후대에는 문자가 간단하게 변하여 사람들이 못 알아볼까봐 '奚'자의 성부를 더하였다. 鳳을 나타내는 문자는 본래 상형이었는데 후에 '凡'자의 성부를 더하였다. 경작한다는 의미의 '耤'은 본래 사람이 두 손으로 쟁기를 잡고 흙을 가는 형상인데 후에 昔'자의 성부를 더하였다. '鑄'자는 타오르는 화로 위에 두 손으로 역(鬲)을 들고 있는 모습을 형상화한 것인데 비로소 '𠷎'자의 성부를 더하였다. '豸'자는 본래 살쾡이의 형상을 본뜬 것인데 후에 '裏'자의 성부를 더하였다. 이런 종류의 예가 많은 것은 아니다.

형부(形符)를 더한 글자는 비교적 많은데 예를 들면 '罒'자는 본래 실을 토해내는 누에의 형상을 본뜬 모양으로 후세 사람들이 虫을 더하여 '蜀'이 되었고 또 다시 虫을 더하여 '蠋'이 되었다. '萬'자는 본래 전갈의 모양을 본뜬 것인데 후세 사람들이 虫을 더하여 '蠆'가 되었다.(≪설문≫은 '蠆'로 쓰고 또한 '蠤'로 썼다.) '㶳'자는 본래 교차하여 세워진 횃불을 본뜬 것인데 후세 사람들이 火를 더하여 '熒'이 되었다. '厷'자는 팔뚝 형상을 본뜬 것인데 후세 사람들이 肉을 더하여 '肱'이 되었다. '冎'자는 본래는 뼈 형상을 본뜬 것인데 후세 사람들이 肉을 더하여 '骨'이 되었다. '丯'자는 두 손으로 무(丰)를 받쳐 드는 것을 본뜬 것으로(葑의 本字는 즉 무이다) 후세 사람들이 '手'를 더하여 '奉'이 되었다. 다시 '手'를 더하여 '捧'이 된 것이다. '文'자는 '彣'이 되고, '章'자는 '彰'이 되고, '采'자는 '彩'가 되고, '麗'자는 '𩯁'가 되고, '或'자는 '彧'자가 되고, '產'자는 '彥'자가 되고, '㕘'자는 '參'자가 되고, '而'자는 '耏'자가 되고, '長'자는 '镸'자가 되고, '靑'자는 '彰'자가 되고, '周'자는 '彫'자가 되고, '工'

자는 ‘珍’자가 되고, ‘尋’자는 ‘潯’자가 되고, ‘聿’자는 ‘彰’자 되고, ‘井’자는 ‘形’자가 되고(≪설문≫에서는 ‘形’로 씀), ‘景’자는 ‘影’자가 되니, 이렇게 더해진 ‘彡’자는 거의 대부분 필요하지 않은 것이다.

후대에 생겨난 형성자 대부분은 필요하지 않은 형부(形符)를 더하였는데 ‘梁’자는 이미 ‘從木’인데 ‘樑’으로 썼으며 ‘忍冬’은 겨울을 잘 견딘다는 뜻인데 ‘葱’자로 썼고, ‘鳳皇’은 ‘凰’으로 썼는데 ‘鳳’자에서 끌어온 것이다. ≪안씨가훈(顔氏家訓)≫에서 다음과 같이 말한다.

> 金華의 華는 ‘金’ 옆에 ‘華’를 붙이고 牕扇의 扇은 ‘木’ 옆에 ‘扇을 썼다.(金華則金畔著華, 牕扇則木旁作扇.)

육덕명(陸德明)의 ≪경전석문(經典釋文)≫에서 다음과 같이 말한다.

> 어찌 날짐승만 鳥를 첨가할 것인가? 어류도 마땅히 魚를 편방으로 하고, 곤충류도 虫을 편방으로 해야 하고 초류도 모두 ‘從兩屮’ 해야 한다. (豈必飛禽即須安鳥, 水族便應著魚, 蟲族要作虫旁, 草類皆從兩屮.)

곽충서(郭忠恕)는 결론지어 ‘그 쓸데없이 덧붙인 것이 이와 같다.(其蕪累有如此者.)’라고 하였다. ≪광운(廣韻)≫一東의 菄字 아래에 주하길 ‘동풍채이며 속자에서 ++를 더한 것이다.(東風菜, 俗加++)’라 하고, 蝀字 아래에는 ≪이아(爾雅)≫의 ‘科斗活東’을 인용하고 있고, 또 ‘俗從蛐’이라고 하니, ≪광운(廣韻)≫이라는 책에 이러한 종류의 글자가 얼마나 많은지 모른다. 멀리 주왕조 초기부터 문왕과 무왕을 '王'자 편방의 '玟珷'로 썼으며 근대에 이르러 시장의 간판 위에 '燒賣'는 '燒饋'로 썼으며(구양수는 ≪귀전록(歸田錄)≫에서 '酸餓'은 세속에서는 '餕餡'로 썼다고 한다.) '上鞋'는 '鞝鞋'로 쓰니 그래서 중국문자는 수 만개가 될 수 있는 것이다.

분화(分化), 인신(引伸), 가차(假借), 자유(孳乳), 전주(轉注), 종익(緟益)을 나는 '六技'라고 부르는데 그것은 고금문자(古今文字)의 구성 과정을 설명한 것이다. 분화(分化), 인신(引伸), 가차(假借)는 같은 종류의 문자 구성 방법이며, 문자가 생겨난 이래로 이 세 가지 방식은 문자의 생성과 뗄 수 없었다. 그림문자에서 형성문자로 변한 후에 또 자유(孳乳), 전주(轉注), 종익(緟益) 세 종류가 더해졌다. 문자의 구조는 이로 인해 더욱 뒤섞이고 복잡해졌다.

十七 형성문자(形聲文字)

중국문자 중 근고(近古)시기 이후에 생성된 것은 거의 대부분 형성문자이다. ≪설문(說文)≫의 9,000 여 자에서 주준성(朱駿聲)의 ≪설문통훈정성(說文通訓定聲)≫의 <육서효열(六書爻列)>에 실린 형성문자는 8,057자를 차지하니 약 10분의 8에 해당한다. 정초(鄭樵)는 ≪육서략(六書略)≫에서 다음과 같이 통계하였다.

상형류	608자
지사류	107자
회의류	740자
합계	1,455자

그러나 해성(諧聲)류는 21,341자로 무려 15배에 달한다. 문자의 수가 많아질수록 형성문자의 비중은 더욱 커졌으니, 형성문자의 시대에 남겨진 그림문자는 극소수이고, 새롭게 만들어진 것은 더욱 적었다는 것을 알 수 있다.

그러나 실재로 많은 형성자들은 오랜 시기의 문자의 변천 과정을 거친 것으로, 모습이 바뀐 그림문자이다. 상형문자에서 변한 것은 두 종류가 있다.

一. 사물 모양의 일부분을 직접 성부(聲符)로 바꾼 것으로 마땅히 '성화(聲化)'의 부류로 삼아야 한다. 예를 들면 '狽'자는 어떤 들짐승을 본뜬 것인데 꼬리 끝이 뭉툭하여 후에 꼬리 끝을 '貝'자로 고쳐서 '從犬貝聲'이 되었다. 또한 '鼉'자는 본래 뾰족한 입을 가진 악어를 본뜬 것인데 지금은 몸은 黽자가 되고 입과 머리는 '單'자로 변해 從黽單聲이 되었다. 이런 글자들의 기원은 대부분 형체를 잘못 인식하여 생겨난 것이다.

父丁斝　　父戊卣　　狽簋

二. 종익(緟益)의 방법을 사용하여 혹은 형부(形符)를 더하거나 혹은 성부(聲符)를 더한 것으로 위에서 설명한 것과 같다. 상의문자에서 변화된 것도 종익(緟益)의 방법을 사용한 것이 있으나 대다수는 '성화(聲化)'이고 이렇게 성화된 상의자는 문자 성질상 여전히 상의(象意)이지 형성(形聲)은 아니라고 여긴다. '攴'(扑)을 사용해서양을 모는 것은 '敉'자 이고, '殳'를 사용해서 소리를 내는 것('磬'의 상형)은 '殸'자 이니, 이것은 모두 동자(動字)이다. '宀'안에 '缶'가 있는 것은 '窑'자이고, '林'에 '示'가 있는 것은 '禁'자인데 이것은 모두 구별자(區別字)이다. 역사적으로 볼 때 이런 유형은 형성문자 이전에 이미 존재하였다. ≪설문(說文)≫에서 이런 글자들은 종종 廾, 又, 寸, 殳, 攴, 臼, 爰, 止, 行, 彳, 宀 등의 부수에 분포한다.

자유(孳乳), 전주(轉注), 종익(緟益)의 세 가지 방법으로 생성된 형성문자가 바로 순수한 형성자이다. 자유(孳乳)자는 넓게 분포되어 있고 玉, 石, 牛, 羊, 艸, 木 등의 부수에 해당하며 전주(轉注)자는 老, 鬼, 黑, 白 등의 부수에 분포되어 있고, 종익(緟益)자는 비교적 소소하게 흩어져 있지만 오히려 광범위하게 분포되어 있다. 분포되어 있는 영역은 들쑥날쑥하니, 예를 들면 水部의 '漁', '汓' 등의 글자는 성화상의자(聲化象意字)이며 '江', '河' 등의 글자는 자유자(孳乳字)이며 火部의 '燬', '焜' 등은 전주자(轉注字)이며 '煙', '煴' 등의 글자는 자유자(孳乳字)이며 '燎', '熛' 등의 글자는 종익자(緟益字)이다.

형성문자의 구성 위치에 대해서 말하자면 가공언(賈公彥)은 ≪주예소(周禮疏)≫에서 여섯 종류로 나눈다.

一. 좌형우성(左形右聲), 예를 들면 江, 河이다.
二. 우형좌성(右形左聲), 예를 들면 鳩, 鴿이다.
三. 상형하성(上形下聲), 예를 들면 草, 藻이다.
四. 상성하형(上聲下形), 예를 들면 婆, 娑이다.
五. 외형내성(外形內聲), 예를 들면 圃, 國이다.

六. 외성내형(外聲內形), 예를 들면 聞, 問이다. (원래 '闤闠'는 잘못된 것 같아서 지금 고친다. 그러나 엄격하게 말해 단지 '荓', '衎' 부류만이 내형외성이라 할 수 있다.)

형성문자의 위치는 때로는 바꿀 수 있는데 예를 들면 '龒'를 '櫳'로 '桃'를 '𣓨'로 '穌'를 '𪉊'로, '弻'를 '弼'로 쓴 부류이다. 그래서 위치로만 구분하는 것은 불가능하다. 중국문자의 위치는 대부분 습관에 의한 것이며 이론적으로 말하자면 위치가 다르더라도 여전히 동일한 글자이다. 예를 들면 '翊'은 나는 모습을 뜻하는데 지금은 '보좌하다'의 뜻으로 사용되고, '翌'은 다음날(翌日)의 의미로 쓰이지만, '翊'과 '翌'은 결국 같은 글자이다. 그러나 ≪설문(說文)≫에 있는 '衎'자와 '衍'자는 나뉘어 두 글자가 되었다. 중국문자는 습관으로 인해 종종 고정된 위치와 필순을 갖게 되는데 실제로 이것이 중국문자의 가장 큰 폐단이다.

정초(鄭樵)는 형성자를 정생(正生)과 변생(變生)의 두 종류로 구분하고 변생(變生)은 다시 자모동성(子母同聲), 모주성(母主聲), 주성불주의(主聲不主義), 자모호위성(子母互爲聲), 성겸의(聲兼義), 삼체해성(三體諧聲) 등 여섯 종류로 나누었다. '자모동성(子母同聲)'과 '자모호위성(子母互爲聲)'은 양쪽 모두 성모(聲母)의 글자로 여길 수 있으나 결국 항상 한 쪽이 더 해당 글자 음에 가깝다. 예를 들면 '牾'자는 ≪설문(說文)≫에서 從午吾聲인데 석고문(石鼓文)의 '吾'자는 '逜'로 썼으니 從許聲이고 저초문(詛楚文)에서는 '俉'로 썼으니 從吾聲이다. 그러므로 ≪설문(說文)≫의 설명이 옳은 것을 알 수 있다. 그러나 현재 '牾'는 거성으로 읽는다. '䶂'자는 ≪설문(說文)≫

에서 從古叚聲이라 하는데, 一等의 '古'에서 二等의 '叚'로 읽은 것이다. 또 예를 들면 '䚖'는 郎丁切로 읽는데 분명히 '從丁令聲'이다. '敀'는 攀糜切로 읽으니 (≪광운≫은 符鄙切 또 匹支芳鄙二切이다.) 분명히 '從支比聲'이다. '靡'는 忙皮切이니 마땅히 '從非麻聲'이며 '䢅'은 丞眞切이며 마땅히 '從會辰聲'이어야 하고 ≪광운≫의 黃外切은 틀린 것이다.(≪절운(切韻)≫, ≪당운(唐韻)≫은 모두 이 글자가 없다). 徒冬切의 '雌'는 ≪광운≫에서 '鳾渠'로 썼으니 '從鳥虫聲'이며 魯水切의 '雌'는 '從虫隹聲'이니 정초는 잘못 합친 것이다.

모주성(母主聲)의 부류는 단지 부(部)를 나누는 것이 타당하지 않은 것이니, '瞿'자는 여전히 '從隹䀠聲'이니, 단지 隹부에 들어가면 된다. '黌'자는 마땅히 舁부에 들어가고 '黃聲'이며, '科'자는 마땅히 木부에 들어가고 '斗聲'이며 '禁'자는 마땅히 示부에 들어가고 '林聲'이며, '綴'자는 糸部이며 '叕聲'이고, 우리들은 단지 한 쪽은 형(形)이며 한 쪽은 성(聲)이라고 분석한다면, 모(母)와 자(子)의 문제에 연루되지 않을 수 있다. 주성불주의(主聲不主義)의 부류에 대해 정초는 겨우 네 글자로 예시하고 있는데, '㞐'를 '踞'로 훈하고 '尼'는 '妮'로 훈하고 '匏'는 '瓠'로 훈하고, '魏'는 '厥'로 훈하니, 설명이 명확하지 않은 것 같다.

정초의 설명 중에서 비교적 중요한 점은 두 가지이다. 첫 번째는 성겸의(聲兼意)의 문제이다. 허숙중은 일찍이 역성(亦聲)의 예를 들었으며, 단옥재(段玉裁)는 이에 대해 설명하기를 '역성이라는 것은 회의이며 형성을 겸한다.(亦聲者, 會意兼形聲也.)'라고 하였다. 계복(桂馥)은 역성(亦聲)에는 두 가지가 있는데, 첫 번째는 부수에서 소리를 얻은 것이며, 다른 하나는 종모(從某) 편방의 의미를 해석한 것이다. 사실 전자는 ≪설문(說文)≫에서 부수를 정확하게 나누지 않은 데서 기인한다. 예를 들어 '胖'자는 명백하게 '從肉半聲'이며 '鉤'자는 명확히 '從金句聲'인데 허숙중은 半부와 句부에 놓았다. 또한 잘못된 부분이 있는데 예를 들면 '單'과 '干'은 고문(古文)에서 본래 한 글자였으며, 단지 'tan'과 'kan'으로 다르게 읽을 뿐이니 바로 성모(聲母)가 전독한 예이다. 그런데 허씨는 '從吅, 從單, 吅亦聲, 闕.'이라 말하는데 '單'은 글자가 되지 못하고, '吅'도 聲이 아니다. 그러므로 역성(亦聲)의 글자는 실제로 단지 한 종류일 뿐이다.

그러나 ≪설문(說文)≫에는 亦聲을 주하지 않았으나 성겸의(聲兼意)의 글자는 여전히 매우 많다. 예를 들면 '衷'자는 '從中聲'이고 당연히 뜻을 겸한 것이다. '祥'자는 '從羊聲'이며, 고인들은 대부분 '吉羊'을 '吉祥'의 의미로 여겼으니, 서개(徐鍇)는 '從羊이며, 역시 취한 바가 있다.(從羊亦有取焉)'라고 설명하였다. 송대의 왕자소(王子韶)가 창조한 우문설(右文說)에서 근대에 유사배(劉師培)와 심겸사(沈兼士)에 이르기까지 '以聲爲義'의 의미를 매우 상세하게 설명하고 있다. 이론적으로 말하자면 모든 형성자의 聲符는 본래 의미가 있었다. 어떤 사람들은 '江', '河'와 같은 부류의 명사의 성부(聲符)는 의미를 갖지 않는다고 여기지만, 사실 '工'聲은 杠의 곧음을 나타내고, '可'聲은 柯의 굽음을 나타내는 것과 같으니, 옛 사람들이 명명할 때 의미가 없었던 것은 아니다. 사람의 성(姓)도 반드시 의미가 있는 것은 아니다. 그러나 '李耳', '李悝'는 왜 성이 '李'인가? 금문(金文) '咸𡠦鼎'에 '𡠦'字가 있는데 (전인은 해석하지 못했다.) '從女李聲'이니 우리들은 이 글자가 고대의 성씨이며, 이백양(李伯陽)으로부터 나온 것이 아님을 알 수 있다. 그러나 이 부락이 가장 원시시기에 '李'로 불렸던 것은 그 지방에 자두나무가 많아서인가? 아니면 신화에서 말하는 자두나무의 자손인지 아니면 우연히 자두나무를 지칭하여 성씨로 삼은 것인지? 어떻든 기원이 있었을 것이다. 하나의 姓이 생겼다면 그 姓은 바로 그 글자의 의미를 나타낸다. 결론적으로 형성자의 성부(聲符)가 나타내는 것은 말이며 모든 말은 소리를 모방하던지 의미를 서술하던지 감정을 표현하는 것이든 당시에는 의미가 있었을 것이다. 그러므로 모든 형성자의 성부는 원칙적으로 그 성부의 의미를 갖고 있다. 그러나 어떤 말은 오랜 시간이 흘러 의미가 이미 분명하지 않게 되어 일부 형성자의 성부는 해석하기 쉽지 않게 되었다.

三體 혹은 四體로 이루어진 해성(諧聲)에 관해 후인들은 二形一聲, 三形一聲과 二聲 등 모두 세 종류로 분류하였는데, 이것은 사실 잘못된 것이다. 내 생각으로는 형성자(形聲字)가 조자(造字)되었을 때 단지 一形一聲일 뿐이며(물론 어떤 성모[聲母]는 그자체가 이미 형성자이다.) 결코 동시에 두 개의 형(形) 혹은 두 개의 성(聲)을 사용하지 않는다. 사람들에 의해 三體, 四體로 분석된 글자 중 일부는 잘못된 것이다. 예를 들면 '彘'는 고대에는 상의자로 화살이 돼지의 배를 관통하는 모습이니 이것은 야생돼지로 보인다. ≪설문(說文)≫에서는 從彑, 從二匕, 矢聲으로 잘못 여겨서 소위 三形一聲이 되었다. 형성문자는 한 시기에 만들어진 것이 아니라 역사의 누적에 의해 형성된 것이다. 예를 들면 '寶'자의 경우 ≪설문(說文)≫에서는 從宀, 玉, 貝, 缶聲이다. 金文에는 '⿱宀缶'가 있는데 從宀, 缶聲이다. 또한 '⿱宀貝'와 卜辭의 '⿱宀⿱玉貝'자는 모두 상의자인데, 고대 중국 민족이 서쪽에 살았을 때는 옥이 많았고 후에 동쪽으로 옮겼을 때는 조

개가 많았으니, 그 당시에는 옥과 조개를 보물로 여겼다. 그리하여 <반경(盤庚)>에서는 '조개와 구슬을 구비하다.(具乃貝玉)'라고 말했다. 그렇다면 금문에서 '⿱宀⿰玉缶'자는 從寶缶聲이고, '⿱宀⿰貝缶'자는 從寊缶聲이며 또 '寶'자는 從⿱宀⿰玉貝缶聲이니, 이것은 상의자에서 변한 종익자의 한 예이다. 순수하게 복체형성자는 예를 들면 '尃'는 從甫聲이고 '溥'는 從尃聲이고 '薄'은 從溥聲이며 '欂'은 從薄聲이니, 우리들은 '欂'자가 從木, 艸, 水, 寸, 甫聲이라고 말할 수 없다. 그렇다면 '碧'은 왜 從石珀聲이라 말하지 않고 從玉, 石, 白聲이라고 말하는가? ≪설문(說文)≫에는 누락한 글자가 매우 많기 때문에 이러한 견강부회한 해석이 많이 있다. 예를 들면 '汈'자는 從水刃聲이고 '梁'자는 從木汈聲이고 '粱'자는 從米汈聲인데 ≪설문(說文)≫에서는 '梁'자는 從木, 從水, 刅聲이어서 二形一聲이라 하고, '粱'자는 도리어 從梁省聲이라 한 것이다. 만약에 허숙중이 진공자언(陳公子甗)에서 도량(稻粱)의 의미로 쓴 이 '汈'자를 보았다면 이렇게 마음을 쓸 필요가 없었을 것이다. 석고문에는 '㰘'자가 있으니 '⿱㰘韭'자는 본래 마땅히 從韭㰘聲임을 알 수 있는데 ≪설문(說文)≫에는 '㰘'자가 없기 때문에 어쩔 수 없이 '從韭, 朿次皆聲'이라고 말할 수밖에 없었다. 한 글자가 두 개의 성모를 해성으로 갖는다고 하는 것은 황당무계한 생각이다. 그래서 우리는 형성문자는 단지 一形一聲만 있을 뿐이라고 말한다. 소위 二形一聲, 一形二聲의 글자들이 만약 틀린 것이 아니라면 모두 종익자이거나 혹은 복체형성자이다.

형성자의 일부는 생략이나 변화(省變)를 거친 것이다. 예를 들어 '弑'자는 從殺省式聲'이니 생형(省形)이고, '琁'자는 從玉旋省聲이니 생성(省聲)이다. 생략이나 변화(省變)는 본래 문자의 변천 과정에서 마땅히 있는 현상 중의 하나이다. 무릇 생문(省文)은 본래는 생략되지 않고 쓰는 방법이 있었다. 그러나 ≪설문(說文)≫에서 생략된 글자는 꼭 이와 같지 않으니, 종종 생략하지 않으면 글자가 되지 않는다. 예를 들면 '敳'자는 從人攴豈省聲이고 '豈'자는 從豆敳省聲이니, 더욱 고리처럼 끝이 없어 우리는 그 단서를 알 수 없게 된다. 그래서 단옥재는 허신의 생성(省聲)을 의심하였고, 엄가균(嚴可均)과 왕균(王筠)도 모두 잘못되었다고 여겼으며, 설사 후인들이 엉터리로 고친 것이 아니라면 그것은 반드시 허신이 그것을 이해하지 못하고 한 말일 것이다.

그렇다면 형성자는 그림문자에서 성화(聲化)하거나 종익(緟益)되어진 것을 제외하고 개체(單體)와 복체(複體)의 구분만 있다. 만약 소리로 구별하면 양환(楊桓)이 구분한 본성(本聲), 해성(諧聲), 근성(近聲), 해근성(諧近聲)의 네 종류로 나누는 것은 해성(諧聲) 체계의 문제이니 이것은 음운학상의 문제이다.

十八 기호문자(記號文字)와 병음문자(拼音文字)

현재까지 중국문자는 아직 기호문자라고 할 수 없다. 왜냐하면 '同'자를 알면 쉽게 '銅', '桐', '筒', '峒' 등의 글자를 인식할 수 있으니 이것은 여전히 형성문자임을 알 수 있다. 다른 면에서 많은 사람들이 한자의 혁명을 주장하면서 네모 모양의 글자를 폐지하고, 한두 가지 병음 방식을 만들었지만, 병음문자는 끝내 통용되지 않았다.

그림문자와 기호문자는 본래 연결되어 있는 것이니 그림이 변하여 지나치게 간단해지면 그것이 기호가 된다. 예를 들면 '鼎'자는 본래 상형인데 武丁시대의 복사에서는 '𡗜'로 쓰였으니 전혀 鼎의 형상을 알아볼 수 없다. 복사(卜辭)에서 '山'자가 '火'자와 구분되지 않고, '足'자는 '正'자와 잘 구분되지 않는 것은 그림문자가 이미 기호와 같이 간단해졌기 때문이다. 만약 중국문자가 시종일관 그림문자의 단계에 머물러 있었다면 현재까지 남겨진 문자는 단지 무수한 독립된 기호일 뿐이어서 아마도 혼란스러워 변별하기 어려울 것이다.

중국문자는 일부 다른 고문자(古文字)와 마찬가지로 성부(聲符)문자의 길로 들어섰으니 주음(注音)하기 때문에 모든 음위(音位)는 전적으로 그 음을 나타내는 성부가 있어야 한다. 게다가 동음자(同音字)가 너무 많기 때문에 같은 음위(音位) 안에 두 개 이상의 성부도 있다. 예를 들면 '同'과 '童'은 모두 徒紅切이며 '公'과 '工'은 古紅切이기에 그러므로 성부의 수는 천개 이상이다. 형성문자의 초기에는 누구나 이 그림문자에서 전해 내려온 기호와 비슷한 몇 백 개 문자를 기억하고, 또한 천개 이상의 소리 부호의 읽는 법을 잘 습득한다면 (그림문자에서 남겨진 몇 백 개의 글자도 당연히 그 안에 포함된다.) 이러한 형성문자를 완전히 알 수 있었을 것이다.

그러나 문자의 형체는 영원히 유동적이어서 상(商)과 주(周)의 문자는 이미 크게 다르며 소전에 이르러서는 많은 그림 형식이 대체적으로 변질되었다. 예서에 이르러 이러한 상황은 더욱 심해져 '奉'자는 본래 從豐聲이며, '秦'자, '舂'자는 본래 從午聲이며 '春'자는 본래 從屯聲이며 '泰'자는 본래 從大聲이고 '奏'는 본래 양손으로

桒를 드는 것인데, 현재의 이런 글자들의 상반자(上半字)는 모두 '耒'로 쓴다. 이러한 혼란스러운 상황은 예서가 더욱 기호에 가깝게 되었고 일반 사람들은 고문자에 대한 지식이 한계가 있어 단지 예변(隸變)이 문자가 잘못 전해지거나 뒤섞여 생긴 현상이라고만 알고, 소전을 오랫동안 영원불변의 경전으로 받들었기 때문이다.

현재 우리가 말하는 해서(楷書) 혹은 진서(眞書)는 사실 바로 예서(隸書)인데, 한(漢)에서 당(唐)까지 자체(字體)는 고정된 적이 없었고, 각판인쇄술(刻板印刷術)이 발명되면서 정자(正字)가 보편적으로 유행할 수 있게 되자 비로소 점점 고정되었다. 그러나 문자 변천의 흐름은 여전히 진행되고 있어서 '文字爲李'와 같은 부류의 속자(俗子)는 당(唐) 이후 지금까지도 결코 끊어지지 않고 생겨나고 있다.

'속자(俗字)', '간자(簡字)'를 해서, 예서와 비교하면 이는 예변(隸變)의 상황과 동일하다. '鷄'자는 본래 從奚聲이며 '難', '漢'자는 본래 從𦰩聲이고 '觀'자와 '權'자는 본래 從雚聲이며 '戲'자는 본래 從虘聲이고 '對'자는 본래 從丵聲이고 '樹'자는 본래 從壴聲인데, 현재 모두 고쳐 '從又'가 되었으며, 예를 들면 '鸡', '难' 등이다. 근래에 자못 많은 사람들이 제창한 이런 부류의 수두자(手頭字)는 성부문자를 더욱 심하게 파괴한 것이다.

그러나 이러한 수두자(手頭字)의 숫자는 제한적이다.(어떤 글자는 여전히 형성자이며 예를 들면 '優'는 '优'로 '燉'은 '炖'이다.) 어떤 사람들은 간체자를 제창하면서 꼼꼼하게 모든 글자가 몇 획인지 계산하는데 이것은 철저하게 고쳐진 간체자가 문자학 상에서 문자의 변천과 반하는 현상이라는 것을 알지 못하기 때문이다. 우리들은 성부문자가 필요하고 기호문자는 필요하지 않으며, 비교적 고정된 사법(寫法)이 필요하며 때때로 생략하거나 변화시켜 사람마다 각자 나름대로 쓰는 사법은 필요하지 않다. 내 친구 중에는 자기가 손수 편찬한 간자(簡字)자전을 발행했는데, 그가 후에 문장을 쓸 때는 오히려 자기가 만든 자전과 다르게 썼다. 그 이유는 자기가 사용한 사법(寫法)을 잊어 버렸기 때문이다. 간자를 사용하지 않을 때는 각 글자는 단지 하나의 사법만 기억하면 되지만 (초, 중학생은 자주 행초(行草)에 대해 어렵게 생각한다.) 간자(簡字)가 있게 되면서는 두 세 개의 사법을 기억해야 한다. 만약 이런 운동이 성공한다면 성부문자가 퇴보하여 기호문자가 되고, 비교적 고정된 정자도 사법이 가지런하지 않게 되어 수시로 달라질 것이다. 그 때는 아마도 모두 일,이만 개의 다른 기호를 기억해야 할 것이니 이것은 불가능한 일일 것이다.

다른 각도에서 보면 독음의 변화로 말미암아 우리들은 현재 중국문자가 확실히 쉽게 인식될 수 없다는 것을 인정해야 한다. 왜냐하면 원래의 성부가 현재는 대부분 그 글자의 독법을 나타낼 수 없기 때문이다. 우리들은 자주 '隹'를 예시로 든다.

隹錐職追切　惟維唯以追切　雖睢息遺切　誰視隹切
帷洧悲切　倠許維切　椎直追切　推叉隹切　嗺醉綏切
淮戶乖切　匯苦淮切　魋雇杜回切　崔倉回切
堆都回切　膗素回切　摧昨回切　蓷推他回切
嶉臧回切　蜼力軌切　趡千水切　唯似水切　陮徒猥切
匯胡罪切　嗺璀七罪切　摧子罪切　雔隼思尹切
準准之尹切　毴而尹切　鷕以沼切　婎香季切
蜼以醉切　碓都隊切　繀蘇內切　奞息晉切　藺良刃切
進即刃切　奞私閏切

모두 從隹聲인데, (한두 개는 새로 정한 것인데 예를 들면 闇과 進의 부류이다.) 30~40개의 다른 독법이 있게 되었고 또 일부 문자들의 혼란스러운 변화가 더해졌다. 예를 들면 '睢'자는 從目隹聲이고 '雎'자는 從隹且聲이니 서로 가깝고, '萑'자의 從艸隹聲과 윗부분에 뿔이 있는 '萑'자 (胡官切)는 서로 혼동된 것이다. 누가 이러한 자음(字音)을 정확하게 기억하여 한 글자도 틀리지 않겠는가? 그래서 소리를 표기하는 이러한 방법은 지금은 확실히 편리하지 않다.

명대의 서양 천주교 선교사들은 로마자 병음을 사용하여 중국글자를 인식하려고 했고, 청대 말기에 중국인은 병음자모체계를 점차 발전시켜 민국(民國)7년(1918년)에 교육부는 주음자모체계를 공포했다. 그러나 이런 시도는 여전히 한자 옆에 병음부호를 표기하는 것에 불과하다. 민국 15년(1926년) 대학에서 국어로마자체계를 공포하면서 비로소 네모난 한자를 정식으로 폐기하고 라틴자모를 사용한 병음문자를 사용할 것을 제기했다. 민국 23년에 이르러 비로소 '라틴화신문자(拉丁化新文字)'가 있게 되었다.

중국문자가 과연 몇 천 년 간 사용되어 온 형성문자를 버리고 곧바로 병음문자로 변할 수 있을까? 한 민족의 문자는 마땅히 그 민족의 언어와 서로 호응되어야 한다. 근대 중국 언어는 비록 점점 다음절화 되고 있지만, 결국은 가장 간단한 단음절과 쌍음절을 위주로 한다. 그리고 동음의 말이 특히 많고 성조의 변화 또한 매우 중요하다. 그러므로 통속적인 작품에서는 대략 표현하더라도 이해하는 데 크게 문제가 되지 않으니, 병음문자 체계를 사용하여 전하지 못하는 뜻이라 할지라도 독자가 좀 더 깊이 생각해본다면 대충 이해할 수 있을 것이다. 그러나 역사를 서술하고 심오한 사상과 고도의 문화를 전파하려 한다면, 우리는 곧 병음 문자가 중국어에 적합하지 않다는 것을 느끼게 될 것이다. 국어를 보급시키려는 한 선배가 십 여 년 전에 국어로마자(國語羅馬字)를 사용하여 일기를 썼는데, 다시 찾아 읽어보니 많은 곳을 자기 자신도 완전히 기억할 수 없었다는 이야기를 들었다. 당연히 국어로마자는 그래도 정밀한 병음문자이지만(비록 쉽게 배울 수는 없다.) 결코 중국어 자체의 어려움을 해결할 수는 없다. 말할 때는 당시의 환경 때문에 듣는 사람이 쉽게 이해할 수 있으나 전문적인 명칭이나 책을 갑자기 인용할 때는 설사 대화 도중이라도 쉽게 이해하기 어렵다. '天堂'과 '添糖', '歎口氣'와 '探口氣'는 말할 때는 같으나 말을 병음문자로 기록할 때 앞 뒤 문장이 조금이라도 모호하게 되면 시간이 지난 후에는 자기 자신조차도 이해하지 못하게 될 것이다. 문자는 본래 다른 사람에게 보이기 위해 쓰는 것인데 사상과 환경이 다르고 게다가 시대가 다르다면 어떻게 이해할 수 있겠는가? 또한 어떤 사람이 중국 언어가 병음문자에 적합하지 않다고 한 것은 어휘가 완벽하게 구비되지 않았다고 여겼기 때문이다. 그 이유는 중국어의 단순어(單語)는 비록 많지 않지만 복합어는 오히려 셀 수 없이 많아서 한 부류의 어휘는 수도 없이 써낼 수 있으며, 설령 어느 날 다 써내더라도 새로운 단어가 끊임없이 생겨나오니 병음문자로는 중국어의 표기에 도움이 안 된다는 것을 그들은 알지 못해서 이다. 역사적 관점에서 보면 너무 앞서나가는 병음문자는 마찬가지로 통용될 수 없다. 중국문자가 현재 나아가야 할 길은 어떻게 이러한 주음문자를 개진하는 가이다.

문자의 연화(演化)

十九 연화(演化)란 무엇인가?

일반 사람들은 문자가 자주 바뀐다는 것을 알지 못하고 단지 보았던 문자를 근거해 옛 부터 있어 왔던 문자가 이러하다고 여긴다. ≪설문(說文)·서(序)≫에서 다음과 같이 말한다.

> 뭇 서생들은 다투어 글자를 풀이하고 경전을 해석하면서 진나라의 예서가 창힐 때의 글이라고 자주 일컬으며 말하기를, '부자간에 서로 전해왔는데 어찌 고쳐졌겠는가?'라고 한다. 그리고는 함부로 말하기를, '말머리 형상을 한 사람이 長이되고, 사람이 十을 쥔 것이 斗가 되고, 虫은 가운데가 굽은 것이다.'라고 한다. 정위(廷尉)가 법률을 말하면서 글자를 가지고 법을 판단하는 지경에 이르러 '苛人受錢'의 '苛'자를 '止'와 '句'가 합쳐진 자로 해석하였다. 이와 같은 경우가 매우 많은데, 모두가 공자의 고문과 들어맞지 않고 사주(史籒)의 주문(籒文)과도 맞지 않는다. 속된 선비와 비루한 사람들이 자신들이 익힌 바에만 익숙하고 드물게 들은 바에 가리고 통달한 학문을 보지 못하였을 뿐만 아니라, 육서의 조례를 일찍이 보지 못하여 옛 문예를 괴이하다 여기고 세속의 말을 훌륭하다고 여겨, 자신들이 아는 바를 오묘하다고 여기고 성인의 정미한 뜻을 모두 통찰했다고 여겼다. 또한 ≪창힐편≫ 가운데 '아이들이 가르침을 이어받아'란 구를 보고 말하기를 "고대의 제왕이 지은 것으로 그 말에 신선의 술이 있다"라고 말하였다. 그들이 오독(誤讀)하여 깨닫지 못하였으니 어찌 그릇된 것이 아닌가?
> (諸生競逐說字解經, 諠稱秦之隸書爲倉頡時書, 云: "父子相傳, 何得改易?" 乃猥曰: "馬頭人爲長, 人持十爲斗, 虫者, 屈中也." 廷尉說律,

至以字斷法, "苛人受錢, 苛之字止句也." 若此者甚衆, 皆不合孔氏古文, 謬於史籀. 俗儒啚夫, 翫其所習, 蔽所希聞. 不見通學, 未嘗睹字例之條. 怪舊藝而善野言, 以其所知爲秘妙, 究洞聖人之微恉. 又見倉頡篇中'幼子承詔', 因曰: "古帝之所作也, 其辭有神僊之術焉." 其迷誤不諭, 豈不悖哉?)

'속된 선비와 비루한 사람들(俗儒啚夫)'이 문자가 변화하는 것을 알지 못하고 예서가 창힐이 만든 글자라고 주장한 이유는 '부자가 서로 전하니 어찌 쉽게 고칠 수 있는가?(父子相傳, 何得改易)'에 있다. 한대 금문경학자들이 만든 위서(緯書)에서 우리들은 '土乙力爲地'와 같은 부류의 괴상한 말을 볼 수 있는데 이것은 모두 예서의 서법에 근거하여 말한 것이다. 바로 허숙중이 채택한 '一貫三爲王', '推十合一爲士'는 또한 소전의 서법을 근거하여 문자가 생성된 바를 해석한 우스운 이야기가 아니겠는가?

한(漢)이래로 예서를 근거로 글자를 설명한 예가 얼마나 되는지 모른다. '泉貨'는 '白水眞人'으로 풀고 '董'은 '千裏艸'라 하고 현대까지도 사람들은 '人未余', '立早章'이라 말하는데 이것은 민간에서 문자학을 모르는 사람들이 말한 것이다. 송나라 邵博의 ≪소씨문견후록(邵氏聞見後錄)≫에서 다음과 같이 말한다.

왕형공이 나이 들어 글자를 설명하기를 좋아하였다. 객이 말하길 "覇자는 어찌 從西합니까?" 라고 물었다. 왕형공은 서(西)는 방위에서 죽임과 정벌을 주관한다고 말하면서 수백 개의 글자를 쉼 없이 연이어 말했다. 혹자가 또 말하기를 "패(霸)는 從雨이지 從西가 아닙니다.”라고 하자 왕형공은 즉시 말하길 “단비가 와서 만물을 적시는 것과 같다”라고 했다.(王荊公晩喜說字. 客曰: “‘覇’字何以從西?” 荊公以西在方域主殺伐, 累言數百不休. 或曰: “霸從雨, 不從西.” 荊公輒曰: “如時雨化之耳.”)

‘覇’자가 從西로 된 것은 바로 예변(隸變)이다. 또한 말하였다.

최악전은 순화(淳化)연간에 판국자감으로 문자학에 대한 지식이 있어 태종이 묻기를 “이각(李覺)이 일찍이 사호(四皓) 중의 한 사람의 성씨에 대해 말하면서 혹은 말하길 用자 위에 삐침을 하거나 用자 위에 점을 더한다고 하는데 과연 무슨 음인가?” 악전이 말하길 “신이 듣기에 刀자 아래 用자를 쓰면 榷음이고, 두 점 아래 用자를 쓰면 鹿음이며, 用자 위에 한 삐침과 점을 더하면 글자가 되지 않는다고 합니다. 사호(四皓)중의 한 사람은 바로 角里선생입니다.”라고 했다.(崔偓佺淳化判國子監, 有字學. 太宗問曰: “李覺嘗言四皓中一人姓, 或云: 用上加一撇, 或云: 用上加一點, 果何音?” 偓佺曰: “臣聞刀下用, 榷音, 兩點下用, 鹿音. 用上一撇一點, 俱不成字. 四皓中一人, 角里先生也.”)

이것은 ‘문자학에 지식이 있는 사람’인데 오히려 ‘角’자도 鹿음으로 읽을 수 있다는 것을 몰랐다. 예서에 근거하면 ‘角’자는 刀자 아래 ‘用’자를 쓰는데, 鹿음으로 읽는 것은 두 점 아래 用자이니, 전서를 쓸 때 어떻게 썼는지 알지 못한 것이다. 그래서 어떤 사람들은 어쩐지 시시콜콜하게 ‘余’와 ‘佘’ ‘秏’와 ‘耗’를 나눴다. ≪해탁(諧鐸)≫에 한 여자 아이가 창힐이 글자를 잘못 만들었다고 말하고

'射'자는 從寸身이니 마땅히 '矮'자이고 '矮'자는 從委矢니 마땅히 '射'자라고 기록하고 있다. 어떤 인류학자는 일찍이 나에게 말하길, 중국문자는 이집트 문자와 비교할 수 있는데 예를 들면 '食'자의 ∧형은 집이며, 皀형은 그 안에 한 사람이 앉아 있는 것으로 설명했는데 왜냐하면 그는 정서(正書)의 인쇄체를 근거로 했기 때문이다.

근대 학자들 사이에 유행하고 있는 잘못된 관념은 비교적 정돈된 주(周)이후의 문자를 문자라고 여기고 그 문자는 고정되고 정형화되었으나 그 이전의 문자는 유동적이며 정형화되지 않아서 단지 문자그림이라고 여긴 것이다. 그들의 안목은 비록 예서나 해서보다 더 오래된 문자를 언급하고 있지만 오십보백보 차이일 뿐이다.

부자간에 서로 전해왔는데 어찌 고쳐졌겠는가? 허니의 문자가 어떻게 매우 서로 다른 문자로 변할 수 있는가? 언뜻 보면 가히 놀랍고 괴이하다. 그림의 형식이 어떻게 선으로 변하여 기호가 될 수 있었는가? 붓을 들어 쓴 전서(篆書)는 어떻게 一波三折(일파삼절)한 예분(隸分)으로 변했을까? 예서(隸書)는 어떻게 해서(楷書)로 변했으며 장초(章草)는 어떻게 광초(狂草) 혹은 행서(行書)로 변하였는가? 사실 매번 변화가 시작될 때 늘 미세하여 작은 차이를 쉽게 느낄 수는 없지만, 필획의 뭉툭하고(肥), 가늘고(瘦), 길고(長), 짧고(短), 기울고(斜), 바름(正)이 부지불식간에 생겨나는 지극히 작은 차이일지라도 시간이 오래 지나면서 몇몇 사람들의 모방과 수정을 거쳐 이런 차이가 더욱 두드러져 새로운 서체(書體)로 변하게 된 것이다. 일반 사람들은 문자가 그 자체의 변천 역사가 있다는 것을 알지 못하고 견문에 갇혀 단지 어느 한 시기의 문자만 보고 (마치 어떤 사람의 일생 중에 삼사 년의 외모만 본 것처럼) 자연스럽게 그런 문자가 변할 수 있다는 것을 느끼지 못해서 이런 잘못된 관념이 쉽게 생긴 것이다.

이러한 문자의 역사에서 자주 보이는 매우 미세한 차이와 바뀌는 과정을 우리들은 연화(演化)라 부른다. 연화(演化)와 분화(分化)는 다른 개념이며, 분화(分化)는 새로운 문자를 만들어 내는 것이고, 연화(演化)의 결과가 때로는 분화(分化)로 변하기도 한다. 그러나 연화(演化)의 자체는 목적이 없고 끊임없이 바뀔 뿐이다. 연화(演化)는 점진적이고 알지 못하는 사이에 옛것을 밀어내고 새로운 것을 나오게 하여 어떤 단계에 이르면 혹은 환경 때문에 종종 갑작스럽고 극렬한 변화를 일으킬 수 있으며, 이것은 우리가 다음 장에서 다루려는 변혁(變革)이다. 변혁은 갑작스러운 것이며 두드러지며 누구라도 주목할 수 있다. 그러나 가장 중요한 연화(演化)는 오히려 사람들이 소홀하기 쉽다.

한자는 형체가 중요한 요소이지만, 하나의 한자는 두세 가지 혹은 더 많은 사법(寫法)이 있는 경우가 있다. 만약에 이러한 차이가 동일한 시기에 동일한 자체(字體)내에서 발생한다면 그것은 연화 때문이다. 그러므로 연화(演化)를 모르면 문자학을 연구할 수 없는데 특히 중국문자학에서 더욱 그러하다.

二十 회화(繪畫)·계각(鍥刻)·서사(書寫)·인쇄(印刷)

문자는 그림에서 시작되었고 오래된 문자일수록 그림과 비슷하다. 그림은 본래 일정한 형식이 없어 상고시기의 문자는 형식에 있어 가장 자유스러웠다.

그리는 방식으로 표현하는 문자는 매우 복잡한 그림을 그려낼 수 있고, 또한 간단하게 붉은 색이나 검은 색으로 유사한 전체의 물체 윤각을 그려낼 수 있다. 신점(辛店)시기 채색 토기에서 우리들은 약간의 흔적들을 볼 수 있다. 상대(商代)의 청동기는 관지(款識)로 이러한 문자를 표현했는데, 어떤 것은 오목하게 음각하고 어떤 것은 볼록하게 양각하였다. 어떤 것은 음각과 양각이 섞여 있기도 하다. 오목한 것은 현재 음문(陰文)이라 하고, 볼록한 것은 양문(陽文)이라 한다. 이러한 관지(款識)는 먼저 잘 새긴 다음에 틀에 찍은 후 구리와 아연으로 주조하여 만든 것이다. 음문(陰文)은 원형 틀에서는 양각(浮彫)이나 거푸집(范母)에서는 오히려 깊이 새겨진다. 그런데 양문(陽文)은 원형 틀에서는 깊이 새겨지나, 거푸집(范母)에서는 여전히 양각이다. 새기는 것은 당연히 양각보다 훨씬 쉽고, 청동기를 주조한 후의 양문은 음문의 뚜렷한 미관보다 훨씬 못하다. 그러므로 청동기 명문(銘文) 중에는 소수의 양문을 제외하고는 대부분이 음문이다. 그 당시의 조각의 기술이 이미 발전되었음을 알 수 있다. 청동기 위의 문자는 원래의 목적이 사람에게 보이기 위한 것이다. 후대에 발명된 탁본의 방법은 이런 문자를 종이로 탁본한 것으로 바로 수묵화와 같은 것이다.

그림문자는 본래 있는 그대로를 그린 것이나 사람마다 기호가 달랐고 기술(手法)에도 능숙함과 서투름이 있었다. 어떤 사람은 정밀하게 그려내며 또한 장식까지 덧붙이고 어떤 사람은 단지 실체만을 그리고 어떤 사람은 윤곽만을 그려내며 어떤 사람은 필순을 만들어 내기도 했다.(예를 들어 豕, 犬 등의 글자는 귀와 아래턱을 합하여 한 획으로 만들었다.) 이처럼 많은 종류의 차이가 있었다. 사용 시기가 오래되면서 문자는 자연스럽게 간단한 쪽을 선택하는 경향이 있으니 선을 이용한 문자가 점차적으로 통용되고 그 나머지 형식은 시간이 지남에 따라 도태되었다.

萬戈 這是陰陽文
相間的即形

母丁鼎 這也是陰陽文
相間的即形

많은 계각(鍥刻)문자는 쓴 다음에 다시 새기는 것으로 우리는 갑골에서 쓰고 새기지 않은 복사를 발견한 적이 있다. 그러나 계각 기술이 발전한 이후 반드시 써야 하는 것은 아니었다. 우리가 복사(卜辭)에서 볼 수 있는 낱알보다 작은 많은 문자는 당연히 먼저 쓰고 뒤에 새길 수는 없는 것들이다. 이런 작은 문자들을 계각할 때 필순에 따르지 않고 혹은 먼저 글자의 가로획을 새기고 혹은 먼저 글자의 세로획을 새기며 때로는 단지 반만 새기고 놓아두어서 가로획이 없거나 혹은 세로획이 없는 문자가 되었다. 이것은 안전히 계각의 편의성 때문이었다. 우리는 계각을 연습한 많은 갑골을 볼 수 있으며 후기의 점치는 자들은 이미 칼을 붓으로 삼아 사용하였다는 것을 알 수 있다. 칼은 당연히 붓보다 편리하지 않으며 둥그런 모양을 그려내기 쉽지 않아서 태양 모습의 '日'자를 새기면서 때로는 정방형으로 그려내고 때로는 오각형으로 그려내었다. 굵은 필획은 쉽게 새길 수 없어 '天'자는 본래 '大'자와 같이 정면의 사람의 모습을 그린 것이며 또한 특별히 사람의 머리 부분을 표시하였으나 이렇게 특별히 큰 머리 부분은 복사(卜辭)에서 때로는 정방형으로 고쳐 쓰거나 때로는 아예 일획(一畫)으로 변했으니, 소전의 형태와 같아서 용경(容庚)과 같은 학자들은 이것을 두 개의 서로 다른 자(字)로 분리했다. 무정(武丁)시대의 복사 문자는 그 구조가 특히 가지런하였는데 예를 들면 '鼎'자는 ⋈로, '甗'자는 冃로 썼으니, 이런 형태들은 그림문자의 형식과 매우 멀어진 것이다. 그러나 비교적 늦은 시기에는 오히려 계각 기술이 발달하면서 그림문자의 본래의 모습을 잃지 않게 되었다. 이것은 분명 초기 계각 기술이 훌륭하지 않았던 까닭이다.

우리들이 보고 있는 갑골에 새겨진 글자는 십만 편(片)을 넘고 도기와 옥 위에 새겨진 글자도 있으니 상대의 계각 기술은 아마도 최고 수준에 이르렀다고 할 수 있을 것이다. 그러나 주대 초기에 이르러 오히려 갑자기 쇠락해졌는데 그 원인은 불분명하다. 그러나 현존하는 주(周) 초의 문자는 모두 청동기의 명문이다. 청동기에 문자를 새기는 것은 확실히 갑골(甲骨)이나 도기(陶器)에 새기는 것보다 더 어렵다.

어떤 청동기들은 주조할 때 틀이 망가져 문자가 분명하지 않고 어떤 글자들은 근본적으로 주조되지 않았다. 주대의 청동기에는 누락된 글자를 보충하여 새긴 것이 있는데 예를 들면 주(周)나라 초기 駿卣 위의 첫 번째 글자이고 또 필획을 몇 획 새겨 넣은 것으로는 산반(散盤)의 爽자 같은 경우이다. 춘추시기에 이르러서는 전체의 명문을 새기는 것이 있었는데 전국시기 이후에는 이러한 현상이 더욱 심해져서 병기(兵器) 위에 새긴 글자가 가장 많고 문자도 대부분 엉성하고 또한 기장같이 가늘어서 마치 상(商)말의 갑골문자와 같았다.

동일하게 상대의 문자이지만 갑골 위의 글자와 청동기 위의 글자는 분명히 다르다. 왜냐하면 갑골은 새긴 것이고, 청동기는 주조한 것이기 때문이다. 틀을 만들 때 세심하게 가공하기 때문에 회화나 서사의 기술을 여전히 보존할 수 있었다. 원시문자는 그리는 것이나 문자가 대량으로 응용된 이후에는 그림의 의미는 점차적으로 감소되어 서사형식으로 변했다. 회화 방식은 극소수의 몇몇 글자를 쓰는데 가장 적합하였기 때문에 자유롭게 발전했으나, 장편의 문자에 쓰이면 서로 제한되어 점차 줄을 나누고 여백을 두어야 해서 각 글자는 독립적으로 발전할 수 없었다. 그러므로 한 편(篇)의 문자들 속에서 필획의 굵고 가늠, 구조의 성김과 조밀함, 전절(轉折)의 모남과 둥긂, 위치의 높고 낮음 등 곳곳에서 구속을 받지만 도리어 자연스럽게 조화의 미가 생겨나니 이것이 서법(書法)이다. 우리가 상대의 청동기의 명문을 볼 때 각 명문의 서법이 그들 자체의 특징이 있다는 것을 자주 느낄 수 있다. 주대에도 마찬가지다. 우리들은 심지어 서법을 통해 청동기의 시기를 판단할 수 있다. 왜냐하면 그 시기에는 서법이 아직 전형화 되지 않아 대부분 수시로 서로를 모방하였기 때문에 각 시대에 가장 유행한 서법을 쉽게 알아 볼 수 있다.

멀리 상주(商周)시기에 옆으로 드리우는 필획에는 필획을 잠시 멈추어 뭉툭하게 하는 기법이 있었고 필봉을 꺾어 옆으로 나오게 하는 필세(筆勢)가 있었고, 예서의 파책(波磔)과 해서의 날(捺)은 모두 이 모양이다. 이것은 문자가 회화에서 서사로 변한 후의 새로운 발전이며 이러한 기술은 부드러운 털의 붓을 사용하여서 비로소 생겨난 것이다. 중국인은 서법을 예술로 발전시켰는데 이것은 붓을 사용한 까닭이다. 춘추 이후 새로운 필법이 더욱 많아졌는데 어떤 것은 붓을 드리울(垂筆) 때 먼저 붓을 멈추어(頓筆) 둥근 점을 만들고 다시 붓을 들어 아래로 드리우니 마치 후세 사람들이 말하는 해협전(薤葉篆)과 같고, 어떤 것은 매 필획의 중간은 두툼하게(肥筆) 하고 시작과 끝부분(首尾)은 모두 붓을 가늘게(瘦筆) 하였다. 또한 필미(筆眉)를 다소 두툼하게 하는 것도 있다. 이것은 마치 후세의 수로전(垂露篆)과 유사하고 또한 처음에는 두툼하고 점차 가늘어진 것이 있는데 후세 사람이 말한 과두서(科斗書)다. 게다가 어떤 필획에는 반원점(半圓點)을 덧붙이고 어떤 것은 새나 벌레의 형상을 덧붙이며, 더욱이 어떤 것은 그야말로 문자를 새나 짐승 형상의 도안 안에 박아 넣기도 하니 소위 조충서(鳥蟲書)다. 일부 전서(篆書)는 그 구조가 매우 복잡하고 빽빽하여 사주편(史籒篇)같은 자체(字體)가 되었다. 대전(大篆)에서 소전(小篆)으로 변하면서 글자들은 그 구조가 가지런하고 필획이 둥글고 자체가 균형 잡혔으니 이것은 후대의 소위 옥저전(玉筯篆)이다. 귀족 사회에서는 시간이 비교적 많아 훌륭한 예술이 생겨날 수 있었다. 서법 또한 시간적 여유가 있어야 비로소 익힐 수 있기 때문이다. 전국 말에 이르러 귀족 사회가 붕괴되고 상인 중심의 사회로 바뀌면서 서법 또한 중시하지 않게 되었고, 계각 문자의 필획은 엉성하게 써서 간체(簡體)나 파체(破體)가 성행하게 되어 예서가 생겨났다.

예서(隸書)는 전서(篆書)가 간략화 되어 변한 것이며, 초서(草書) 또한 예서가 간략화 된 것이다. 육국(六國) 말기에 예서가 생겨났고

한(漢) 초에 초서가 생겨났다. 예서와 초서는 본래 쉽고 간편하게 함으로써 단지 실용만을 추구했으나 오랫동안 사용하게 된 후 사람들은 그 서체에서 서사의 예술을 발전시켜 일파삼절(一破三切)을 거치면서 이미 간략화 시킨 본의를 잃어버리고, 점차 예서와 초서도 매우 배우기 어려운 서법이 되었다. 예서에서 또 금예(今隸)가 나오게 되었고, 초서에서 또 행서(行書)가 나오게 되었으니 이것은 현재에도 여전히 통용되는 서사(書寫) 기법이다.

계각 문자는 전국(戰國) 초기의 옹읍(雍邑)각석 (즉 石鼓)로부터 주요 서사 대상이 청동기에서 비각(碑刻)으로 옮겨졌다. 청동기는 쉽게 주조할 수 없어 지위가 낮으면 서사하는 사람의 천재성을 발휘할 수 없다. 옹읍(雍邑)각석의 문자에 이르러서 매 편마다 몇 십 개 의 글자가 있는데 각 글자는 거의 이촌(二寸) 크기의 사각형 모양인데 이런 위대함은 이전에는 볼 수 없었던 것이다. 그리하여 저초문(詛楚文)이 있게 되었고 또 나아가 진시황 때에도 몇 개의 각석이 있게 되었다. 큰 비석과 갈석(碣石) 일지라도 청동기와 비교하면 쉽게 얻을 수 있으므로, 한(漢)대의 청동기는 연월(年月)이나 제작자의 이름을 새기는 데만 사용하고, 장편의 글을 새길 때는 비석을 위주로 하였다.

한나라 사람들이 비석을 새긴 주요 목적은 사람들에게 보여주기 위한 것이니 ≪천문(天問)≫의 화상(畵像)부터 한(漢)대 사람들의 화상석실(畵像石室)에 이르기 까지도 모두 이러하다. 한 말에 이르러 채옹 등이 석경을 세우고 그 뒤 위(魏) 정시(正始)연간에 삼체석경(三體石經)을 세웠는데 본래의 의도는 다른 사람으로 하여금 보도록 하는 것이었으니, 사람들에게 경전의 표준 판본을 주어서 전사하는 과정에서 생긴 잘못을 면하게 하려는 것이었다. 그래서 석경이 막 세워지고 많은 사람들이 비석 앞에 가서 교정하거나 베꼈다. 그때 이후 제지술이 발명되자 어떤 사람이 종이를 비석 위에 놓아 묵으로 탁본함으로써 교정하고 베껴 쓰는 번거로움을 없앨 수 있다고 생각하여 이로 인해 탁본의 방법이 발명되었다.

탁본의 방법은 육조시기에 이미 있었을 것이다. 역산비(嶧山碑)는 ≪봉씨문견기(封氏聞見記)≫의 설명에 근거하면 탁본을 너무 많이 하였고 불길에 타버렸다고 한다. 당나라 사람들이 이에 즉시 대추나무를 사용하여 하나를 판각하였으니, 이것은 두보가 "역산의 비석이 들불에 그을려 대추나무에 새겨 전해졌는데 그 글자가 뭉툭하여 본모습을 잃었네.(嶧山之碑野火焚, 棗木傳刻肥失真)"라고 말한 것이다. 이러한 탁본은 실재로 중국 인쇄술의 가장 초기의 역사를 보여 준다.

서사(書寫)문자는 사람마다 다르기 때문에 문자의 사용 시기가 조금 오래되면 쉽게 혼란스러워진다. 한(漢) 말의 예서석경(隸書石經), 당(唐)대의 정서(正書)(또한 隸書라고 칭한다.) 석경(石經)은 그 목적이 확실히 경문(經文)을 통일하는 데 있었지만, 자체(字體)를 통일할 수도 있었다. 서사체는 본래 영원히 유동적이어서. 소전이 고정되고 나자 예서가 생겼고, 예서가 고정되고 정해(正楷)가 생겼고, 정해(正楷)가 고정되고 간속자(簡俗字)가 생겼다.

그러나 예서가 나오자 전서는 쓰이지 않게 되었고, 정해(正楷)가 통용되자 예서도 또한 쓰이지 않게 되었다. 그리고 정해(正諧)는 줄곧 현재까지 통용되고 있으며, 간속체(簡俗體)는 그다지 유행되지 않았으니 이것은 특수한 현상이다. 나는 역대의 정부가 모두 정해(正諧)를 지지하고자 한 것도 주요한 원인이지만 인쇄술의 발명과 진보 또한 정해체(正諧體)를 쉽게 정착할 수 있게 한 것으로 여긴다.

인쇄체와 서사체(書寫體)는 때때로 다르게 쓴 경우가 있는데 예를 들면 '曾'자는 몇 개의 사법이 있다. 그러나 어쨌든 인쇄체는 표준으로 삼아 사용할 수 있다. 서사체는 예술적이나 인쇄체는 실용적이다. 그래서 인쇄체는 문자학 내에서 상당히 중요한 지위를 갖는다.

二十一 행관(行款)·형식(形式)·결구(結構)·필획(筆劃)

≪법원주림(法苑珠林)≫에는 범문(梵文)은 오른쪽으로 써 가고 구로서(佉盧書)는 왼쪽으로 써 가며, 창힐서(創頡書)는 아래로 써 간다고 한다. 범문은 브라만의 글로서 좌에서 우로 쓰니 현재의 서양의 문자와 같다. 구로서는 카로슬타(佉盧虱吒)의 글로, 隋나라 때는 여순(驢脣)이라 하였고 오른쪽에서 왼쪽으로 쓴다. 중국문자는 위에서 아래로 써 가니, 그래서 하행(下行)이라 한 것이다.(현재 일반 사람이 중국문자를 우행(右行)이라 여기고, 서방 문자는 좌행(左行)이라고 여기는 것은 틀린 것이다.) 사실 중국문자는 하행(下行)이며 또 좌행(左行)을 겸하는데, 두 줄 이상의 글자를 쓰게 될 때는 좌행(左行)을 겸한다.(그런데 갑골, 금문에서는 우행인 경우도 있다.) 제서(題署)나 편액(扁額)에서는 종종 좌행으로만 한다. 중국문자의 성질에서 보면 모든 글자는 위에서 아래로 써 가니 당연히

하행이 적합하다. 그러나 중국문자는 또 좌에서 우로 써 가는데, 왜 행관(行款)은 도리어 우에서 좌로 써 가는가? 이것은 아마도 습관의 문제이고, 이렇게 하는 것이 편리하다고 느꼈기 때문일 것이다.

고대 그림문자의 행관은 매우 자유로우며 어떤 문자는 다른 그림의 빈 공간에 끼여져 있으며, 어떤 문자 형식은 전적으로 기물의 부위에 따라서 정해진다. 어떤 자형은 특별히 크니 예를 들면 '[illegible]' 자는 정면의 사람 형상으로, 한 손에는 창을 들고 다른 한 손으로는 시체를 거꾸로 끌고 있는 모습을 그리고 있으니, 차지하는 공간이 매우 크다. 그래서 어떤 때는 비교적 큰 자형 아래 두 줄을 병렬하기도 한다. 나란히 배열된 약간의 명문은 사람들에게 어떤 부분이 마땅히 좌에 속하는지 혹은 우에 속하는지 나눌 수 없게 한다. 하행의 문자 또한 이와 같다. 때로는 가운데가 비어 있는 글자 예를 들면 '韋', '亞' 등의 글자에 다른 문자를 집어넣는데 가장 많게는 20~30개의 글자를 넣은 경우도 있다.

이러한 자유로운 방식의 문자는 장편의 큰 단락을 이룬 문장에서는 제약을 받는다. 우리가 복사나 청동기 명문에서 보듯이 대개 각 글자의 장단(長短)은 여전히 자유스럽지만 폭은 점차 획일화 되어 줄을 구분할 수 있게 되었다. 이리하여 문자의 형식에 있어서 이러한 현상은 큰 영향을 미쳤다. 첫째, 원래는 바르게 쓴 글자로, 예를 들면 '虎', '㒸', '象', '馬', '豕', '犬' 등의 글자는 너무 가로가 넓어 세로로 세우게 되어 머리는 위에 두고 꼬리는 아래에 두어 기울어 쓴 것으로 변하였다.(후에 '目'자, '毌'자는 정사[正寫]에서 변하여 측사한 것이다.) 그 다음으로, 네 면이 있는 많은 글자로, 예를 들면 '𩫏'는 본래 높은 담 위에 네 면이 모두 집이 있는 모습인데 (왕정안[王靜安] 선생은 四合房이라 여겼는데 틀린 것이다.) 바로 높은 담 위에 있는 꿩을 쏜다는 의미의 '墉'자이다. 예를 들면 '韋'자는 본래 둘러 쳐진 담 밖에 있는 네 면에 모두 족적(足跡)이 있는 모습인데 이런 족적은 많은 사람들이 포위하고 있거나 그 도읍을 지키고 있는 것을 나타낸다. 이런 행관에서는 서로 대칭이 되지 않는다고 여겨서 양쪽의 방(房)이나 발의 모양을 모두 생략해 버리고 단지 상하의 모습만 남겨서 현재의 모양이 된 것이다.

갑골에서 자주 볼 수 있는 간지표(干支表)는 당시에 습자용(習字用)이었다. 가장 보편적인 것은 六旬, 三旬 두 종류이고, 매 旬을 한 줄로 삼았고, 각 줄은 20자이며 행간은 모두 매우 가지런하니 중국문자가 이미 점차 네모 모양으로 변했음을 알 수 있다. 주초(周初)의 盂鼎(康王 23년)의 명문은 19행으로 되어 있는데, 몇 군데 합문을 제외하고 모두 15자가 한 줄이며 어떤 글자의 필획이 많게는 20여 획에 이르고 가장 간단한 '一'자와 같은 자는 단지 일획이나 동일하게 하나의 네모 자리를 차지하니 이미 가지런한 문자가 된 것이다. 서주(西周) 때의 많은 청동기에는 모두 명문에 네모를 그리고 있는데 양문(陽文)으로는 克鼎 등이 있고, 음문(陰文)으로는 宗婦鼎 등이 있으며, 小克鼎은 비록 네모 모양이 있으나 쓰여 진 글자는 종종 네모 틀 밖으로 나와 있다. 춘추시기의 진공궤(秦公簋)는 활자(活字)를 사용하여 원형 틀에 배열하여 주조한 듯 보인다. 이러한 네모 글자를 쓰게 되면서 많은 복잡한 글자나 특히 너무 긴 글자들은 생략하거나 폐기하게 되었으니, 예를 들면 '𪆰'자는 '鷟'자로 고쳐야 했으니, 그리하여 중국문자의 형식상의 특징이 자리 잡게 되었다.

대전에서 소전에 이르는 기간에 생긴 몇 개의 각석은 정사각형에서 점차 직사각형으로 변하고 예서는 도리어 납작한 형태로 변했는데, 지나치게 긴 전서(篆書)는 글자의 끝 부분을 최대한 끌어내렸고, 또 예서 중의 <심군궐(沈君闕)>에 있는 글자는 끝 부분을 최대한 펼쳤으니 모두 다 지나친 것이다. 초서는 본래 각 글자가 스스로 시작과 끝으로 삼아 이어지게 하니 네모난 체계를 무너뜨렸다. 예서가 행서로 변하고 또한 정서로 변하였고 후대에 또 해서에 정서체(正書體)가 섞이게 되었으므로 육조 이후의 서법에 보이는 장형(長形), 방형(方形), 편형(扁形)의 특징은 각기 그의 유래가 있는 것이다.

문자의 형식은 고대에도 매우 자유스러워서 많은 문자를 자주 거꾸로 썼으니 고궁 박물관에 소장하고 있는 화(盉)의 명문의 '夆' 자는 '大'자 위에 아래로 향하는 족형(足形)을 그렸다. 나는 '屰'자(즉 逆字)의 도문(倒文)으로 여겼으나, 마숙평(馬叔平) 선생은 믿지 않았는데, 왜냐하면 화(盉)의 형태의 위치에서 보면 단지 '夆'자이기 때문이다. '징(鐃)' 위에 '專'자가 있는데 또한 거꾸로 쓴 것이다. 이전 사람들은 그렇게 인식하지 못하고, 또 위치의 제한 때문에 그렇게 쓸 수밖에 없다고 여기고 도문(倒文)이라는 나의 견해를 믿지 않았다. 사실 이러한 예는 매우 많으며 또한 한 편이 모두 정서(正書)로 쓰여 진 글자 속에 도문(倒文) 하나가 끼여 있는 경우도 자주 있다. 갑골, 복사에도 가끔 있다. 춘추 시대의 鼎의 명문에도 글자를 바르게 쓰거나 거꾸로 쓴 것이 서로 섞여 있는 것도 있다.

고문자에 정사(正寫)와 반사(反寫)는 본래 매우 자유스럽다. 갑골

위에 새긴 복사는 양쪽이 대칭을 이루고 우변은 좌로 써 가니, 모든 문자는 모두 좌측으로 향해서 써가고 좌변의 우행의 글자들은 모두 우측으로 써 간다. 그러므로 일부 양변이 완전히 같은 글자로 써 정사이든 반사이든 같은 문자를 제외하고, 각 글자는 모두 반대로 쓸 수 있었다. ‘人’은 반대로 써도 여전히 ‘人’이며, ‘正’은 반대로 써도 ‘正’인 것이다. 춘추시기에 청동기 명문에 이르러서도 여전히 전부 반대로 쓴 예가 있다.

문자가 점점 정형화된 후 좌우 방향도 이어서 고정되었다. 어떤 글자들은 원래 차이가 있었으나 지금은 분별하기 쉽지 않다. 글자의 정면과 반면으로 분별을 삼으면 예를 들면 ‘正’을 뒤집으면 ‘乏’이 되고 ‘人’을 뒤집으면 ‘匕’가 되는 (反正爲乏, 反人爲匕)’ 부류이다. 또한 본래 그 글자가 없었으나 어떤 말의 부합할 의미를 찾다가 창조한 것인데, 예를 들면 ‘反彳爲亍’이며 ‘躑躅’의 의미를 나타내고, ‘反孑爲孓’은 ‘蛣蟩’의 의미를 나타낸다. 또한 부정적인 의미를 나타내는 것으로 예를 들면 ‘不可爲叵’가 있는데, 말에서는 ‘不可’의 합음이나, 문자에서는 ‘可’의 反文이다.

네모난 문자가 고정되지 않았을 때, 어떤 복체의 문자는 종종 각각의 개체(單體)의 구성 문자를 멀리 띄어 놓아 몇 글자의 자리를 차지하게 하여 원래 한 글자라는 것을 알지 못하게 한다. 당연히 이러한 현상은 상대에 자주 발생했다. 예를 들면 ‘牧’자는 분리하여 牛, 攴 이체(二體)로 나뉘었고, ‘[illegible]’자는 北, 子, 異 삼체(三體)로 나뉘었는데 일찍이 이것들을 자모식배열이라고 논한 적이 있다. 이러한 방법은 바로 합문과는 상반된 측면이지만 매우 보편적이지 않아서 중국문자는 자모 형태로 변하지 않았다.

이 외에 한 글자의 편방의 배합은 때때로 매우 자유스럽다. 예를 들면 '柳'자는 '桺'로 쓰고 '杞'자는 '𣏌'로 쓰고 '期'자는 '𣅀'로 쓰고 또한 '朞'로 쓸 수 있고 '榜'자는 '𣗥'로 쓰고 '貿'자는 '䝟'로 쓰고 '㮚'자는 '䅟'로 쓸 수 있는 부류이다. 후에 꽤 많은 글자들은 배합이 달라 다른 뜻이 생겨났으니 예를 들면 ≪설문(說文)≫에는 단지 '翊'자만 있었는데 현재에는 '翊'을 보좌하다로 해석하고 '翌'을 다음날로 해석하니 두 글자가 되었다. ≪설문(說文)≫에는 이러한 상황이 매우 많으며 엄가균(嚴可均)은 일찍이 이에 대해 다음과 같이 말한다.

> 한 자에 여러 뜻이 있는 글자는 그것을 생략하거나 합병할 수 있는 경우가 열의 일곱, 여덟이다.(其得一字數義, 必可省並者十之七八.)

그러나 습관은 쉽게 고치기 어려워서 우리들은 '和'를 '咊'로 쓸 수 있으나 절대로 '宵旰'의 '旰'을 '水旱'의 '旱'자로 쓸 수 없다. 그렇기 때문에 문자는 시간이 지날수록 많아진다.

행관(行款)과 형식(形式)은 문자의 외형에 속하고 구조와 필획(筆劃)의 변화는 내적인 것이다. 구조의 변화는 고금문자 변화에서 매우 중요한 부분이다. 예를 들면 '馬'자는 정사(正寫)의 그림 형식에서 측사(側寫)로 고쳐진 이후, 머리 부분과 귀 형상이 하나의 '目'의 형태로 변하였고, 또 점차 목과 등 사이의 갈기를 위쪽으로 옮겨 '目'자 형태의 가로획과 연결시켜서 현재 소전(小篆)과 예서(隸書)의 '馬'자의 윗부분이 되었다. '馬'자의 몸체는 점점 축소되고 두 다리와 세 갈래로 된 꼬리는 점점 나눌 수 없어져 한대(漢代)에는 이미 사족일미(四足一尾)로 잘못 여겼고, 예서에 이르러서는 더욱 네 점에 하나의 갈고리가 있는 모양으로 변했는데, '火'자가 변하여 네 점이 된 것과 같다. 그러나 육국문자(六國文字)에서는 '馬'의 몸체 부분을 없애고 단지 말머리 아래에 두 개의 가로획을 더하였는데, 이것은 간체(簡體)이다. 우리들은 모든 글자가 그 자체의 역사가 있다고 여기는데 그 변화 역사의 핵심은 구조의 변화이다.

많은 특수한 형식의 고대문자는 원래 하나의 그림이어서 나눌 수 없었다. 후대의 문자는 형식상 곳곳을 가지런히 해야 했기 때문에 자주 두 개체간의 연결을 끊어버려서 각각 독립적으로 변하게 되었다. 예를 들어, '保'자의 그림문자는 한 사람이 손을 뒤로하여 아이를 업은 모양인데, 뒤로한 손의 형태는 불필요한 사법이고 게다가 독립된 형태의 원칙에 부합하지 않아서 후에는 그리지 않고 오직 '人'편방에 '子'자만 남겼고 또한 '子'자 아래 한 획을 더하거나 혹은 두 획을 더하여 현재의 '保'자가 되었다. '企'자는 본래 한 사람을 그리고 또한 그의 발을 덧붙여 그렸는데, 그 후에 돌려서 발가락을 위로 향하게 하였으며, 발을 잘라내어 從人從止가 되었다. '戌'자와 '伐'자의 분별은 하나는 사람이 창을 메고 있는 형상이고, 다른 하나는 창으로 사람의 목을 치는 것이나 모두 從人從戈로 변했다. '疋'자는 '足'자와 본래 한 글자인데, 사람 다리의 전체 형상을 닮은 것으로 발가락을 돌려 위로 향하게 하였고, '足'자는 또 다리와 발을 분리한 것이다. '桑'자는 본래 세 개의 가지(枝) 형상인데 현재는 가지를 잘라 세 개의 '又'자형으로 변했다. '伊'자는 본래 사람이 지팡이를 잡고 있는 모양이며, '侮'자는 본래 사람이

'再'를 들고 있는 모습이나, 현재 그것을 분리하였고, 또한 좌변에서 우변으로 옮겨 從人尹聲 혹은 從人爯聲이 되었다.

일부 연화(演化)는 매우 세세하고 미묘하다. '大'자는 본래 먼저 두 팔을 그렸고 그 다음에 머리와 몸체, 좌우 두 발을 그렸는데, 후대의 사람들은 먼저 머리와 왼팔을 그리고 그 다음에 오른팔을 그리고 그 다음에 좌우 발을 그리고 몸을 숨겼다. 다시 변하여 두 발을 나누었으니 나눌수록 원형과 멀어져 마치 발이 팔 아래 생긴 것처럼 되었으니, '六'자와 거의 같게 되었다. 소전에서 무릇 從大자의 편방을 위쪽에 쓴 글자는 '大'로 썼는데 (예를 들면 '奄', '奎' 등의 글자)이고, 아래에 쓴 글자는 '大'로 썼으니 (예를 들면 '奕', '奘' 등의 글자), 他達切로 읽으며, ≪설문(說文)≫에서는 이 때문에 두개의 부(部)로 나누었다. '人'자는 아래쪽에 쓸 때 (예를 들면 '兄', '允' 등의 글자) 어떤 것은 손을 몸과 발에서 분리하고 어떤 것은 글자의 균형을 고려하여 사람의 허리와 등을 활처럼 구부렸기 때문에 ≪설문(說文)≫에서는 역시 두개의 부(部)로 나누었다. 그래서 '儿'자 아래에 주(注)하면서 공자의 말을 인용하여 '人이 아래에 있어서 구부러졌다.(人在下, 故詰屈)'라고 하였다. 그러나 이것은 주나라 말기에 발생한 연화(演化)현상임을 알지 못하고 인용한 것이다. '食'자는 본래 식기(食器)를 본뜬 것으로, 아래쪽에 밑받침이 있었는데 상나라 때부터 이미 밑받침이 반 타원형으로 변하였다. 다시 춘추시대 이후 두 획으로 나뉘어 쓰고, 왼쪽 획은 길고, L형을 닮았고, 오른쪽 획은 짧아 단지 일직선처럼 썼다. 후에 또 오른쪽 획은 약간 낮게 이동시켜 마치 從匕처럼 되었고 근대에 이르러 '良'자의 동화(同化)를 받아 어떤 사람들은 從人從良으로 썼다.

'帀'자는 중간 일직선을 비스듬하게 쓸 수 있으며, 또한 그것을 낮게 이동시켜 왼쪽의 기운 필획에 연결시킬 수도 있다. '酓'자는 육국 문자에서 위쪽의 '八'자가 'ㅐ'로 변형되었고, 아래의 酉는 ㅍ와 口로 나뉘어 졌다. 그래서 이전 학자들은 자주 '音'자로 오인하였다.(사실 이것은 예서의 영향을 받은 것으로 전서의 音자와는 가깝지 않다.) 고문 '靑'자는 본래 '南'자와 같은 자로, (저자의 저서≪殷墟文字記≫ 등의 책에서 상세히 보인다.) '肖'로 썼는데, 후에 어떤 경우에는 위쪽의 장식 부분을 나누어 '业'로 써서 '靑'자로 변하였고, 어떤 경우는 '南'자로 변하였다. ≪설문(說文)≫에서는 또 나누어 從宋羊聲이 되었다.

필획의 길이와 기울기 또한 연화(演化)에 있어서 하나의 중요한 요소이다. 옛 시기의 '戈'자는 창의 형상을 본뜬 것인데 간화하여 '𠀤'로 쓰고, 머리 부분의 반획은 아래로 이동하여 조금 기울게 하였고, 중간의 일직선은 약간 오른쪽으로 향해 기울었고 아래의 한 획은 또 위로 향해 오른쪽은 높고 왼쪽은 낮은 사선이 되어 소전의 '戈'자로 변하였다. 무정(武丁)시기의 복사에서 '羋'로 불리는 복인(卜人)이 있었는데, 구성자인 '牛'자는 ¥로 쓸 수 있고 또 ¥로 쓸 수 있는데, 이 복인(卜人)은 항상 자신의 이름의 끝 두 획 중 한 직선은 오른쪽으로 기울게 하였고, 또 한 획은 오른쪽이 높고 왼쪽이 낮은 사선으로 하였으니, 연화(演化)의 방법이 '戈'자와 완전히 같다. 그러므로 곽말약(郭沫若)이 이 글자를 從爪從戈로 오인한 것은 그럴만하다. '癸'자는 고문에서 교차형의 네 끝에 모두 작은 획이 있는데, 후에 이르러 모두 비스듬하게 기울어졌다. '巫'자는 본래 丑인데 현재 工자 양쪽에 人자의 형상을 쓰는 것으로 변했다. '才'

자의 고문은 원래 아래로 드리운 뾰족한 뿔인데, 위쪽은 손잡이 형태가 있고, 후에 중간의 일직선은 길게 끌고 뾰족한 뿔은 글자의 중간 부분까지 축소되었다. 금문에는 자주 한 획 아래에 큰 점을 부가하였으나, 후에 한 획 아래에 짧은 획을 더하는 것으로 변화하였다가 이 짧은 획은 또한 사선으로 변하였다. '禽', '萬' 등의 글자의 구성자인 '内'자는 고문에서 대부분 아래로 드리운 직선에 가로획을 더한 것인데, 후에 가로획이 ∋로 변하고 또 가로획 우측 끝부분을 아래로 드리우고 본래 아래로 드리웠던 직선은 도리어 위쪽을 구부려서 오른쪽으로 향했다. '身'자에서 배 아래에 더하여진 가로획은 변화하여 오른쪽에서 왼쪽으로 기운 사선이 되었다. '七'자는 '十'자와 구분하기 어려울까봐 아래 부분을 오른쪽으로 구부렸다가 다시 아래로 드리웠다. '彳'자는 어떤 때는 사선으로 쓰고, 소전에서는 余忍切의 廴자로 변했다.

옛 시기의 '先'자는 윗부분이 나뭇가지 형태를 본뜬 것인데, 두 개의 기운 획은 본래 대칭을 이루고 그 후에 어긋나게 써서 從止로 변했다. 그러나 '奔'자와 '出'자는 본래 대부분 從止인데, 그 후에 從中의 형태로 변하였다. 많은 사각형의 형태는 양변의 머리 부분이 돌출되어 㠯자로 변하고, 또한 네 변이 모두 돌출되면 井자가 된다. '厌'자는 從厂인데 오른쪽 끝이 들어 올려진 후 尸자로 변하고, 다시 尸자로 변했다. '西'자는 본래 ⊗이었는데, 바깥 테두리를 두 획으로 나누어 써서 좌변의 끝부분을 조금 나오게 하였고 그 후에 작은 가로획을 더하여 卤자가 되었으며 또 卥자로도 썼다. 후대에 이 짧은 가로획을 길게 늘이고 구부렸으며, 또 아래 부분과 분리하여 소전의 覀자로 변했다.

많은 문자는 잘리고 나뉘었다. ‘高’자는 본래 높은 대(臺) 위에 집이 있는 형상을 본뜬 것으로 소전에서는 오히려 세 부분으로 나뉘었으며 중간은 원형으로 되었다. ‘尾’자는 본래 사람이 꼬리를 달고 있는 모습을 본뜬 것인데 소전에서는 꼬리털을 나누어 네 개의 점으로 만들었다. ‘亢’자는 본래 從大이며 두 다리 사이에 가로획이 있었는데 현재는 나뉘어 위쪽은 入자와 비슷하고 아래쪽은 几자와 비슷하니 사람의 목의 형상을 본뜬 것이라고 말한다. ‘谷’자는 ‘去’자와 본래 한 글자이니, 위쪽은 從大이고(이 大는 그릇 뚜껑의 모양으로, 사람의 모습은 아니다.) 지금은 갈리어 仌자의 모양이 되었다. 이 밖에 ‘熏’자와 같은 자는 원래 從火東聲인데 현재 從屮從黑으로 변했고, ‘艮’자는 사람이 머리를 돌려 뒤로 향하는 모습을 본뜬 것인데 현재 從目從匕로 변하였으니 이것들은 모두 잘못된 판단의 결과이다.

예서가 전서의 형태를 파괴하고, 초서가 예서체를 파괴한 것은 모두 구조와 필획(筆劃)의 변화현상이다. ‘亠’와 ‘宀’은 모두 시작획에 머리를 나오게 하여 한 점으로 변한 것이다. ‘㞢’자가 ‘之’로, ‘刀’자가 ‘刂’로 ‘火’자가 ‘灬’로 ‘手’자가 ‘扌’로 변한 것은 예변(隸變)이다. 초서는 더욱 많이 변했는데 많은 해서는 초서의 영향을 받았으니 ‘幾’자는 ‘㡬’자로 변하고 ‘於’자는 ‘扵’자로 변한 것과 같은 부류이다. 총괄하면, 글자를 쓰는 사람은 우연히 붓 끝에 약간의 변화를 가하는데 종종 자체(字體)에 영향을 줄 수 있고 심지어는 새로운 글자를 만들기도 한다.

二十二 추간(趨簡)·호번(好繁)·상동(尙同)·별이(別異)

문자의 변천은 이론적으로 볼 때 간단하고 쉬운 쪽으로 변해 가지만, 어떤 때는 사람들이 또 번잡하고 복잡함을 좋다고 여겨서, 번잡함에서 간단함으로 변하거나, 또 간단함에서 번잡함으로 변하기도 하면서 항상 그 시대의 흐름을 쫓아갔다.

문자는 그림에서 변화해 왔으니 그림에서 뭉툭하게 그려진 물체가 후대에는 모두 선(線)으로 변했고, 물체에 그려진 문식(文飾)도 후대에는 대개 생략되었다. (예를 들면 호랑이 몸의 문양) 어떤 글자들은 일부가 생략되었는데, 예를 들면 '亯'자는 사면의 각루(角樓)에서 양면만을 그렸고, '韋'도 네 번의 발자국에서 두 번만을 남겨두었다. '正'자는 '征'자의 고문자이며, 두 개의 발자국이 한 성읍으로 향하여 가는 것을 본떴고, (때로는 이 네모난 틀 안에 또 두 개의 발자국이 있었으니 결국 네 개의 발자국이 있게 되었다.) '各'자는 '徦'자의 고문자(古文字)이며, 성(城)을 향해 오는 두 개의 발자국이다. '正'자와 '各'자는 이미 모두 한 개의 발자국만 남아 있다. '璞'자는 동굴에서 옥을 캐는 그림의 모습이고, '酗'자는 술을 거르는 그림의 모습인데, 후대에는 모두 일부분만을 취했다. 이 글자들은 모두 간략화한 경향으로, 소위 '추간(趨簡)'이라 한다.

일부 그림문자는 항상 의도적으로 번잡하게 하였다. 복사(卜辭)의 '䫏'자는 본래 한 사람이 두 손으로 키를 받쳐 들고 있는 모습을 그렸던 것이며, 금문(金文)에서도 이 글자는 자주 보인다. 그러나 글자를 썼던 사람이 신이 날 때는 사람 머리에 '辛'자를 덧붙였고, (원래는 하인이 쓰는 모자의 모양에서 변해 만들어진 것임) 넓적다리 아래에 꼬리 하나를 늘어뜨려 놓았다. 나진옥(羅振玉)은 이것 때문에 잘못 알고 '僕'자라고 하였는데, 이는 그가 '期'자의 번문(繁文)임을 알지 못했기 때문이다. '東'자는 본래 양쪽을 단단히 묶은 하나의 전대 모양을 본뜬 것이고, 물건을 담을 수 있는 중앙의 튀어 나온 부분에 보통 십자형 또는 교차형을 그려서 밧줄을 본떴지만, 부을존(父乙尊)에 보이는 '東'자는 가운데 부분에 가로와 세로로 세 줄을 그렸다. '龜'자의 등딱지는 어떤 때는 단지 '十'자 하나만 그렸고, 어떤 때는 많게는 열다섯 개의 격자를 그렸으니, 고문자(古文字)를 연구할 때는 문자의 특징을 잘 파악해야 하며, 필획의 다름에 지나치게 구애되어서는 안 된다.

추간(趨簡)의 흐름 속에서 번잡함을 좋아하는(好繁) 사람들이 있는 것은 피할 수 없다. '宔'자는 옥(玉)과 패(貝)자를 더하여 寶'자로 만들고, '福'자는 從示從富로 할 수 있고, 또한 從示從偪(즉 '偪'자임)로도 할 수 있다. '㲃'자는 '從皿'하여 '盬'로 쓸 수 있어서 '簋'로 변하였다. 이 풍조는 줄곧 춘추 전국시기까지 지속되었고, ≪사주편(史籒篇)≫은 이런 번문(繁文)의 대표이며, ≪설문(說文)≫의 '齋'자는 주문(籒文)에 '𪗉'라고 하는데 하나의 예시가 될 수 있다.

형체가 번잡해지는 것 외에 필획도 이런 경향이 있으니 예를 들면 위쪽에 평평한 한 획이 있는 글자는 항상 짧은 획 하나를 더 더하는데, ≪설문(說文)≫에 고문 '帝'자 아래에 다음과 같이 주한다.

> 고문(古文)의 모든 '丄'자는 다 '從一'이고, 전문(篆文)은 모두 '從二'이다. '二'자는 고문의 '上'이다. 辛, 示, 辰, 龍, 童, 音, 章은 모두 고문의 '上'자를 구성요소로 삼는다.(古文諸丄字皆從一, 篆文皆

從二. 二古文上字. 辛, 示, 辰, 龍, 童, 音, 章皆從古文上.)

사실 단지 '一'획 위에 '一'획을 덧붙여낸 것일 뿐이며, 결코 從上자가 아니다. 그래서 '元'자의 고문은 바로 '兀'이고, '天'자는 복사에서 마찬가지로 한 획을 더 더할 수 있다. 또 수직선 중간은 자주 비교적 뭉툭하게 쓰거나 한 점을 더할 수 있는데, 이 한 점은 또 길게 끌어 써서 한 획으로 삼으니 예를 들면 '十'자의 고문(古文)은 단지 하나의 수직선으로, 본래는 가로획이 없었다. 위쪽이 평평한 글자는 때로는 '八'자를 더하기도 했는데, 예를 들면 '尙'자의 가장 오래된 자형(字形)은 단지 '冂'로 썼고, '豢'과 '豕'자는 본래 한 글자였다. '八'자형의 중간에 또 한 점을 더할 수 있는데, 이 한 점은 당겨서 가로획으로 만들 수 있고, 또 끌어 당겨서 수직선으로 만들 수 있다. 수직선은 '㒼'자로 변할 수 있는데 윗글에서 예로 든 것과 같으며, 또한 좌우 양쪽에 점을 더할 수도 있는데, 예를 들면 '亍'자가 '示'로 변한 것과 같다. 글자의 하단이 만약 가로획이라면 아래에 또 두 점을 더할 수 있는데, 후대에는 모두 '丌'자로 변했다. 글자의 중간에 빈틈이 있다면 항상 한 개 또는 몇 개의 점을 보태 넣었는데, 예를 들면 '周'자의 고문(古文)은 '田'인데, 이 네 개의 빈틈 안에 항상 점이 보태졌다. 이런 장식하여 번잡하게 하는 경향은 줄곧 춘추전국시기까지 지속되었는데, 조충서(鳥蟲書)가 이런 현상의 가장 대표적인 예이다.

소전은 대전보다 간단하고 쉬우나, 또한 오히려 번잡하고 복잡할 수도 있는데, 예를 들면 '甲'자는 본래 '十'자로만 썼는데, 지금은 '甲'자로 바뀌었고, '早'와 '戎' 등의 글자조차도 모두 '甲'을 구성요소로 삼는다. 육국(六國)의 고문(古文)은 동쪽의 고문자(古文字)를 답습한 것으로 소전(小篆)보다 훨씬 간단한데, 예를 들면 '馬', '爲'등 글자의 하반자(下半字)는 모두 생략할 수 있었다. 예서(隸書)는 전서(篆書)보다 간단하고 쉬운데, 왜냐하면 일부분이 육국문자(六國文字)를 답습하였기 때문이다. 초서(草書)는 예서(隸書)보다 간단하고 쉬우며, 더욱 발전하여 진서(眞書)와 행서(行書)가 되었고, 진서(眞書)는 또 발전하여 간체자(簡體字)가 되었다.

그러나 진한(秦·漢) 이후의 문자에도 더 번잡해진 것이 있는데, 그것은 종익자(緟益字)이다. '暴'자는 '日'을 더하여 '曝'자가 되고, '然'자는 '火'를 더하여 '燃'이 되고, '岡'자에 '山'을 더하여 '崗'이 되고, '梁'자는 '木'을 더하여 '樑'이 되는데, 이런 새로운 글자의 발생은 대부분 예전에 있었던 문자의 의미가 이미 명료하지 않다고 여겼기 때문이다. 근래에 호회침(胡懷琛)이 ≪간이자설(簡易字說)≫을 지어 하나의 괴상한 이론을 내놓았는데, '莫'자를 '暮'로 쓰고, '采'를 '採'로 쓴 것도 간이자(簡易字)라고 할 수 있으므로, '河豚'을 '魺鯀'으로 쓰고, '玩弄'을 '抏挵'으로 써야 한다는 것이다. 또 어떤 사람은 '的'자를 다시 '逌', '諂' 등의 글자로 만들어냈는데, 이런 모순된 심리는 '추간(趨簡)'과 '호번(好繁)'의 두 가지 경향을 동시에 존재하게 하였다.

간략화(簡化)되고, 번잡화(繁化)된 많은 글자들은 동화작용(同化作用)을 받은 관계이니, '戈'자 아래 획은 비스듬하게 끌어 당겼고, '平'자의 마지막 필획도 비스듬하게 끌어 당겼으니, 이것이 동화(同化)이다. '爵'자의 주형(柱形) 아래에 두 개의 점을 더하여 '尒'형이 되고, '夒'자는 본래 한 사람이 입을 벌리고 귀 기울이는 모습을 본뜬 것으로, '聞'자의 본자(本字)인데, 입을 벌리고 있는 모습이 '爵'의 流口를 본뜬 부류 같이 보여서 머리에 또한 '尒'형 하나를 첨가했다. 이것은 번잡함을 더하려는 경향의 동화(同化)이다. '雞'의 오른쪽 편방은 본래 從'崔'이며, (벼슬이 있는 雞자는 從山이 아니다.) '鳳'자는 본래 從'雚' 혹 從'藿'인데, 지금은 변하여 從'隹' 혹 從'鳥'이며, 이는 간략화하려는 경향의 동화(同化)이다. '午'자는 '幺'자 모양으로 쓰는데, 從午의 '御'자는, 어떤 것은 從絲일수도 있다. '十'자가 변하여 '甲', '戎', '早', '卓' 등의 글자로 된 것은 모두 따라 바뀐 것이다. '二'자가 변하여 '貳'가 되고, 다시 생략하여 '弍'가 되었고, 후세에는 '弌', '弎'의 두 글자를 만들어 냈다. '鳳皇'의 '皇'자는 '凰'으로 변했고, '烟煴'의 '烟'을 '壹'로 쓰니 從吉이므로 다시 從凶인 '壺'자를 만들었다. 동화한 글자는 종종 유추작용으로부터 만들어진 것이다.

'高', '亯', '京', '亶' 등의 글자는 상반부는 모두 '亠'이고, '壴', '声', '青' 등의 글자는 윗부분이 원래 대부분 '從屮'인데, 지금은 모두 상반부를 나눠 가로획을 집어넣어서 '尘'가 되었고, 수직형은 '屮'로 변하였거나 '十'으로 변하였는데, 위에 그어진 평선과 아래에 그어진 평선에 '八'자형을 더하였으니, 이것은 동화(同化)이다. 그리하여 예서(隸書) 중의 '泰', '奉', '奏', '秦', '春' 등의 글자의 상반부는 서로 동일하다. '簋'자는 마치 從艮인 것 같고, '食'자는 마치 從良인 것 같으며, '鄉'자도 마치 從良인 것 같은데, 이것도 동화(同化)라고 할 수 있으며, 당연히 뒤섞여 있는 '효혼(殽混)'이라고 말하는 것이 더욱 타당할 것이다.

'玃'과 '猴'는 從犬이고, '豹'와 '貘'은 '從豸이며 ('豸'는 본래

'貍'를 본뜬 것임), '黿'과 '鼉'는 從黽이고, '蟬'과 '蠆'는 從虫이며, '球'와 '璣'는 從玉인데, 많은 형성자(形聲字)의 편방(偏旁)은 항상 옳은 듯하나 실제로는 그르다. 문자의 변별은 이로 인해 점차 적어졌으니 이 또한 일종의 동화(同化)이다.

별이(別異)는 문자가 증가하는 주요 원인이다. 하나의 특수한 사법(寫法)은 기회를 얻으면 종종 다른 문자로 변할 수 있다. '人'은 측면의 모습이고, '大'는 정면의 모습으로, 매우 이른 시기에 두 개의 글자로 나누어 썼다. '人'자는 또 변하여 '儿'이 되었고, '大'는 또 변하여 '亣'이 되었으니 단지 사법(寫法)이 약간 다를 뿐이다. '女'자는 변하여 '母'가 되었는데, 후자(後者)는 전자(前者)에 비해 점이 두 개 더 많으나, 고문자에서는 본래 통용되었다. '子'자에서 손을 그리지 않은 것은 '了'자인데 고문자(古文字)에서는 실제로는 나누지 않았다. '自'자와 '㐫'자, '小'자와 '少', '兀'자와 '元'자, '月'자와 '夕'자는 모두 후대에 비로소 나뉜 것들이다. '中'자는 본래 '[illegible]'로 썼고, 깃발을 본뜬 것인데, 상하(上下)에는 네 개의 깃발 술(斿)이 달려 있으며, 또한 술(斿)을 생략한 것도 있다. (≪은허문자기(殷虛文字記)≫에 자세히 설명하였다.) 깃발 술이 있는 것을 중간(中間)의 '中'으로 썼고, 술이 없는 것을 백중(伯仲)의 '仲'으로 쓴 것은 확실히 나중에 생겨난 것이다.

의미 때문에 달라진 글자로, 예를 들면 '隹'가 변하여 된 '唯'와 '惟', '立'이 변하여 된 '位', '令'이 변하여 된 '命', '鼎'이 변하여 된 '貞', '正'이 변하여 된 '征', 그리고 草, 木, 蟲, 漁의 여러 명칭의 편방(偏旁)을 더한 것은 비록 어떤 것들은 불필요하게 덧붙인 것이지만 어쨌든 정당한 것이다.

두 개의 의미가 상대적이어서 나뉘게 된 것으로, 예를 들면 手는 '𠂇'와 '右'로 나누는데, 이것으로 인해 '子'는 '孑'과 '孓'로 나뉘고, '行'은 '彳'과 '亍'으로 나뉘었으니 이것이 한 부류이다. '人'을 뒤집어 '匕'로 하고, '正'을 뒤집어 '乏'으로 하고, '可'를 뒤집어 '叵'로 한 글자들은 또 하나의 부류이다. '授'를 '受'와 구별하고, '買'를 '賣'와 구별하고, '糴'를 '糶'와 구별하고, '捧'을 '奉'과 구별하고, '承'을 '拯'과 구별한 글자들 또한 한 부류이다.

독음(讀音)때문에 달라진 글자는 다음과 같다. 첫째는 사법(寫法)이 고쳐진 종류로, 예를 들면 '玉'자는 본래 점(點)이 없었는데, 점을 하나 더하여 '肅'으로 읽었고, '角'자는 '錄'으로 읽었는데, 사법(寫法)이 매우 다양하니, 지금 통용되는 것은 '甪'자이며, '余'가 변하여 '佘'자로 쓰고, '庫'가 변하여 '厙'자로 쓰는 종류이다. 둘째는 성부(聲符)를 더한 것인데, 예를 들면 '古'자에 성부(聲符)를 더하여 '嘏'가 되고, '反'자에 성부(聲符)를 더하여 '叛'이 되는 종류이다. 셋째는 새로운 글자로 고쳐 쓴 것이니, 예를 들면 '首'를 고쳐 '頭'로 하였고, '烏'를 고쳐 '鴉'로 하였고, '橐駝'를 '駱駝'로 쓴 부류이다. 넷째는 성부(聲符)를 고친 것으로, 예를 들면 '鸚鴞'가 변하여 '鸚鵡'가 되었고, '鷦鷯'가 변하여 '鷦鷯'가 되었고, '藥'이 변하여 '葯'이 되었고, '作'이 변하여 '做'가 된 부류이다.

중국문자는 형(形)을 위주로 하니, 형체가 복잡할수록 문자를 인식하기가 더욱 어렵다. 그러므로 단지 사법(寫法)상의 차이는 문자학에 있어서 하나의 장애요소이다. 육국(六國) 말기에 한 차례 문자를 통일하는 운동이 있었는데, 유가(儒家)의 ≪중용(中庸)≫에 이미 이런 사상이 있었고, 진시황(秦始皇)때에 이르러 달성했다고 할 수 있다. 그러나 동시에 새로운 문자인 예서(隸書)가 배태되어, 결국 표준문자였던 소전(小篆)은 도리어 실패하였다.

육조(六朝)이후 사법(寫法)이 다름으로 인해 혼란스러워졌는데, 만약 ≪비별자(碑別字)≫, ≪금석문자변이(金石文字辨異)≫, ≪육조별자기(六朝別字記)≫ 등의 문헌을 살펴보면, 대략적인 상황을 알 수 있다. ≪강희자전(康熙字典)≫의 글자 수는 최근 왕죽계(王竹溪)선생의 통계에 따르면 모두 47,021자이며, (그중 어떤 글자는 중복되어 있다.) 만약 우리가 갑골(甲骨), 금문(金文), 석각(石刻), 도기(陶器), 화포(貨布), 새인(鉩印), 전(磚), 와(瓦), 목간(木簡)과 진·당(晉·唐)의 사본(寫本), 송·원(宋·元)의 판각본 안에 있는 모든 다른 사법(寫法)을 다 한 곳으로 수집한다면, 아마도 최소한 ≪강희자전(康熙字典)≫보다 10배가 더 많아질 것이다. 육조(六朝)의 혼란 시기로 말미암아 수(隋) 이후에 글자의 모양을 연구하는 자양학(字樣學)이 있게 되었는데, 이것 또한 문자통일운동이다. ≪개원문자음의(開元文字音義)≫는 이 운동으로 인해 생겨난 중요한 서적이다. 이 책은 비록 이미 전해지지 않으나, 이 운동은 성공적이었다. 인쇄술의 발명으로 인해 이렇게 고쳐진 글자체는 지금까지 줄곧 표준글자체로 사용되고 있다.

물론 별이(別異)의 흐름은 멈춘 적이 없다. 필사본에는 간화된 속자(簡俗字)가 있고, 속문학 서적 안에도 간속자(簡俗字)가 있으며, 심지어는 소자본(小字本)인 ≪진서(晉書)≫(해녕 장씨[海寧蔣氏] 소장)와 같은 비교적 중요한 서적에도 마찬가지로 간속자(簡俗字)가 있다. 최근 또 어떤 이는 간자(簡字)와 수두자(手頭字)를 제창한다. 같음에서 다름으로, 다름에서 같음으로 진행하는 문자 변화의 역사는 영원히 그 길을 반복할 것이다.

二十三 치용(致用)·관미(觀美)·창신(創新)·복고(復古)

문자는 원래 실용적인 도구여서 쓸수록 간략해질 수밖에 없으니, 복사(卜辭)에서 '龏'는 'ㅂ'로 썼고, '鼎'자는 '⋈'로 쓰는 것과 같이 매우 정연한 선(線)이 되었고, 이미 기호(記號)와 같았다. 하지만 일부 사람들은 천부적인 예술적 재능이 있어서 계각(鍥刻) 도구가 그림에 사용하기가 매우 적합하지 않더라도 복사(卜辭)에는 여전히 그림에 가까운 문자가 있었다. 상(商)대의 청동기 문자는 때로는 그 문자를 도안으로 바꾸고, 때로는 도안에 문자를 끼어 넣어 도안의 일부로 삼았고, 때로는 터키석으로 문자를 만들었다. 그러나 이런 방법은 대부분 문자의 수가 비교적 적은 곳에만 사용할 수 있었고, 곳곳에 다 적용할 수는 없었으니 그 주요한 목적은 서법상의 아름다움을 추구하는 데 있었다.

만약 서법(書法)에 대해 말하자면, 상(商)왕조의 청동기 문자는 이미 다른 유형의 매우 많은 본보기를 찾을 수 있다. 주(周)왕조 초기에는 더욱이 서법(書法)을 중시하여 성왕(成王) 시기에는 아름답지 않은 글자가 없었다. 강왕(康王)때는 웅장함이 넘치고, 소왕(昭王)때는 약간 기이함이 보이며, 목왕(穆王)때에 이르러서는 오히려 마치 수려함만 있는 듯하다. 중간에 조금 쇠퇴하듯 하더니, 여왕(厲王)·선왕(宣王)때에 이르러서 일부는 그 경향이 여전히 전개되어, 주(周) 천자 왕조의 풍모가 있었다. 춘추(春秋)시기 이후에 지방 문화가 점차 대두되면서 동쪽의 조충서(鳥蟲書)는 장식을 가장 추구하는 것이었고, 서쪽의 주문(籀文)은 석고문(石鼓文)에서 또한 그러한 대략적인 경향을 볼 수 있다. 북쪽의 연(燕)·제(齊), 남쪽의 서(徐)·초(楚)도 서법(書法)에 있어서 그 차이를 엿볼 수 있다.

전국(戰國) 말기에 이르러 일반적으로 문자는 실용을 중시하는 쪽으로 나아갔다. 진(秦)나라가 통일하기 이전에 여불위(呂不韋)의 창(戈)(始皇 5년, BC 242년)의 예처럼 새겨진 문자는 아주 엉성하다. 통일 이후, 태산(泰山)과 낭야(瑯邪)의 많은 각석(刻石)은 세상에 견줄만한 것이 없는 대전(大典)이며, 전형적(典型的)인 소전(小篆)을 사용하였는데, 짐작컨대 재상(宰相) 이사(李斯)의 필적일 것이다. 그러나 일반적인 권량조문(權量詔文)은 여전히 많은 경우가 엉성하였다. 진(秦) 왕조는 통치 기간이 매우 짧았기 때문에 소전(小篆)의 운명도 길지 않았고, 예서(隸書), 초서(草書)가 소전(小篆)을 대체하여 생겨났는데, 물론 이것은 모두 실용을 중시한 문자이다. 그러나 동한(東漢)에 이르러 장지(張芝), 종요(鍾繇) 등의 사람들이 출현하여 예초(隸草)가 또 예술적으로 변하여 점과 획을 변화시켜 미관을 추구하였다. 조희(曹喜)가 현침전(懸針篆)을 만들었고, 채옹(蔡邕)이 비백(飛白)을 만들었으며, 유덕승(劉德昇)이 행서(行書)를 만들었고, 한단순(邯鄲淳)은 과두문(科斗文)에 뛰어났다. (즉 고문경[古文經]이다.) 송(宋)·제(齊) 이후에 일부 사람들은 잡체서(雜體書)를 썼는데, 서른여섯 가지에서 백 이십 가지로 늘어났으나 대부분 모두 숫자를 채우는 것이어서, 사람들이 결코 중요하게 여기지 않았으니, 유견오(庾肩吾)는 '모두 의미 없는 진기함이요, 시대를 좇아 힘쓸 바가 아니다.(并無味之奇珍, 非趣時之急務)'라고 했다. 그러므로 설령 고문(古文)과 비백(飛白)일지라도 당(唐)이후에는 이미 전해지지 않았고, 주요한 서법(書法)은 사실상 이미 진(眞), 행(行), 초(草)의 세 가지 서체(書體)로 집중되었다.

당(唐)이전의 서예가는 자체(字體)를 바르게 고쳐야 할 사명을 짊어져야 했다. 유원위(庾元威)는 ≪논서(論書)≫에서 다음과 같이 말한다.

> 내가 보기에 완연(阮研)의 서체를 배우는 자는 그 서체의 힘(骨力)과 아름다움은 배우지 못하고, 오직 오그라든 주목이 힘이 다한 듯한 것만 배운다. 박소지(薄紹之)의 서체를 배우는 자는 그가 연마하여 이룬 깊이와 미묘함은 얻지 못하고, 단지 자기 스스로 서법(書法)을 만들며 급히 이루려고만 하였다. 만년(晩年)에는 서법을 달리하여 생략을 탐하고 다름을 좋아하여, 머리는 진하고, 꼬리는 가늘게, 허리는 끊고, 발은 멈추는 듯하니, '一'과 '八'이 비슷하고, '十'자와 '小'자는 구분하기 어렵고, '等'자를 구부려 '匀'자와 같이 하고, '前'자를 변화시켜 '草'자로 만들면서, 모두들 王(왕희지)와 蕭(소자운)을 숭배하고 따랐다고 말하며, 날마다 오류를 범하는 것을 꺼리지 않았다. 그리하여 '星'자는 종생(從生)으로 쓰지 않고, '籍'자는 종뢰(從耒)로 쓰지 않으니 허신의 문인들은 갑자기 크게 웃으며 비웃고, 위항(衛恒)의 자제들은 어찌 슬퍼하고 탄식하지 않겠는가? 많은 서예가들을 잘못되게 하였으니 어찌 바르게 고쳐야 하지 않겠는가?(余見學阮研書者, 不得其骨力婉媚, 惟學攣拳委盡; 學薄紹之書者, 不得其批研淵微, 徒自經營嶮急. 晩途別法, 貪省愛異, 濃頭纖尾, 斷腰頓足, 一八相似, 十小難分, 屈等如匀, 變前爲草, 咸言祖述王蕭, 無妨日有訛謬, 星不從生, 籍不從耒, 許愼門

徒，居然嗢噱，衛恒子弟，寧不傷嗟，詿誤衆家，豈宜改習.)

이는 자학(字學)을 중요시하지 않은 서예가의 말이며, 또 다음과 같이 말한다.

> 내가 젊었을 때 명사(明師)를 만나 자법(字法)에 관심을 갖게 되어서 앉은 자리에서 '干疊'자를 쓸 때 희헌(羲獻, 왕희지와 왕헌지)의 정교한 필적을 따르지 않고, 陶(도홍경, 陶弘景), 葛(갈홍, 葛洪)의 명방(名方, 유명한 처방)을 좇지 않고, '蒓羹'을 만들 때는 ≪진서(晉書)≫에 쓰인 처방을 본받지 않고, ≪운집(韻集)≫의 글씨를 따르지 않았다.(余少値明師，留心字法，所以座右作干疊字，不依羲獻妙迹，不逐陶葛名方；作蒓羹，不斆晉書，不循韻集.)

한 서예가가 만약 자법(字法)에 주의를 기울인다면 써낸 글자는 진실로 바를 수 있을 것이다. 그러나 비록 명가(名家)의 비첩(碑帖)일지라도 표준에 부합하지 않은 글자체가 있을 수밖에 없으니, 그런 자(字)들은 후대의 시험에서도 쓸 수 없는 것이었고, 또한 그 당시 일반적으로 통용된 필사본과 비교하여도 이미 크게 달랐다.

당(唐)대에는 책을 베끼는 것을 직업으로 삼는 서생들이 있어서 경생서(經生書)가 생겼다. 초기의 조판인서(雕板印書)와 서생들이 베껴 쓴 사본(寫本)은 같은 서체였다. 명(明)대 이후에 또 오로지 顔씨(顔眞卿)의 글자체에서 변한 인쇄체가 있었는데, 가로획은 가늘지만 우측 끝에서 잠시 둔필하고, 곧은 획은 대부분 뭉툭한데, 삐침(撇)은 위는 뭉툭하게 하고, 아래는 가늘게 하며, 파임(捺)은 위는 가늘고 아래는 뭉툭하게 하여 천편일률적이었으며, 오늘날의 인쇄체에까지 이르렀다. 이런 인쇄체와 필사체는 글자체에서 미세한 차이가 자주 있었다. 근래에는 붓을 사용하는 사람이 점차 줄어들고, 일반 사람은 모두 금속의 펜을 사용하니 서법(書法)에 자연히 큰 영향을 미친다.

문자의 변천은 본래 급속하게 변한다. 상대(商代)의 '斤'자는 손잡이가 있는 도끼의 모양을 그려냈으나, 주대(周代)의 '斤'자는 아주 다르게 변했는데, 왼쪽으로 향한 것이 오른 쪽을 향한 것으로 변했고, 한 획이 두 획으로 바뀌어서, 이미 지금의 '斤'자의 모체(母體)가 되었다. 우리는 상·주(商·周) 양대(兩代)의 '斤'자가 왜 이렇게 다른지는 알지 못하지만, 문자는 언제든지 새로운 자체(字體)가 생겨날 수 있다는 것을 충분히 증명한다.

문자의 새로운 자체(字體)가 생성되는 데는 두 가지의 길이 있는데, 하나는 새로운 사법(寫法)에 의한 것이고, 다른 하나는 새로운 글자(新字)에 의한 것이다. 상대(商代)의 복사(卜辭)는 복사(卜辭)의 사법(寫法)에 따라 시기를 나눌 수 있고, 주조(周朝)에서 육국(六國)·진·한(秦·漢)시기까지의 청동기 또한 청동기 명문의 사법(寫法)에 따라 시기를 나눌 수 있다. 육국(六國)의 작은 옥새(小鉩)의 서법과 한(漢)나라의 도장(印)의 서법(書法)은 누구든지 한 번 보기만 하면 구분할 수 있다. 위(魏)나라의 비석(碑)과 당(唐)나라의 비석(碑)의 서법(書法)도 그 차이를 아주 쉽게 알아 볼 수 있다.

새로운 글자(新字)에 대해 이야기 하자면, ≪이아(爾雅)≫라는 책에 기록된 대부분의 글자들은 모두 새로 만든 형성자(形聲字)이다. '麋罟謂之罞'는 복사(卜辭)에서 본래 그물 하나를 그렸고, 아래에는 큰 사슴의 머리 모양(麋頭)이 하나 있는데, 지금은 '罞'자로 쓰니, 분명하게 '從冈矛聲'의 새로운 형성자(形聲字)이다. 주(周) 초기에는 이런 새로운 글자가 매우 많아서 문왕(文王)과 무왕(武王)에 대해서도 특별히 '玟'과 '珷'의 두 글자를 만든 것으로 보아 그런 상황을 짐작해볼 수 있다. 한(漢) 초기의 ≪창힐편(倉頡篇)≫에는 3,300개의 글자뿐이었는데, 양웅(揚雄)의 ≪훈찬편(訓纂篇)≫에서 2,040개의 글자를 더 더하여 모두 5,340개의 글자가 되었으니, 허신(許慎)이 말하길 '많은 책에 기록된 글자들을 대략 보존하였다.(羣書所載, 略存之矣)'라고 하였다. 반고(班固)는 또 13장의 780자를 더하여 모두 6,120자가 되었고, 그는 '육예의 많은 책들에 기록된 글자는 대략 갖추었다.(六藝羣書, 所載略備矣)'라고 하였으나, 허숙중(許叔重)이 지은 ≪설문(說文)≫에 이르러서는 오히려 만 여 글자가 있었으니, 이 4,5천 글자는 어디에서 온 것인가? 물론 일부 글자들은 경전에서 자주 사용되나 자서(字書)에서 누락한 것이다. 그러나 대부분은 모두 새로운 글자들이다. 예를 들면 '枝'자는 '豉'로 쓸 수 있는데, '尗'를 '豆'라고 쓴 것은 한대(漢代)의 일이니, '豉'자는 당연히 새로운 글자이다.

새로운 글자의 유래는 다음과 같다.

1. 와자(譌字): 예를 들면 '賓'은 '賓'로, '菥'은 '菰'로 변했고, 또 '𡕒'은 '寅'으로, '衜'은 '道'가 되었다.
2. 별자(別字): 예를 들면 '余'에서 '佘'가 만들어졌고, '行'에서 '行'가 만들어졌다.
3. 와체(譌體): 예를 들면 '前자 윗부분을 草로 쓰고, 能자 옆을

長으로 쓴다.(前上爲草, 能旁作長)' 또 예를 들면 '席자 가운데에 帶를 쓰고, 惡자 윗부분은 西자를 쓴다. (席中安帶, 惡上安西)'

4. 별체(別體): 예를 들면 '壘'은 혹은 '疊'으로 쓰고, '對'는 혹은 '對'로 쓴다.
5. 간체(簡體): 예를 들면 '學'은 '斈'로 생략되고, '巻'은 '弓'로 생략된다.
6. 합문(合文): 예를 들면 '不用'을 '甭'으로 쓴다.
7. 신상형자(新象形字): 예를 들면 육법언(陸法言)의 ≪切韻≫에서 채택한 '凹', '凸' 두 글자는 왕인후(王仁煦)가 글자 중 요망한 것이라고 비방했다. 또 예를 들면 불경에서 채택한 '卍'자이다.
8. 신상의자(新象意字): 예를 들면 두 남자가 한 여자를 끼고 있는 '嬲'자(≪삼창(三倉)≫과 혜강(嵇康)≪절교서(絕交書)≫에 보임). 또 예를 들면 '백념(百念)이 우(憂)가 되고, 언반(言反)은 변(變)이 되고, 불용(不用)은 파(罷)가 되고, 추래(追來)가 귀(歸)가 되고, 갱생(更生)이 소(蘇)가 되고, 선인(先人)이 노(老)자가 되는(百念爲憂, 言反爲變, 不用爲罷, 追來爲歸, 更生爲蘇, 先人爲老)' 경우이다.
9. 신형성자(新形聲字): 예를 들면 '景'에 '彡'편방을 더하여 '影'이 되고, '華'자는 '化' 성부로 바뀌서 '花'가 되었다.

게다가 어떤 사람들이 마음대로 만들었는데, 예를 들면 吳나라의 손휴(孫休)는 자기 아들을 위해 '𩅦', '㚟' 등의 여덟 개 글자를 만들었는데, 후대 사람들이 이로 인해서 이름을 지을 때 자주 새로운 글자를 만들어서, 새로운 글자는 날로 많아졌다.

복고(復古)의 경향 또한 언제든지 볼 수 있는 자연스러운 현상이다. 복사(卜辭)의 '龜'와 '鼎'자의 말기의 사법(寫法)이 오히려 초기의 것보다 더 그림문자에 근접한 것은 복고의 현상 때문이다. 금문(金文)에는 아주 늦은 시기의 문자이면서 상형(象形)인 글자가 자주 보이는데, 예를 들면 나진옥(羅振玉)이 소장한 어정비(魚鼎匕)는 춘추 이후의 청동기인데, '匕'자는 사람의 형상을 아주 닮았으며, 상(商)대 문자의 유풍이 있다. 한(漢) 이후, 육국문자(六國文字)는 이미 통용되지 않았지만, 학자들은 여전히 고문경(古文經)안의 과두문(科斗文)을 배우려고 했다. 진(晉) 이후에는 예서(隸書)조차도 쓸 수 없게 되었는데도 억지스럽게 전서(篆書)를 쓰는 사람이 있었다. 금예(今隸)가 성행한 이후, 예서팔분(隸書八分)도 옛 글자(古字)가 되었고, 행서(行書)가 성행한 이후, 장초(章草)와 초서가 또한 옛 글자(古字)가 되어서, 옛 것을 좋아하는 사람들만 쓰게 되었다.

보통 사람은 고문자(古文字)를 쓸 수 없어서, 육조(六朝) 이후에야 비로소 예서(隸書)로 고문을 모방하여 쓴 사람들이 있었는데, 그래서 '예고정(隸古定)'이라는 말이 생겼으니, 문자에 또 한 부류가 증가하였다. 송(宋)나라 양비(楊備)가 예고정(隸古定)의 ≪상서석문(尙書釋文)≫을 한 권 얻어서, 서찰을 모두 古文字로 썼다. 홍괄(洪适)의 ≪예석(隸釋)≫은 예서(隸書)체에 따라 쓴 것이다. 청(淸)나라 사람들이 ≪설문(說文)≫을 연구할 때 소전(小篆)을 해서(楷書)로 썼으며 많은 경학(經學)과 소학(小學)의 저서에서도 모두 이 종류의 문자로 썼다. 가까운 예로 장태염(章太炎)과 손이양(孫詒讓)의 책에서도 모두 이와 같아서, 일반 사람들은 알아 볼 수 없었고, 자전(字典)에도 없는 것이어서 이것은 비록 그 의도는 복고(復古)에 있었지만 결과적으로는 창조한 셈이다.

당(唐)나라 사람들이 보았던 고문자(古文字) 자료는 많지 않았는데, 당(唐)나라 고종(高宗) 때의 벽낙비(碧落碑)는 고문경(古文經)과 석고문(石鼓文) 그리고 다른 자료를 한데 모아 놓은 것이다. 당(唐)나라 사람이 고문(古文)을 쓰는 것은 종종 이와 같았고, 오대(五代) 때의 ≪한간(汗簡)≫은 바로 이런 경향을 보여주는 총집이다. 송(宋)대에 비록 일부 청동기가 발견되었지만 문자는 여전히 많지 않아서, 양환(楊桓), 대동(戴侗)과 같은 학자들은 여전히 모아 합치는 방법을 쓰지 않을 수 없었다. 청(淸)말의 고문자 자료는 비교적 많아서 오대징(吳大澂)과 같은 학자들은 이 자료들을 사용하여 고서(古書)를 썼지만 여전히 충분하지 않았다. 그래서 편방(偏旁)을 써서 모아 합치는 방법을 써야 했는데, 이런 복고(復古)의 경향에도 항상 새로운 의도가 들어가 있다.

二十四 효혼(殽混)·착오(錯誤)·개역(改易)·시정(是正)·도태(淘汰)·선택(選擇)

그림문자는 물체를 자세하게 그려낸 것으로 본래는 쉽게 혼동하지 않은데, 문자가 변천되어 간략화 될수록 더욱 쉽게 혼동하게 되었다. 그 예로 복사(卜辭)의 '丁'자는 '日'자와 닮았고, '甲'자는 '七'자와 닮았고, '口齒'의 '口'자는 '凵盧'의 '凵'자와 닮았고, '山'자는

'火'자와 닮았고, '足'자는 '正'자와 닮았고, '午'자의 빈속은 '幺'자와 닮았고, '凡'자의 머리가 나온 것은 '井'자를 닮은 경우이다.

금문(金文)도 이런 폐단이 있는데, '手'자 모양은 '毛'자와 구분하기 어렵고, '之'자는 '生'자와 구분하기 어렵다. '氏'자와 '人'자 또한 때로는 구분하기 쉽지 않다. 용경(容庚)은 일찍이 '壬申'을 '土畐'로 해석했는데, 이는 혼동했기 때문에 잘못 해석한 것이다. 고문의 '大'자는 종종 변하여 '矢'자와 같아졌고, '人'자는 종종 변하여 '刀'자와 같아졌고, '勻'자는 종종 변하여 '勹'자와 같아졌는데, 이것은 효혼(殽混)에 착오(錯誤)를 겸한 예이다.

예서(隸書) 이후 '日'자와 '曰'자, '已'자와 '巳'자, '苟'자와 '茍', '𦯬'와 '若'자, '肉'편방과 '月'편방, '木'편방과 '手'편방, '冫'편방과 '氵'편방, '心'편방과 '巾'편방의 효혼(殽混)현상은 여전히 매우 많았다.

멀리 상·주(商·周)부터 문자는 이미 착오현상을 면할 수 없었는데, '帚'자는 본래 빗자루를 만들 수 있는 풀 모양을 본떴으나 작은 가지들은 때로는 '足' 모양으로 썼다. '鬻'자는 매우 깊은 모양의 관족력(款足鬲)인데 아래쪽에 火가 있고, 후에 역(鬲)의 몸통 부분이 火와 분리되어 두 개의 '人'자 모양으로 변했다. (후에 또 '弓'모양으로 변했다) 그 후에는 역(鬲) 밑 부분과 '足' 모양은 오히려 하나의 羊 머리가 불 위에 이어져 있는 모양으로 바뀌어 '羔'자가 되었으므로, 상주(商·周) 때의 금문(金文)에는 모두 '鬻'자로 썼고, ≪설문(說文)≫에 '鬻'자는 또 '鬻'자로 잘못 써서 종미(從美)이며, 그리고 또 다른 사법(寫法)은 '鬻'인데, 역(鬲) 모양을 회복한 것은 옳은 것이고, '火'자를 생략한 것도 안 되는 것은 아니지만, 윗부분의 두 개의 弓은 오히려 터무니없이 들어간 것이니, 이는 착오의 흔적을 영원히 남긴 것이다. ‘甾’자는 본래 두꺼운 입술을 가진 그릇을 그린 것인데, 후에 從北從田으로 변했다. ‘鼺’자는 원래 일찍이 從甾이고, ‘糞’자는 사람의 머리 위에 甾가 있는 모습인데, ≪설문(說文)≫에는 從北從異로 잘못 되어 있고, 진상(陳常)의 도부(陶釜)에 있는 ‘甾’자는 세 사람 모습으로 아래는 從田으로 바꾸어 썼다. ‘奔’자는 본래 세 개의 발자국을 그린 것인데, 從卉로 잘못 썼다. 從貝인 글자는 후에 종종 從目으로 썼다. ‘俎’자는 본래 도마 위에 고기를 놓은 모습을 본떴는데, ‘宜’자로 잘못 썼다. ‘躲’자는 본래 활을 당겨 화살을 메기는 모습을 본떴는데, 從身으로 잘못 썼다. 이런 예시는 매우 많으며, 만약 우리가 옛 사람들이 이미 잘못했다는 것을 믿지 않는다면 고문자(古文字)를 연구할 방법이 없다. 우리가 이 많은 잘못된 사실들을 보기만 한다면 더 이상 전인(前人)들처럼 그렇게 ≪설문(說文)≫을 맹신하여 진·한(秦·漢)시기의 소전(小篆)으로 글자를 변별하고 속자(俗字)를 바르게 하는 도구로 삼지 않을 것이다.

‘말머리의 사람을 長이라 하고, 사람이 十을 잡고 있는 것을 斗라 한다.(馬頭人爲長, 人持十爲斗)’라고 한 예변(隸變)의 오류는 모든 사람이 아는 바이다. ‘채중낭(蔡中郎)이 豊을 豐으로 동일시하다.(蔡中郎以豊同豐)’와 ≪소학편(小學篇)≫에서 ‘陳’을 ‘陣’으로 바꿨고, ≪자림(字林)≫에서 ‘準’자를 ‘准’으로 바꾼 예시는 와체(譌體)가 도리어 크게 유행한 경우이다. ‘荼’자가 ‘茶’자로 변하고, ‘皁’자가 ‘皀’자로 바뀐 것도 모두 이미 그릇된 것에 익숙해져 그것을 옳게 여긴 경우이다. 자서(字書)의 와체(譌體)와 별체(別體)는 무수히 많으며, 이것은 형체(形體)를 위주로 하는 중국문자의 큰 폐단이다.

허신(許愼)은 ‘오제(五帝), 삼왕(三王)의 긴 시기를 거치면서, 글자체가 다르게 바뀌었다.(五帝三王, 改易殊體)'라고 했는데, 착오(錯誤)는 무심코 하는 것이지만 개역(改易)은 의도적으로 바꾸는 것이다. '甲'자는 '十'자형이 변해서 '由'가 되었으며, 그리하여 '早', '草', '戎', '卓' 등의 글자도 이 현상에 따라서 개역(改易)되었다. '癸'자는 본래 '※'로 썼는데, 從癶從矢聲의 주문(籀文)으로 고쳐 쓴 후에 ≪설문(說文)≫에는 '葵'자만 여전히 本字로 삼았다. '乂'자는 '五'자로 바꿨고, '亖'자는 '四'로 바꿨고, '單'자는 '单'로 바꿨고, '罰'자는 '罸'자로 바꿨고, '刀'는 '刁'로 바꿨고, '沈'자는 '沉'자로 바꿨으니 이런 예시는 많아서 다 들 수가 없다. 안지추가 다음과 같이 말한다.

> 대동(大同) 말기에 訛體字와 代替字가 많이 생겨났다. 소자운(蕭子雲)은 자체(字體)를 바꾸고, 소릉왕(邵陵王)은 와자(譌字)를 자못 유행시켜, 조정과 재야가 모두 이 풍조를 따라서 법으로 삼았다. 호랑이를 그리다가 완성하지 못하여 전체적인 모습이 드러나지 않은 것과 같으니, 그 후 서적들은 거의 이해할 수 없을 정도였다.(大同之末, 訛替滋生. 蕭子雲改易字體, 邵陵王頗興譌字, 朝野翕然, 以爲楷式. 畫虎不成, 多所傷敗, 爾後墳籍, 略不可看.)

소위 와체(譌體)란 "前자 윗부분을 草로 하고, 能자 편방을 長으로 한다.(前上爲草, 能旁作長)"의 부류인데, 대개 '행초(行草)'가 변하여 생겨났으니, 엄격하게 말하면 개역(改易)이라고 할 수 없다.

'문자를 옳고 바르게 한다.(是正文字)'는 본래 문자학자의 일인데, ≪한서(漢書)≫에서 다음과 같이 말한다.

≪창힐편(倉頡篇)≫에는 고자(古字)가 많은데, 세속의 스승들은 그 독법을 몰라, 제(齊)나라의 능히 바르게 읽을 수 있는 사람을 불러, 장창(張敞)으로 하여금 그를 따라 배우게 하였다.(倉頡多古字, 俗師失其讀, 徵齊人能正讀者, 張敞從受之.)

또 ≪두림전(杜林傳)≫에서 다음과 같이 말한다.

두림(杜林)이 문자를 바르게 하는 것은 두업(杜鄴)과 장송(張竦)보다 뛰어났으므로 세인(世人)들이 소학(小學)은 두림(杜林)에서 비롯되었다고 말한다.(其正文字, 過於鄴竦, 故世言小學者由杜公.)

이것은 ≪후한서(後漢書)≫에서 유도(劉陶)와 같은 사람들이 문자(文字)를 시정한다고 할 때 단지 서적을 교감(校勘)한다는 의미와는 다르다. 육조(六朝) 문자의 혼란을 거치면서 학자들은 자주 문자를 옳게 바로잡으려는 시도를 했으며, ≪안씨가훈(顔氏家訓)≫ <서증편(書證篇)>에는 다음과 같이 말한다.

세간의 소학자(小學者)들은 고금(古今)의 글자를 통달하지 못하고 반드시 소전(小篆)에 의거하여 문자를 바르게 한다. ≪이아(爾雅)≫, ≪삼창(三倉)≫, ≪설문(說文)≫이 어찌 창힐(倉頡)의 본뜻을 다 얻었겠는가? 또한 시대에 따라서 감해지고 더해지니, 서로 같음과 다름이 있다. 서진(西晉) 이전의 자서(字書)들이 어찌 다 그릇된 것인가? 단지 체례(體例)를 이루게 하여 마음대로 하지 못하게 할 따름이다. 시비를 고증하는 데는 특히 글자의 없어지고 생겨남을 살펴야 한다. '중니거(仲尼居)' 세 자 중의 두 자는 그릇된 자인데,

≪삼창(三倉)≫에서는 '尼'편방에 '丘'를 더하였고, ≪설문(說文)≫에서는 '尸' 아래에 '几'자를 썼으니 이와 같은 부류를 어떻게 따를 수 있겠는가? 옛날에는 하나의 의미에 두 개의 글자가 없었고, 또 가차자(假借字)가 많아, '中'자를 '仲'으로 삼고, '說'을 '悅'로 삼고, '召'를 '邵'로 삼고, '閒'을 '閑'으로 삼으니 이와 같은 자들은 또한 애써 고칠 필요가 없다. 글자가 잘못된 변화가 있은 후 그 잘못이 비루한 습관이 되었으니 '亂'자의 편방을 '舌'로 쓰고, '揖'은 아래 부분의 '耳'를 쓰지 않고, '鼀'과 '鼉'는 從龜로 쓰고, '奮'과 '奪'은 從雚으로 하고, '席'자 가운데 부분에 '帶'를 쓰고, '惡'자 위에 '西'자를 두고, '鼓'자 밖에는 '皮'를 쓰고, '鑿'자 머리에 '毁'자를 만들고, '離'자는 '禹'자로 짝을 맞추며, '壑'자는 '豁'자로 쓰고, '巫'자는 '經'의 편방을 쓰고, '皐'자는 '澤'자의 편방 '睪'으로 쓴다. '獵'자는 '獦'자로 변하고, '寵'자는 '竉'자로 변하고, '業'자는 왼쪽에 '土'를 더하고, '靈'밑 부분은 '器'를 붙이기도 하고, '率'자는 자체에 '律'음이 있는데, 억지로 고쳐 다르게 하고, '單'자는 자체에 '善'음이 있는데 나누어서 다르게 하니, 이와 같은 부류는 다 밝혀야 한다. 내가 처음 ≪설문(說文)≫을 보았을 때 세상의 속자들을 경박하다고 비웃어 정자(正字)를 따르면 사람들이 알지 못할까 싶고, 속자(俗字)를 따르면 그르칠까 염려하여 이 때문에 글을 쓸 수 없었다. 점차 식견이 넓어지고, 더욱 통변(通變)을 알게 되면서, 이전의 집착에서 반쯤 벗어나게 되었다. 문장을 쓰고 저술할 때는 서로 영향이 적은 것을 택하여 쓰고, 관청의 문서와 세간의 글은 세속의 쓰는 글과 크게 어긋나지 않기를 바랐다.(世間小學者不通古今, 必依小篆, 是正書記. 凡爾雅, 三倉, 說文, 豈能悉得蒼頡本指哉? 亦是隨代損益, 各有同異. 西晉以往字書, 何可

全非，但令體例成就，不爲專輒耳．考校是非，特須消息．至如「仲尼居」三字之中，兩字非體，三倉尼旁益丘，說文尸下施几，如此之類，何由可從．古無二字，又多假借，以中爲仲，以說爲悅，以召爲邵，以閒爲閑，如此之徒，亦不勞改．自有訛謬，過成鄙俗，亂旁爲舌，揖下無耳，黿鼉從龜，奮奪從雚，席中加帶，惡上安西，鼓外設皮，鑿頭生毁，離則配禹，壑乃施豁，巫混經旁，皋分澤片，獵化爲獦，寵變成寵，業左益土，靈底著器，率字自有律音，强改爲別，單字自有善音，輒析成異，如此之類，不可不治．吾昔初看說文，蚩薄世字，從正則懼人不識，隨俗則意嫌其非，略是不得下筆也．所見漸廣，更知通變，救前之執，將欲半焉．若文章著述，猶擇微相影響者行之，官曹文書，世間尺牘，幸不違俗也.)

그는 소전(小篆)을 사용하여 문자를 시정하는 것을 주장하지 않았고, 고금(古今)의 문자를 참작(參酌)하고, 정속(正俗)을 절충할 것을 주장하였다. 당(唐) 이후에 자양학(字樣學)이 성행하였는데, 안원손(顔元孫)은 ≪간록자서(干祿字書)≫에서 다음과 같이 말한다.

만약 항상 ≪설문(說文)≫에 의지한다면 글을 쓰는데 장애가 많을 것이니 마땅히 지나친 것은 버리고 심한 것은 제거하여 경중(輕重)을 알맞게 해야 한다.(若總據說文，便下筆多礙，當去泰去甚，使輕重合宜.)

그래서 그의 책에는 모든 글자를 속(俗), 통(通), 정(正)의 세 가지 종류로 나누었다.

> 소위 '俗'이란, 그의 예가 모두 일천하고, 서적이나 장부, 문서, 안건, 어음이나 처방문과 같이 아언(雅言)과 관련되지 않으며, 써도 또한 괜찮다. 만약 그것을 고칠 수 있다면 가장 좋다고 할 수 있다.(所謂'俗'者, 例皆淺近, 唯籍帳文案, 券契藥方, 非涉雅言, 用亦無爽, 儻能改革, 善不可加.)
>
> 소위 '通'이란, 오랫동안 이어 와서 표(表), 주(奏), 전(箋), 계문(啓), 척독(尺牘), 판상(判狀)에 쓰더라도 비난을 면할 수 있는 글자이다.(所謂'通'者, 相承久遠, 可以施表奏箋啓, 尺牘判狀, 固免詆訶.)
>
> 소위 '正'이란, 근거가 있을 뿐만 아니라, 문장을 저술하고, 대책(對策)과 비문(碑碣)에 쓰더라도 타당한 글자이다.(所謂'正'者, 並有憑據, 可以施著述文章, 對策碑碣, 將爲允當.)

안원손(顏元孫)의 이 말은 안지추(顏之推)의 의도에 가깝다. 그러나 송(宋)대의 장유(張有)의 ≪복고편(復古篇)≫과 청(淸)대의 ≪설문(說文)≫학자들에 이르러서는 또 완전히 소전(小篆)을 위주로 하여 문자를 시정(是正)하려고 했다. ≪설문(說文)≫에는 '巍'자는 있지만 '魏'자는 없어서 '魏'를 쓰지 않은 것이 미담으로 전해지니 이것은 바로 안(顏)씨가 말한 '古今에 통달하지 못한' 소학자이기 때문이다.

≪설문(說文)≫ 자체에는 잘못된 글자가 많이 들어 있으니, '痽'자는 본래 단지 '倠'자로 썼는데, '雁'자와는 같은 글자였다. '戎'자는 본래 從甲이지 않았으며, '皇'자는 본래 從自이지 않았는데, 이런 예시는 아주 많다. 학자들이 만약 이것들을 근거로 문자를 시정(是正)한다면 잘못된 글자들을 더욱 바로 잡지 못할 것이다. 어떤

사람들은 고문자는 마땅히 어떻게 썼을까하고 제멋대로 생각하였는데, 예를 들자면 '易'자는 '日'과 '月'이 '易'으로 되었다고 여겨 '[illegible]'자로 썼고, '貞'자는 고문에서 마땅히 從貝이어서 '[illegible]' 혹은 '[illegible]'자를 만들어 냈다고 하며, 또 '東'자는 '棟'자의 고문으로, 가운데는 마땅히 태극도(太極圖)를 따라야 한다고 말하는 것과 같다. 지금까지 문자를 시정(是正)한 사람들의 견해에서 이런 식의 괴설을 자주 볼 수 있는데, 결국은 괴이한 글자들을 많이 더했을 뿐이다.

갑골문(甲骨文)의 복사(卜辭) 중 현재 볼 수 있는 것으로는 3천개 가량의 다른 글자들이 있고, 게다가 항상 새로운 자료가 증가하여서 우리는 그 당시의 문자가 결코 이 숫자에 그치지 않을 것이라고 짐작하는데, 왜냐하면 틀림없이 많은 글자들이 복사(卜辭)에서 쓰일 기회가 없었기 때문이다. 설령 이미 본 자료라도 갑골(甲骨)이든지 청동기(青銅器)든지 간에 어쨌든 많은 문자들이 현재는 존재하지 않고, 자서(字書)에서 찾을 수 없는데 예를 들면 복사(卜辭)에 자주 보이는 나라 이름인 '[illegible]'(이전에는 '猶'자로 오독했다.), 금문(金文)에서 자주 보이는 '[illegible]'(이전에는 '熊'자로 오독했다.) 이다. 그래서 우리는 그 당시에 통용된 문자의 수량은 후대보다 적지 않을 것으로 추측한다.

한 시대에는 그 시대의 문자가 있는데, 어떤 글자들은 천천히 사라졌고, 또 어떤 글자들은 점차 생겨났다. 그러나 글자의 수량은 큰 차이가 날 수 없다. 이사(李斯)가 ≪창힐(倉頡)≫ 7장을 지었고, 조고(趙高)가 ≪원력(爰歷)≫ 6장을 지었고, 호모경(胡毋敬)이 ≪박학(博學)≫ 7장을 지었는데, 각각 천 자를 넘지 않은 것은 모두 아이들을 가르치기 위한 것이기 때문이다. 그러므로 후세에 서당에서는 모두 천자문(千字文)을 식자(識字)의 기초로 삼았다. (최실([崔實]의 ≪사민월령(四民月令)≫에서 말하길, '아이에게 소학에 들어가 편장(篇章)을 배우게 하였다.' 편장(篇章)은 '육갑(六甲), 구구(九九), ≪급취(急就)≫, ≪삼창(三倉)≫의 종류이다.' 육갑(六甲)은 서법에 관한 책이고, 구구(九九)는 수를 익히는 책이고, ≪급취(急就)≫와 ≪삼창(三倉)≫은 식자(識字)를 위한 책이다. 양무제(梁武帝)의 ≪답도홍경서(答陶弘景書)≫에서는 '내가 어려서부터 일찍이 갑자(甲子)를 다 익히지 않고, 더욱이 문장을 논하지 않은 지경에 이르렀다.(吾少來乃至不嘗畵甲子, 無論於篇紙)' 이에 갑자(甲子)는 단지 글자를 익히는 것이고, 글자를 인식하는 것이 아니라는 것을 알 수 있다. 갑자(甲子)는 모두 22자이니, 총명한 아이들은 하루 만에 다 익힐 수 있다. 그러나 네모난 글자를 인식할 수 있는 아이라면 한두 달 안에 5·600자를 기억하는 것은 문제가 되지 않는다.) 결코 진(秦)대 문자에만 이런 것이 있는 것은 아니다.

한(漢)나라에 이르러 민간에서 글을 가르치는 스승들이 ≪창힐(倉頡)≫3편을 합하면서 60자를 끊어 1장으로 삼아 55장의 3,300자를 만들었는데 그중에는 또 중복된 것도 보인다. 사유(史游)의 ≪급취편(急就篇)≫은 아직 현존하며, 31장의 2,034자이고, 복자(複字)도 있다. 원시(元始) 연간에 양웅(揚雄)이 ≪창힐(倉頡)≫을 이어서 ≪훈찬편(訓纂篇)≫을 지으면서, 또한 ≪창힐(倉頡)≫의 중복된 글자를 없애버려서 모두 89장의 5,340개의 서로 다른 글자가 있다. 허숙중(許叔重)이 '많은 책에 기록된 글자들을 대략 보존하였다.(羣書所載, 略存之矣)'라고 하였고, 반고(班固)가 또 780자를 더하였고, '육예(六藝)의 많은 책들에 기록된 글자는 대략 갖추었다.(六藝羣書,

所載略備矣)'라고 하였다. 이에 그 당시에 통용된 글자는 6,000자쯤 되었다는 것을 알 수 있다.

장회관(張懷瓘)의 ≪서단(書斷)≫에서 다음과 같이 말한다.

> 화제(和帝) 영초(永初) 연간에 (마땅히 '永元'이라고 해야 할 것 같다.) 가방(賈魴)이 또 이자(異字)를 만들면서, 반고(班固)가 이은 '장(章)'을 취하여 넓혀서 34장을 만들었으며, ≪훈찬(訓纂)≫의 마지막 자를 사용하여 편명으로 삼아 ≪방희편(滂喜篇)≫이라 하였으니, 비가 쏟아져 내리는 듯 많은 글자를 모았다고 할 수 있으며, 전부 123장이고, 문자가 갖추어졌다.(和帝英初中, (似當作永元中), 賈魴又撰異字, 取固所續章而廣之, 爲三十四章, 用訓纂之末字以爲篇目, 故曰≪滂喜篇≫. 言滂沱大盛, 凡百二十三章, 文字備矣.)

≪수서경적지(隋書經籍志)≫에서 다음과 같이 말한다.

> ≪삼창(三倉)≫ 삼권을 곽박(郭璞)이 주하기를, 진(秦)의 재상(宰相) 이사(李斯)가 ≪창힐편(倉頡篇)≫을 지었고, 한(漢)의 양웅(揚雄)이 ≪훈찬편(訓纂篇)≫을 지었으며, 후한의 가방(賈魴)이 ≪방희편(滂喜篇)≫을 지었으므로 ≪삼창(三倉)≫이라 부른다.(三倉三卷, 郭璞注. 秦相李斯作倉頡篇, 漢揚雄作訓纂篇, 後漢賈魴作滂喜篇, 故曰三倉.)

유원위(庾元威)의 ≪논서(論書)≫에서 다음과 같이 말한다.

……55장이 ≪삼창≫ 상권이 되며, 애제(哀帝) 원가(元嘉) 연간에 양웅(揚雄)이 ≪훈찬편(訓纂篇)≫을 지었는데 마지막 글자 '방희(滂喜)'까지 수록한 것을 중권으로 삼고, 화제(和帝) 영원(永元) 연간에 가승낭(賈升郎)이 다시 이어서 '彦(盤音)均(언[반음]균)'까지 수록하였는데 이것이 하권이 된다. 모두 記자가 있는데, 이것은 관원의 손에 의해 나왔다는 것을 말하며, 그래서 사람들이 '삼창(三倉)'이라 칭한 것이다. 무릇 ≪창힐(倉頡)≫과 ≪이아(爾雅)≫의 학문은 유생과 박사들이 널리 존숭하는 바이고, 곽박(郭璞)이 주해한 이후 더욱더 숭상하게 되었다.(……五十五章爲三倉上卷，至哀帝元嘉中，揚子雲作訓纂記滂喜爲中卷，和帝永元中，賈升郎更續記彦（盤音）均爲下卷，皆是記字，字出衙人，故人稱爲三倉也. 夫倉雅之學，儒博所宗，自景純注解，轉加敦尙.)

앞의 두 설은 언뜻 보기에 같지 않은 듯하지만, 가방(賈魴)의 ≪방희편(滂喜篇)≫은 이미 ≪훈찬(訓纂)≫의 끝 자를 취하였으니, 유원위(庾元威)의 소위 '양자운이 ≪훈찬(訓纂)≫을 지었는데 ≪방희편(滂喜篇)≫까지 수록한 것을 중편으로 삼았다.(揚子雲作≪訓纂≫記滂喜爲中卷)'라는 것은 여전히 단지 ≪훈찬편(訓纂篇)≫을 중권(中卷)으로 삼을 뿐이고, (記字는 아마도 訖字의 잘못일 것이다.) 가승낭(賈升郎)은 아마도 가방(賈魴)의 호(號)인 듯 하고, ≪언균편(彦均篇)≫은 아마 가방(賈魴) 본인이 지은 것이며, 반고(班固)가 지은 ≪태갑편(太甲篇)≫, ≪재석편(在昔篇)≫과 비슷하고, 후대 사람이 ≪삼창(三倉)≫하권으로 병합하여 구별할 수 없게 되어, ≪훈찬(訓纂)≫끝의 방희(滂喜) 두 글자를 가지고 34장의 총칭으로 삼았다.

유원위(庾元威)는 또 다음과 같이 말한다.

> 허신은 가씨(賈氏)의 작품을 천착하여 ≪설문(說文)≫을 지었는데, 조산(曹産)은 허신의 ≪설문(說文)≫을 확장하여 ≪자원(字苑)≫을 만들었다. ≪설문(說文)≫은 형(形)과 성(聲)을 다 열거하였고, ≪자원(字苑)≫은 글자의 분류가 자세히 되어 있다. ……또한 서문(書文)을 반대로 하고, 초목(草木)과 같은 것을 부수로 하여 모두 567부의 15,915개 글자를 수록했다.(許愼穿鑿賈氏, 乃奏≪說文≫曹産開拓許侯, 爰成≪字苑≫. ≪說文≫則形聲具擧, ≪字苑≫則品類周悉.……且書文一反, 草木相從, 凡五百六十七部, 合一万五千九百一十五字.)

≪삼창(三倉)≫에 기록된 것은 123장의 모두 7,380자였지만, 지금의 ≪설문(說文)≫의 서(敍)에 따르면 '9,353개 문(文), 1,163개 중자(重字)'가 있으니 모두 10,516자이니, ≪삼창(三倉)≫보다 3,136자가 더 수록되어 있기 때문에 '허신이 가씨(賈氏)의 것을 천착하였다 (許愼穿鑿賈氏)'라고 말하였다. 진(晉) 나라 여침(呂忱)의 ≪자림(字林)≫은 봉연(封演)의 ≪문견기(聞見記)≫에 근거하면 12,824자 이며, 후위(後魏)의 양승경(陽承慶)이 편찬한 ≪자통(字統)≫은 13,734자이며, 조산(曹産)의 ≪자원(字苑)≫(수지고금자원(隋志古今字苑)10권, 조후언(曹侯彦)이 저술함)은 15,915자이며, 고야왕(顧野王)의 ≪옥편(玉篇)≫은 16,917자이며, ≪금본옥편(今本玉篇)≫에 이르면 22,700자가 넘게 되며, 다시 사마광(司馬光)의 ≪유편(類篇)≫은 31,319자이며, ≪강희자전(康熙字典)≫은 47,021자이다.

자서(字書)를 만드는 사람들은 항상 많을수록 더 좋다고 여겨 고자(古字), 폐자(廢字), 속자(俗子), 오자(誤字)나 사용한 적인 없던 글자, 완전히 제멋대로 만들어 낸 글자를 막론하고 모두 한 데 모았으니 시대가 늦을수록 글자 수는 더욱 많아진 것이다. 하지만 ≪설문(說文)≫의 1만여 글자 중에는 대부분이 쓸모없는 글자라는 것을 알 수 있다. 우리는 지금 ≪강희자전(康熙字典)≫보다 몇 만 글자를 더 더한 새 자전 한 권을 수집해 낼 수 있으나 일상생활에서 사용하는 것은 늘 5·6천 자일뿐이다.

많은 글자들이 이전 시대에는 성행했다가 시대가 지남에 따라 도태되었고, 현재는 이미 폐기된 글자가 되었다. 어떤 글자들은 기원이 비록 매우 늦고, 학자의 관점으로는 속자(俗字)이지만, 예를 들면 '茶', '花', '打', '抛', '這', '們' 등의 글자는 자연스런 선택 중에 남겨졌고, 가장 상용하는 글자가 되었다.

도태와 선택은 중국문자의 역사에서 일찍이 끊임없이 발전을 해왔다. 우리는 또 쓸모가 없는 문자를 가능한 한 도태시킬 수 있고, 몇몇 중요한 문자를 선택하고 남겨서 가장 적은 문자를 사용하여 모든 사상이나 말을 기록하고 또 포괄하는 도구로 삼을 수 있는데, 중국문자는 이렇게 할 수 있을 것이라고 믿는다.

문자의 변혁

二十五 고문자(古文字) (은상계[殷商系]·양주계[兩周系]·육국계[六國系])

상(商) 이전 문자는 지금까지 줄곧 우리가 본적이 없으며, 구루비(岣嶁碑)는 가짜이고, 홍애(紅崖)에 그려진 것은 화족문자(華族文字)와는 아마도 어떠한 관계가 없을 것이다. 감숙(甘肅)에서 출토된 도기는 몇 가지 점에 있어 매우 오래된 화족문자의 방계일 수 있으나 현재 볼 수 있는 자료가 너무 적은 것이 안타깝다. 은상(殷商)문자는 이미 형성문자이며, 우리들은 은상시대 훨씬 이전에 일찍이 문자가 생성되었다는 것을 상상할 수 있으나, 상대의 문자에 대해 우리가 실제로 증명할 수 있는 것은 단지 반경(盤庚) 이후이다.

현재 우리가 볼 수 있는 은상문자는 주로 갑골 복사와 청동기 명각(銘刻)이다. 갑골에는 쓴 것도 있고, 또한 새긴 것도 있으며, 새긴 후에 붉게 칠한 것도 있다. 또한 뼈로 만든 기구(器具)인 '柶', 사슴뿔로 제작한 기물의 각사(刻辭), 짐승 머리 위의 각사(刻辭)가 있다. 청동기문자는 모두 주조한 것이며 양문(陽文)과 음문(陰文)의 구별이 있다. 그 밖에 약간의 옥기(玉器), 석기(石器)와 도기(陶器) 위의 글자는 모두 새긴 것이나, 옥기(玉器) 위에 글자가 쓰인 예도 하나 있다. 또한 뼈로 만든 숟가락과 약간의 병기(兵器)는 모두 새긴 후에 터키석(錄松石)을 상감했다.

복사(卜辭)의 자료는 비교적 많으며 학자들은 이미 시기를 구분하여 연구를 진행했다. 무정(武丁)시대의 많은 웅장하고 가지런한 서법(書法)에서 제신(帝辛)시대의 기장처럼 작은 문자에 이르기까지 사람들이 익히 아는 바이다. '王'자는 초기에는 '太'자였으나 위쪽 한 획은 후에 더해진 것이다. 우리는 비록 그 시기의 제왕이 갑자기 모자를 쓰려고 했다는 이 신기한 이야기를 믿을 수 없지만 이 한 획의 증가는 결국 시대를 나누는 경계로 삼을 수 있다. 그 밖의 문자도 우리들은 종종 형태로부터 어떤 시기에 속하는 것인지를 알 수 있다.

청동기 명각(銘刻)은 복사(卜辭)만큼 그렇게 분명하지 않다. 씨족의 표지와 관련된 문자들은 종종 매우 오래된 그림문사이며, 아주 오랜 사회로부터 전해 내려온 것이지만, 우리들은 정확하게 그것들의 시대를 단정 지을 수는 없다. 왜냐하면 이러한 옛 서법은 줄곧 주(周) 초기에까지 여전히 존재하였으며 우리들이 상나라 기물에 새겨진 명사(銘辭)로부터 미루어 단정할 수 있는 시대는 이미 상나라 말기부터 이기 때문이다.

복사는 서법에 있어서 특수한 의미를 지니는데 그것은 계각(契刻)때문이며, 서사(書寫)로 말미암은 것은 아니다. 청동기의 서법은 매우 많은 형식으로 나눌 수 있으며 네모나고 날카로운 것과 둥글고 부드러운 것도 있다. 그러나 아쉽게도 우리들은 그것들의 시대의 선후와 지역의 분포에 대하여 아직 정확하게 알 수는 없다.

양주계(兩周系)의 주요 재료는 여전히 청동기이다. 주 초기의 명각은 명백하게 상대의 것을 계승한 것이며 후에 점점 가지런해지고 더욱 웅장해졌다. 강왕(康王)때 우정(盂鼎)과 같은 이러한 중요한 청동기는 몇 백 글자로 이루어진 한 편의 국가 정책을 고시하는 긴 글이다. 서주문자(西周文字)는 거의 매 왕조마다 그다지 같지 않고 게다가 생전에 불린 왕의 호칭과 '소왕(昭王)이 초(楚)나라와 형(荊)나라를 정벌한다.'는 등의 많은 역사적 사실이 있어 우리들은 몇몇 시기의 표준이 되는 대표적인 청동기를 찾을 수 있다. 수사(修辭)나 문자에 있어 초기와 말기의 차이가 매우 뚜렷하니 예를 들어 '貝'자는 초기에는 상대(商代)의 글자와 가까웠으나 어떤 조가비의 형상은 후에 目자 아래 두개의 필획을 드리운 것으로 변했다.

문자의 변천은 짧은 시기에 쉽게 관찰할 수 없지만, 상(商) 문자와 주(周) 문자는 같지 않다. 주(周)초기 문자와 여(厲)왕, 선(宣)왕 시기의 문자 또한 같지 않으니, 여(厲)왕 때의 극정(克鼎)은 이미 네모난 모양의 전서(篆書)이다. 산반(散盤)의 서법(書法)은 비록 같지 않으나 행관(行款)은 매우 가지런하다. 괵계자백반(虢季子白盤)의 서법은 그야말로 사람들로 하여금 종주(宗周) 시대의 것이 아닌가 라고 의심하게 한다.

춘추 이후 왕실의 세력이 쇠락하여 각 제후국은 모두 각기 자국의 문화를 발전시켰으며, 진나라가 여전히 서주의 문자를 계승하였고, 또한 북방의 대국인 제(齊)와 진(晉), 남방의 서(徐)와 초(楚)는 모두 매우 높은 수준의 문자 문화를 가졌다. 그리고 괵(虢), 정(鄭), 노(魯), 위(衛), 진(陳), 송(宋), 주(邾), 여(莒), 등(藤), 설(薛) 등의 국가들도 거의 모두 각자의 문자를 가졌고, 최후에는 오(吳)나라와 월(越)나라까지도 문자 문화를 가진 국가로 발전하였다.

춘추시기에 제(齊)나라 문자와 서(徐)나라 문자는 모두 독특한 풍조를 이끄는데 앞장섰으며, 초(楚)나라 문자도 자체의 웅장한 풍격을 가지고 있었다. 오(吳), 월(越)과 진(晉)나라는 모두 나중에 흥성했는데 그때 성행한 조충전(鳥蟲篆), 기자(奇字)와 착금서(錯金書)는 모두 이 세 나라의 것이다.

육국계(六國系)의 문자는 양주(兩周)와 비교해서 더욱 풍부해졌다. 재료의 측면에서 보자면 청동기 또한 여전히 적지 않으며 낙양금촌(洛陽金村), 안휘수현(安徽壽縣)에서 대량으로 출토되었다. 병기(兵器)는 육국 기물의 핵심이며, 부절(符節)은 이 시기에 새로 나온 것이다. 멀리 상대에 이미 있었던 청동기 위에 새겨 있는 거푸집의 휘장은 현재 소새(小璽)로 변했고, 공적으로나 사적으로 모두 사용하게 되어, 일종의 새인(璽印)문자가 되었다. 제(齊)나라와 연(燕)나라의 도기 장인들은 때로는 도기(陶器)위에 도장을 찍었고 때로는 몇 글자를 새겼으니 이것이 도기문자가 되었다. 화폐는 이 시기에 성행하기 시작하였으며, 삼진(三晉)은 '布'를 연(燕)과 제(齊)는 '貨'를 사용하였는데 소위 '刀'라고 하며, 楚나라에는 '爰'을 사용하였는데 이것은 조개를 모방한 돈으로, 소위 의비(蟻鼻)라고 하며, 최후에는 또한 둥근 돈(圓錢)이 있었으니 전적으로 이런 돈 위에 쓰인 화폐문자가 있었다. 그 밖에 몇 가지 낱개의 은기(銀器), 옥기(玉器), 석기(石器) 등도 있었다.

금석(金石)으로 만든 반우(盤盂)는 모두 필요에 의해 만든 것인데 진정한 고대의 문자 문화는 마땅히 대나무나 비단에 기록했을 것이다. 그러나 애석하게도 대나무나 비단은 쉽게 부패되어서 역사적으로 한(漢)나라의 공벽(孔壁)과 진(晉) 초기의 급총(汲冢)에서 죽간이 두 차례 대량으로 발견된 것을 제외하고는 모두 소량으로 발견되었다. 당대(唐代) 이후에는 그야말로 흔적이 끊겼다. 공벽(孔壁)의 죽간은 소위 고문경(古文經)이며, 급총(汲冢)의 죽간에는 ≪기년(紀年)≫과 ≪목천자전(穆天子傳)≫이 있다. 근래에 의고(擬古) 학자들은 종종 고문경을 믿지 않지만 최근 장사(長沙)에서 발견된 초나라의 유물 중에는 대량의 칠기(漆器) 외에 帛書(백서)가 있었는데 그 위에 채색된 그림이 있었고 또한 장편의 문자가 있어 마침내 우리에게 믿을만한 자료를 제공해 주었다. 북경대학은 장사(長沙)에서 출토된 칠(漆)로 쓴 띠고리를 획득하여 칠로 글을 쓴 사실을 증명했다. 長沙에서 발견된 것은 초나라의 문자이고, 급총(汲冢)은 양(梁)의 문자이며, 공벽(孔壁)은 노(魯)나라 문자인데 한나라 사람들은 공벽에서 발견된 전국시기 말기 사람들이 썼던 경서를 공자의 필적으로 오인하였고, 또한 공자가 쓴 것이 반드시 원시고문이라고 단정하고 고문경(古文經)을 추존하는 정도가 너무 지나쳐 문자 발생 시기를 가늠하기가 어려워졌다. 그들이 칠을 사용하여 써낸 머리가 두껍고 꼬리가 가는 글자를 과두서(科斗書)라 칭하여 이것은 서체의 한 종류가 되었다. 일부분은 ≪설문(說文)≫과 삼체석경(三體石經)안에 보존되어 있다.

육국문자는 지방 색채가 매우 농후하여 당시 사람들로 하여금 문자를 통일하려는 이상을 갖게 하였다. 그러나 도안화된 문자를 제외하고 일반적으로 하나의 공통된 추세가 있는데 그것은 바로 간화(簡化)이다. 칼로 새긴 것은 필획이 엉성해지기 쉽고 칠을 사용하여 쓴 것은 굵고 가늠의 제약을 받았기 때문에 점차 예서(隸書)가 생겨나는 실마리를 제공했다.

二十六 대전(大篆)·소전(小篆)·팔체(八體)·육서(六書)·잡체전(雜體篆, 진계[秦系]·한 이후의 전서[篆書])

진계(秦系)문자는 서주(西周)의 글자체를 바로 이었고, 진(秦) 민족은 이미 주나라 땅에 거하여 자연스럽게 주(周)의 문화를 계승하였다. 송(宋) 시기에 출토된 진공종(秦公鐘), 근대에 출토된 진공궤(秦公簋)는 춘추 후기의 진경공(秦景公)때(기원전 576~537) 주조된 것이며 여왕(厲王)과 선왕(宣王) 시기와 약 300년의 차이가 나지만 문자는 일맥상통하고 단지 약간 가지런해졌을 뿐이다. 진공궤(秦公簋)의 틀(範)에 명사(銘辭)부분은 마치 하나하나 활자를 사용해서 찍어 넣은 것 같다. 이것을 극정(克鼎) 위의 네모로 쓴 것과 비교하면 또한 하나의 새로운 작풍(作風)이다.

자료를 보면 진계(秦系)문자는 결코 육국(六國)만큼 풍부하지 않으니 도기나 화폐 등의 자료를 본적이 없고 호부(虎符)는 천하를 병합하려 할 때 비로소 생긴 것이며, 도량형은 비교적 발달되었고, 조서(詔書)가 새겨진 와량(瓦量), 문자가 있는 와당(瓦當)은 모두 늦게 생겨났다. 화폐는 아마도 원전(圓錢)만 있었고, 사새(私鉩)는 진나라 방식이 있었는지 여부를 분별하기는 어렵다. 전해 내려오는 약간의 옥새(玉璽)는 조충서를 사용한 것이다. 단지 석각만이 이 진계(秦系) 문자의 독특한 점인데, (단산각석[壇山刻石]과 공자가 쓴 계찰묘[季劄墓]의 제문은 후세에 위작된 것임) 지름이 두 치(二寸) 이상인 문자로, 각 편이 모두 70 여자가 있는 장편의 시로 모두 열 개의 석고(石鼓)가 있다. (이것은 속명[俗名]이고 마땅히 옹읍[雍邑]각석으로 칭해야 한다.) 이것은 일찍이 없었던 위대한 업적이라 할 수 있다.

이것은 역사상 가장 빛나는 각석으로, 수(隨)나라 시기 천흥현(天興縣)의 삼치원(三畤原)에서 발견된 이후 서법가들은 이 자체(字體)를 감상하고 문학가들은 이 석고문의 옛 자취를 읊고 주석을 달아

변증하여 하나의 큰 책으로 모을 수 있었다. 그러나 이 각석의 시대에 대한 정해진 결론은 거의 없다. 막 출토되었을 때, 사람들은 그것의 자체(字體)가 ≪사주편(史籒篇)≫에 근접하여 사주(史籒)가 쓴 것으로 여겼고 또한 사주가 주나라 선왕(宣王)때의 태사(太史)로 전해져 주 선왕 때 것으로 단정하였다. 정초(鄭樵)에 이르러서야 문자를 보고 그것이 진나라 각석임을 증명하였다. 그러나 마정국(馬定國) 등은 또 그것을 후주(後周)의 것이라고 단정하였고, 근대에 이르러서도 의견이 여전히 분분하다. 고문자학이 발전한 이후 진나라 때 새긴 석각으로 여기는 것은 큰 문제가 되지 않고 게다가 출토된 지점 또한 본래 진나라 땅이다. 단지 연대에 대한 논쟁이 있는데 진균(震鈞), 나진옥(羅振玉), 마서윤(馬敘倫) 등은 문공(文公)(기원전 765~716) 때라고 주장하고, 마형(馬衡)은 목공(穆公)(기원전 650~621) 때라고 주장하며, 곽말약(郭沫若)은 양공(襄公)(기원전 777~766) 때라고 주장하였으며, 마서윤(馬敘倫)과 곽말약(郭沫若)은 여러 차례 논박하였다. 나는 처음부터 이 양공과 문공의 두 연대를 믿지 않았는데, ≪사기(史記)≫에 근거하면 문공 13년에 '처음으로 사건을 기록한 역사가 있었다.'하고, ≪여씨춘추·음초편(呂氏春秋·音初篇)≫에 근거하면 진(秦) 목공(穆公) 때 비로소 ≪진풍(秦風)≫이 있었다고 하니, 멀리 양공과 문공 때 이미 이러한 석고문과 같은 시편(詩篇)이 있었다는 것은 맞지 않다. 그리고 석고문의 서법을 보아도 결코 춘추시대 초기의 작품은 아니다.

최근에 이르러 나는 비로소 하나의 원칙을 발견했다. 청동기에서 '짐(朕)'자를 사용할 때는 '오(吾)'자를 대명사로 쓰지 않았으며, '오(吾)'자를 쓸 때는 '짐(朕)'자를 쓰지 않았기 때문에 '짐(朕)'자는 앞 시기에 쓰인 것이며, '오(吾)'자는 늦은 시기에 쓰인 것임을 알 수 있다. 진(秦) 경공(景公)(기원전 576~537) 때 진공종(秦公鐘), 진공궤(秦公簋)는 모두 여전히 '짐(朕)'자를 사용하고, 혜문왕(惠文王) 때(기원전 318년 오국이 진나라를 공격한 후)의 저초문(詛楚文)은 오히려 '오(俉)'자를 사용하고, 석고문은 '避', '余', '我'의 세 자를 사용하였으며, '짐(朕)'자를 사용하지 않았다. 그러므로 석고문은 마땅히 경공(景公) 이후의 것이며 저초문(詛楚文)과 근접할 것이다. 왜냐하면 진(秦) 민족이 춘추 초기에 '오(吾)'자를 사용하고 춘추 후기에 '짐(朕)'자를 사용했다고 한다면 전국 시기 중엽에 다시 '오(吾)'자를 사용했다는 것은 불가능하기 때문이다.

석고문이 출토된 곳이 삼치원(三畤原)이기 때문에 '오거석(吾車石)'에서 말한 '卽遫卽時'의 '時'자는 바로 '畤'자이다. 그러므로 나 또한 이것은 원래 제터(畤)의 각석이라고 믿고 있다. 현재 양공이나 문공이라고 말하는 것은 가능하지 않을 뿐 아니라 삼치원(三畤原)에 문공의 부치(鄜畤) 외에 영공(靈工)의 오양상치(吳陽上畤), 오양하치(吳陽下畤)가 있으니, 그러므로 나는 이것이 영공 시기의 작품이라고 여기며, 영공(靈工) 삼년에 상하치(上下畤)를 만들었으니 그 때는 기원전 422년이다.

현재 우리들은 석고문의 서법을 연구할 수 있으니 그것은 분명하게 진공궤(秦公簋)보다 더욱 가지런하다. 이 석고문은 우리가 보통 말하는 옥저전(玉箸篆)의 최초의 모습이라고 할 수 있다. ≪서단(書斷)≫에 다음과 같이 말한다.

이에 고문의 새로운 서체를 열어 그 세세함과 예리함을 펼쳤으나,

다만 꺾고 곧고 굳세고 빠름은 쇠를 새기는 것 같고, 단아한 자태와 결의 아름다움은 또한 예쁘고 윤택함이 있다. 만약 시경과 비교하면 아(雅)와 송(頌)의 작품이다.(乃開闔古文, 暢其戚銳, 但折直勁迅, 有如鏤鐵, 而端姿旁逸, 又婉潤焉. 若取於詩人, 則雅頌之作也.)

그러나 다른 관점에서 말하자면 적기년(翟耆年)의 ≪주사(籀史)≫는 다음과 같이 말한다.

전서의 행필은 마땅히 행해야 하는 곳에 행하고, 그쳐야 하는 곳에 그쳐야 하는데, 지금은 그 필획의 위치가 막히고 어색하며, 긴 것은 짧게 하고 짧은 것은 당겨 힘써 대칭을 이루려고 하니 예를 들면 '유(柳)', '백(帛)', '군(君)', '서(庶)'자이다. 뜻은 이미 다하나 필은 여전히 움직이니 예를 들면 '이(以)', '가(可)'자이다.……기물의 관지에 새겨진 '추(隹)'자로 석고에 새겨진 '유하(惟何)'와 '유리(惟鯉)'의 유(惟)자를 참고하여 보면 차이를 확연하게 알 수 있다. 무릇 그 자획이 삼대의 순박한 옛 기풍이 없으니 나는 이렇게 말한 것이다. (篆書行筆當行於所當行, 止於所不當止, 今位置窘澀, 促長引短, 務欲取稱, 如 '柳', '帛', '君', '庶'字是也. 意已盡而筆尚行, 如 '以', '可'字是也.……以器款'隹'字參鼓刻'惟何''惟鯉'之惟, 則曉然可見矣. 蓋字畫無三代醇古之氣, 吾是以云.)

우리들은 단지 진공궤(秦公簋)와 석고문 속의 같은 글자인 '수(帥)' 와 '조(竈) 등을 대조하여 보면 궤문(簋文)은 자연스럽지만 석고문은 경직되고 생기가 없으니 어떤 문자가 늦게 출현했는지를 쉽게 알 수 있다.

≪한서·예문지(漢書·藝文志)≫에 ≪사주(史籒)≫15편을 기재하고 있는데 '주 선왕 때 태사가 대전 15편을 지었고 건무 때 6편이 없어졌다.(周宣王太史作大篆十五篇, 建武時亡六篇矣.'라고 주(注)하였다. 서록(敍錄)에서 또 '≪사주편(史籒篇)≫은 주나라 때 사관이 아이들을 가르치는 책이고 공자벽중고문과는 다른 자체이다.(史籒篇者, 周時史官教學童書也, 與孔氏壁中古文異體.)'라고 말하였다. 우리들은 비록 ≪사주편(史籒篇)≫을 볼 수 없지만, ≪설문(說文)≫에 아직 몇 백자가 보존되어 있으니 이것은 지극히 번잡한 문자로서 서주 여왕·선왕시기의 문자와는 다르다. 그러나 춘추 시기에서 전국 초기까지의 청동기 문자와는 오히려 매우 가까우며 진공궤(秦公簋)와 석고문도 모두 이 계열에 속한다. 왕정안(王靜安)선생이 이것을 서토문자(西土文字)라고 여겼는데 이는 물론 이유가 있었다. 그러나 그는 ≪사주(史籒)≫의 편명은 '태사주서(太史籒書)'의 두 글자를 취하여 만들었다고 여기고, 인명(人名)이 아니라고 간주한 것은 공상에 가까우며 전혀 근거가 없는 것이다. ≪한서·고금인표(漢書·古今人表)≫에 사류(史留)가 있는데, 주수창(周壽昌)은 바로 이것이 사주(史籒)라고 간주하고, 왕선겸(王先謙)은 주 씨의 말에 동의하여 '표(表)에 나타난 시대가 약간 뒤'라고 여겼다. 사실 <고금인표(古今人表)>에서 사류(史留)를 춘추전국시기 사이에 집어넣은 것은 바로≪史籒篇≫의 정확한 시대이다. 나는 <예문지(藝文志)>의 주석에서 주 선왕(宣王)은 마땅히 주 원왕(元王)이며, '원(元)'과 '선(宣)'의 음이 가까워 잘못 여겨진 것이라 의심하였다.(기원전 476~469) 후대에 무릇 선왕이라고 말하는 사람들은 이 오자(誤字)의 영향을 받았으며 단지 이 글자만 고치면 사류(史留)는 사

주(史籒)를 가리키기 때문에 모든 문제는 쉽게 풀린다.

결론적으로 춘추 시기부터 전국 초기의 문자는 우리가 말하는 대전(大篆)이다. ≪사주편(史籒篇)≫은 대전의 한 종류일 뿐이다. 진계문자는 경공 시기의 진공궤(秦公簋)(기원전 576)로부터 영공 때의 오양상하치(吳陽上下畤)(기원전 422)각석까지 백여 년의 기간인데 문자는 모두 동일한 계통이다. 그러나 이로부터 다시 78년이 지난 효공 18년에 이르러 상앙이 만든 량(量)과 창 위의 각명(刻銘)은 그 서법의 체세(體勢)가 상당히 다르다. 상앙의 서법은 섬세하고 힘이 있어서 혹자는 계각(鍥刻)과 관계가 있다고 하지만 필획이 상당히 간단해져 육국문자와 근접하며 소전(小篆)의 서풍(書風)이 시작되었다. 그해 이후 다시 26년이 지나서 (기원전 318), 오국(五國)이 진(秦)을 공격할 때 비로소 저초문(詛楚文)이 있게 되었는데 이 저초문은 육국문자, 소전과 근접하며 여불위(呂不韋) 창에 새겨진 글도 모두 이러하다.

신처(新郪), 양성(陽城)의 두 호부(虎符)도 이미 완전한 소전이다. 양성부(陽城符)에 '右在皇帝, 左在陽陵'이라고 하니 이미 천하를 병합한 이후임을 알 수 있다. 그러나 신처부(新郪符)는 도리어 '右在王'이라고 하니, 왕정안(王靜安)선생은 이 호부(虎符)가 진이 천하를 병합하기 이삼십년 전의 물건이라고 말하였는데 내가 고찰한 바로는 진시황 17년에 한나라가 설치한 영천군(潁川郡)을 멸한 이후 26년에 황제라고 칭하기 이전 이 십년 사이(기원전 230~221)에 아마도 막 영천군(潁川郡)을 설치할 때 새롭게 제작한 것이니 이때는 이사(李斯)가 벌써 권력을 장악했던 때이다.

소전(小篆)은 지금까지 전해 내려 온 이야기에서 모두 이사가 처음 만들었다고 추측하나 반고(班固)는 ≪창힐(倉頡)≫, ≪원력(爰曆)≫, ≪박학(博學)≫ 세 편에서 다음과 같이 말한다.

> 문자는 대부분 ≪사주편≫에서 취한 것으로, 전체(篆體)와는 자못 다르니 소위 진전(秦篆)이다.(文字多取史籒篇, 而篆體複頗異, 所謂秦篆者也.)

허신은 다음과 같이 말한다.

> 모두 ≪사주편≫의 대전을 취하였고, 혹 자못 줄이거나 고쳤으니 소위 소전이다.(皆取史籒大篆, 或頗省改, 所謂小篆者也.)

후에 양흔(羊欣)의 ≪채고래능서인명(采古來能書人名)≫에는 이사, 조고가 있는데 대전에 뛰어난 사람이라 말한다. 왕음(王愔)의 ≪문자지(文字志)≫에도 이사(李斯) 외에 조고(趙高), 호모경(胡毋敬) 세 사람이 있었다. 우리들은 비록 ≪창힐편(倉頡篇)≫ 등의 자서(字書) 때문에 소전(小篆)을 창시한 사람을 이 세 사람에게 돌릴 필요는 없지만, 소전은 확실히 의식적으로 생략하거나 고친 과정을 거쳤고, 또한 확실히 이 시기에 있었다는 것은 확정할 수 있다. 당(唐) 이전 사람들은 진나라 역산비(嶧山碑)를 숭배하였는데, 그 석본(石本)이 훼손된 이후에도 그 목각(木刻)본은 여전히 성행할 수 있었다. 현재 볼 수 있는 것은 태산각석(泰山刻石), 낭야각석(琅琊刻石)과 회계각석(會稽刻石)에 대한 서현(徐鉉)의 임본(臨本)이 있는데 이러한 훌륭하고 거대한 비갈(碑碣)은 아마도 이사(李斯) 등이 썼을 것이며, 또한 당시에는 틀림없이 중시되어 문자를 통일하는 표준으로 삼았을 것이다. 그러나 보통의 권량조판(權量詔版)같은 것은 아마도 군현(郡縣)의 하급관리가 쓴 것으로 예서의 한 종류이니 일반 사람들이 일률적으로 재상 이사가 쓴 것으로 여긴 것은 옛 것을 숭상한 현상일 뿐이다.

≪한서(漢書)·예문지(藝文志)≫에 팔체(八體) 육기(六技)가 있고, ≪설문(說文)≫에서는 다음과 같이 말한다.

> 이로부터 진서(秦書)에는 팔체(八體)가 있는데 첫 번째는 대전(大篆), 두 번째는 소전(小篆), 세 번째는 각부(刻符), 네 번째는 충서(蟲書), 다섯 번째는 모인(摹印), 여섯 번째는 서서(署書), 일곱 번째는 수서(殳書), 여덟 번째는 예서(隸書)이다. 한나라가 세워지고 초서가 있었다. 정위(廷尉)의 법률 규정에서 '배우는 아이들은 17세 이상이면 비로소 시험을 보는데, 주문(籒文) 9천자를 외우면 吏가 될 수 있었고, 또한 팔체(八體)로 시험을 치러 군(郡)에서 태사에 보냈으며, 또한 그 중 과목에서 가장 뛰어난 자를 상서사(尙書史)로 삼았다. 글이 혹 바르지 않은 자는 잡아다 탄핵한다.'라고 하였다. 지금은 비록 정위(廷尉)의 법률을 공부하지 않고, 소학을 닦지 않아 그 내용을 통달하지 못함이 오래 되었다.(自爾秦書有八體: 一日大篆, 二日小篆, 三日刻符, 四日蟲書, 五日摹印, 六日署書, 七日殳書, 八日隸書 漢興有草書. 尉律: "學僮十七以上始試, 諷籒書九千字, 乃得爲吏. 又以八體試之." 郡移太史, 并課最者以爲尙書史. 書或不正, 輒擧劾之." 今雖有尉律, 不課, 小學不修, 莫達其說, 久矣.)

우리들은 소위 진서의 팔체가 당시에 관(官)에서 정한 것인지의 여부는 모른다. 이사 등은 문자를 통일하기로 하여 진문(秦文)과 부합하지 않은 것은 폐지하고 또 사주(史籀)의 대전(大篆)을 취하여 생략하고 고쳐서 소전(小篆)을 만들고 또한 진전(秦篆)이라 칭하였다. 그렇다면 만약 이것이 관(官)에서 정한 자체라면 대전(大篆)이 있을 수 없다. 이 팔체(八體)의 출현은 진이 천하를 병합한 이전 시기일 수 없다. 왜냐하면 당시에는 소전(小篆)과 예서(隸書)가 없었기 때문이다. 그러나 또한 매우 늦은 시기일 수는 없다. 왜냐하면 소하(蕭何)의 율법에 이미 이것을 채택하였기 때문이다.

이사가 발의한 문자통일정책은 26년 천하를 병합한 이후 (기원전 221)에서 소하가 법령을 정한 시기 사이의 언제인지는 모르지만 가령 숙손통(叔孫通)이 조정의 의례를 세움과 동시인 한(漢) 고제(高帝) 6년 혹은 그 진후(기원전 201) 시기와는 그 차이가 20년 밖에 되지 않으니 이사가 문자를 통일하자는 주장은 비록 당시에 곧 실행되었다하더라도 도리어 철저하지 못하였을 것이니 이것은 기간이 너무 짧은 까닭이다. 진나라가 흥성할 때는 일반 사람들이 감히 저항하지 못하였으나 진이 멸망하자 곧 옛 문화가 다시 출현하였을 것이니 진서 팔체에 대한 설명은 마땅히 진(秦)·한(漢) 교체시기에 비로소 생겼을 것이다.

1. 大篆: 이전 학자들은 대전(大篆)을 ≪사주편(史籀篇)≫과 혼동하여 같은 것으로 여겼는데 이것은 틀린 것이다. ≪사주편(史籀篇)≫은 단지 대전(大篆)으로 쓴 책이고, ≪창힐편(倉頡篇)≫은 소전(小篆)으로 쓴 책으로 상황은 같다. ≪설문(說文)≫이 채택한 주문(籀文)은 ≪사주편(史籀篇)≫에서 나왔는데 서현

(徐鉉) 본(本)의 艸部에 대전 從茻자 53자가 있는데, 이 53자 중에 莑자는 주문(籒文)이니 주문(籒文)과 대전(大篆)은 결코 완전히 같은 것은 아니라는 것을 알 수 있다.

단옥재(段玉裁)는 '고문을 말하지 않은 것은 그 고문이 대전에 있다.(不言古文者, 古文在大篆中也.)'라고 말했는데 이것 또한 매우 옳은 것은 아니다. 대전(大篆)은 단지 진·한나라 사람들이 볼 수 있는 비교적 오래된 진계문자(秦系文字)이며 혹은 이 계통의 문자와 가까운 것으로 결코 모든 고문자를 포함할 수 없다.

2. 소전(小篆): ≪초학기(初學記)≫에서 '진시황 때 이사(李斯), 조고(趙高), 호모경(胡毋敬)이 지은 것이다.'라고 말한다. 만일 이것을 표준으로 삼는다면 우리들은 바로 ≪창힐(倉頡)≫, ≪원력(爰曆)≫, ≪박학(博學)≫ 세 편을 소전으로 간주해야 한다. 이 세 편은 이미 없어졌기 때문에 우리들은 다만 ≪설문(說文)≫으로 추론할 수밖에 없다. 전해진 秦의 금석(金石) 중 비교적 가지런하고 획일적인 것은 당연히 더욱 귀중한 표본이다. 비록 ≪설문(說文)≫과 완전히 같지는 않아 소위 '필적은 조금 다르게 이어진다.(筆跡相承小異)'고 말하는데 어떤 학자들은 기꺼이 금석문의 실증(實證)을 버리고 전해 내려온 ≪설문(說文)≫을 취하려고 하는데 나는 이해할 수 없다.

3. 각부(刻符): ≪초학기(初學記)≫에서 '부전에 새기다(施於符傳也.)'라고 말한다. 일반 사람들은 신처(新郪)와 양성(陽城)의 두 호부(虎符)를 근거로 삼아 그것을 각부(刻符)라고 하였는데, 사실 두 호부는 모두 착금서(錯金書)이며 각문(刻文)이 아니다.

또한 모두 소전(小篆)이며 별체(別體)가 아니다. 우리들이 무엇이 각부(刻符)인지 알려면 이 '각(刻)'자를 주의해야 한다. 현재 볼 수 있는 육국 말기의 부절로 예를 들면, 상우(上虞) 나씨(羅氏)가 오랫동안 소장한 벽대부신절(辟大夫信節)과 내가 소장한 장군신절(將軍信節) 및 마부(馬符), 웅부(熊符), 응부(鷹符) 등과 또한 초나라의 왕명전(王命傳)들은 다 새긴 것이며 모두 진정한 각부(刻符)이다. 진(秦)나라 병기는 대부분 명문을 새긴 것으로 이것 또한 각부(刻符)에 속한다. 진나라가 문자를 통일한 이후 일반인은 모두 소전이나 혹은 예서를 익혀서 육국문자는 거의 전해지지 않았다. 분서(焚書) 이후에 죽백(竹帛)의 이체자는 더욱 쓸 수 없었다. 육국 말기의 병기(兵器) 또한 모두 훼손되었다. 일반 사람들은 단지 약간의 부전(符傳)에 계각(契刻)한 문자만을 보았기 때문에 각부(刻符)라고 불렀다. 이러한 문자는 칼로 새긴 것이며 마음대로 바꿀 수 없었으니 그래서 전서(篆書)와는 매우 다르다.

4. 충서(蟲書): 춘추 시기와 전국 시기 사이에 조충서(鳥蟲書)가 있었는데 대부분 병기에 사용되었으며 새 모양과 벌레 모양의 문안이 종종 섞여 보인다. 漢대의 와당(瓦當)과 인문(印文)에서도 여전히 자주 보인다. ≪설문·서(說文·序)≫에 또 말하길 '조충서는 번신(幡信)에 쓴 것이다.(鳥蟲書所以書幡信也.)'라고 하였다. 사전(史傳)에 기록하길 漢대에는 조전(鳥篆)에 뛰어난 사람이 여전히 많다고 하였다.

5. 모인(摹印): 모인은 새인(璽印)문자이며 누구든지 알 수 있다. 그러나 우리는 마땅히 '摹'자에 주의해야 한다. 소자량(蕭子良)

은 각부(刻符)와 모인(摹印)을 동일한 體로 합하여 비록 서개(徐鍇)의 비판을 받았지만, 우리들은 마땅히 각부(刻符)와 모인(摹印)은 확실히 상대적이라는 것을 주의해야 한다. 팔체(八體) 안에 대전과 소전이 한 조(組)이고, 충서와 예서가 한 조(組)를 이루고, 각부와 모인이 한 조(組)이고, 서서와 수서가 또한 한 조(組)이다. 각부는 새긴 것이니 왕음(王愔)의 ≪문자지(文字志)≫[책의 원명은 ≪古今文字志目≫]는 각소전(刻小篆)이 있고, 모인(摹印)은 본뜬 것이니 ≪문자지(文字志)≫에는 또한 모전(摹篆) 항목이 있는 것이다.

≪설문(說文)≫에서는 '摹, 規也'라 하고 ≪한서·고제기(漢書·高帝紀)≫에서 '規摹弘遠矣'라고 했는데, 주(注)에서 등전(鄧展)의 말을 인용하여 '마치 화공이 사물의 모형을 본뜨다의 모와 같다.(若畵工規摹之摹)'라고 말했다. 위소(韋昭)는 말하길 '둥근 원을 그리는 기물을 규(規)라 하고 모(摹)는 화공이 채색을 사용하기 전에 따라 그리는 것이다.(正員之器曰規, 摹者如畫工未施采事摹之矣.)'라고 했다. 우리들은 이로 인해 모인은 인(印)의 대소(大小), 문자의 다소(多少), 필획의 간번(簡繁), 위치의 소밀(疏密)함에 따라서 규모(規摹)의 방법을 사용해서 그려낸 것이라는 것을 알 수 있다. 대전(大篆), 소전(小篆)은 쓴 것이며 각부(刻符)는 새긴 것이고 모인(摹印)은 본뜬 것이다. 육국 때의 새(璽)는 비록 통치 계급에 의해서 전용되었으나, 사인(私印)은 사람들마다 모두 사용하려고 하였기 때문에 모인(摹印)의 방법은 서로 전해져 폐기되지 않고 지금까지 이어져 왔다.

6. 서서(署書): 서개(徐鍇)의 ≪설문계전(說文繫傳)≫은 소자량(蕭

子良)의 말을 인용하여 '서서는 한 고조 육년 소하(蕭何)가 만든 것으로, 창룡(蒼龍)과 백호(白虎) 두 궐에 제한 것이다.(署書, 漢高六年蕭何所定, 以題蒼龍白虎二闕.'라고 하였다. 또 양흔(羊欣)을 인용하여 '蕭何는 몇 달을 깊이 생각한 연후에 그것을 제하였다.(蕭何覃思累月, 然後題之.)'라고 말했다. 소자량(蕭子良)의 말은 본래 믿을 만한 것이 못된다. 만약 도해서(倒薤書)를 무광(務光)이 지었다고 말한다면 그야말로 이것은 신화(神話)이니 서서(署書)를 정말로 소하(蕭何)가 제정했다면 어떻게 진나라 서체라고 말할 수 있겠는가?

단옥재(段玉裁)는 말하길 "'木部曰: 檢者, 書署也.'라고 말하였다. 무릇 봉검(封檢)에 제자(題字)하는 것을 서(署)라 하고 방(榜)에 제한 것 역시 서(署)라 한다. 冊部에 '扁者署也'"라고 하였으니, 이것은 주도면밀한 설명이다. ≪설문(說文)≫에서 '檢書署也,'라고 했고 또 '帖, 帛書署也.'라고 했다. ≪석명(釋名)≫에서 '검(檢)은 금한다는 것이니, 모든 사물을 금하고 닫아 열수 없게 한 것이다. 서문과 서검을 서(署)라고 하니 서(署)는 여(予)이니 즉 주는 사람의 관호를 제한 것이다.(檢禁也, 禁閉諸物使不得開露也. 書文書檢日署, 署予也, 題所予者官號也.)'라고 하였다. ≪急就篇≫에 '簡札檢署槧牘家'라는 말이 있는데, 안사고(顏師古)는 '검(檢)은 금한다는 말이니 나무를 깎아 물건 위에 놓아서 그것을 금하여 닫은 것이며, 그 사물을 열어서 들어 나지 못하게 하는 것이다. 서(署)는 그 검 위에 제서한 것이다.(檢之言禁也, 削木施於物上, 所以禁閉之, 所不得輒開露也. 署謂題書其檢上也.)'라고 주(注)하였다. 단옥재(段玉裁)는 ≪설문(說文)≫의 첩(帖)자 아래 '나무로 만든 것을 검이라 하고 비단으로 만든 것을 첩이라 하니 모두 다 표제하는 것을 말하니 요즘 사람들이 말하는 첨(籤)이다.(木爲之謂之檢, 帛爲之則謂之帖, 皆謂幖題, 今人所謂籤也.)'라고 주(注)하였다. 검서(檢署)의 제도는 근래 발견한 서추(西陲) 지역의 목간(木簡)에도 보존되어 있으며 우리는 이로 인해 일반적인 서서(署書)의 양식을 볼 수 있다.(후세 제명[題名]을 압수[押署]라고 부른 것은 이로부터 변화된 것이다.)

문방(門榜)을 서서(署書)라 칭한 것은 ≪설문(說文)≫에서 '편(扁)은 서(署)이다. 從戶冊이고 戶冊은 門戶에 서한 글이다. (扁, 署也. 從戶·冊, 戶冊者署門戶之文也.)'라고 말했다. 漢나라 조정에서 관청의 문 위에 제한 것으로 예를 들면 '어사대부사(禦史大夫寺)' 같은 것이 있는데 사용한 편(扁)은 실제로는 네모난 목판이며(≪설문(說文)≫: '楄部方木也.') 모두 직서(直書)한 것이다. 그래서 편지 위에 검서(檢署)한 것과 형식은 본래 완전히 같은 것이다. 소자량(蕭子良)이 인용한 창룡(蒼龍), 백호(白虎) 두 궐(闕)에 제한 글은 비록 서서(署書)의 시작일 수는 없으나, 서서(署書)의 일종이다. 현존하는 태실(太室)산과 소실(少室)산의 두 궐(闕) 위쪽에 '中嶽泰室陽城□□□'라고 제한 아홉 글자와 또 다른 '少室神道之闕'이라고 제한 것은 이런 서서(署書)의 양식이라 할 수 있다. 그렇다면 모든 한(漢)나라 비석의 비액(碑額)은 모두 서서(署書)라고 여길 수 있다.

≪설문(說文)≫에서 '관서지역에서는 방(榜)을 편(篇)이라고 한다.(關西謂榜曰篇.)'라고 했으니, 한(漢) 말 이후 종종 대전(台

殿) 누관(樓觀)의 문에 제한 글을 방(榜)이라 칭하고 가로로 나열된 방(榜)은 그 기원이 매우 늦었을 것이다. 방서(榜書)의 자형은 크고 또한 걸어 놓아야 하기에 한(漢) 이후에 전문적으로 종사하는 사람들이 있었다.

7. 수서(殳書): 소자량(蕭子良)은 ≪고금전예문체(古今篆隸文體)≫에서 '수서는 백씨의 직분인데 옛날에 문인은 홀(笏)에 글을 쓰고 무인은 수(殳)에 글을 썼다.(殳書者伯氏之職, 古者文既書笏, 武亦書殳.)'라고 하였다. 서개(徐鍇)는 ≪설문계전(說文系傳)≫에서 '수(殳)체는 여덟 개의 굽은 면이 있는 서체로 그 형세에 따라서 쓴다.(殳體八觚, 隨其勢而書之也.)'라고 하였다. 그러나 ≪초학기(初學記)≫에서 '수서(殳書)는 창 위의 명문이다.(殳書銘於戈戟也.)'라고 하였다. 단옥재(段玉裁) 또한 말하길 '수(殳)로서 모든 병기에 제한 글을 포함하므로 꼭 수(殳)라고 말할 필요도 없으며, 한나라의 강묘(剛卯)에 쓰인 글도 수서(殳書)의 일종이다.(言殳以包凡兵器題識, 不必專謂殳. 漢之剛卯, 亦殳書之類.)'라고 하였다. 그러므로 근래 사람들이 병기문자를 수서(殳書)로 여기는 것은 잘못된 것이다.

   한대의 강묘(剛卯)는 분명히 영수(靈殳)를 가리키니 우리들은 그것이 수서(殳書)의 유풍임을 볼 수 있는데, 이러한 문자는 비교적 네모 가지런하고 고형(觚形)을 따라 생겼으니, 그러므로 나는 진나라 때 몇 개의 고형(觚形)의 저울추 위에 비교적 네모 가지런한 서법은 예를 들면 순읍권(栒邑權) 위의 글자 같은 것은 수서라고 여긴다.

8. 예서(隸書): 예서는 본래 전서와 차이가 없으며 뒷장에 자세히

다루겠다.

팔체에 대전(大篆), 소전(小篆), 충서(蟲書), 예서(隸書)는 네 종류의 문자이고, 각부(刻符), 모인(摹印), 서서(署書), 수서(殳書)는 네 가지의 자체이며 용도에 따라서 구별된다.

한(漢)대에 전서(篆書)는 점점 통용되지 않고 대전(大篆)은 더욱 오래된 것이어서 단지 충서(蟲書)와 모인(摹印)만 여전히 사용되었다. 그러나 공자벽중고문경이 발견되었고 양웅의 무리들은 또한 기자(奇字)를 좋아하였는데, 그 기자(奇字)는 고문(古文), 소전(小篆), 예서(隸書) 세 계통 이외의 글자들이다. 그러므로 왕망(王莽) 시기의 육서는 (1)고문(古文) (2)기자(奇字) (3)전서(篆書) 즉, 소전(小篆) (4)좌서(佐書) 즉, 예서(隸書) (5)무전(繆篆) 즉, 모인(摹印) (6)조충서(鳥蟲書) 즉, 충서(蟲書)이다. 그러나 이 때 실질적으로 사용된 문자는 단지 전서(篆書), 예서(隸書)와 새로 유행한 초서(草書)뿐이다.

전해 내려온 한(漢)나라 금문(金文)에 쓰인 서체는 비교적 보수적이어서 여전히 적지 않은 전서(篆書)를 사용하였다. 왕음(王愔)의 ≪문자지(文字志)≫에는 상방전(尙方篆)이 있는데 상방(尙方)에서 제조한 청동기 장인들이 사용한 전서에 속한다. 왕망(王莽)시기의 도량형과 화폐(貨幣)의 문자는 매우 정밀하였다. 석각(石刻)은 비액(碑額)과 소실(少室), 개모(開母)의 두 궐에 쓰인 것을 제외하고는 전서(篆書)가 매우 드물다. 유명한 전서가(篆書家)로 조희(曹喜)가 있는데, 채옹은 소위 '부풍(扶風)사람 조희(曹喜)는 건초 연간에 서체에 뛰어났다.(扶風曹喜, 建初稱善)'라고 말했고, 위항(衛恒)은 그에 대해 말하길 '이사와 조금 달랐다.(少異於[李]斯)'라고 하였고,

강식(江式)은 '이사의 서법과 조금 다르나 매우 정교하여, 그 이후 후학들은 모두 그를 본받았다.(小異斯法, 而甚精巧. 自是後學皆其法也.)'라고 하였다. 현침(懸針), 수로(垂露), 도해(倒薤) 등의 전서체는 전설에 의하면 모두 조희가 창조한 것이라고 말한다. 후에 또 최원(崔瑗)이 있었는데 이사진(李嗣眞)이 '원(爰)은 이사를 본받았고, 점과 획이 모두 철석같았다.(爰效李斯, 點畫皆如鐵石)'라고 말했다. 서호(徐浩)는 ≪고적기(古蹟記)≫에서 최원(崔瑗)이 여망(呂望)과 장형(張衡)의 비문을 전서체로 썼다고 하였는데, 장형(張衡)의 비는 원나라 때까지 존재하였다. 오구연(吾丘衍)이 다음과 같이 말한다.

> 장평자의 비문에 최원(崔瑗)이 전서체로 썼는데 대부분 예서의 서법을 써서 설문과 부합하지 않고 도리어 인장에 쓸 수 있으니 모두 한나라 전서체로 쓴 까닭이다.(張平子碑, 崔瑗篆, 多用隸法, 不合說文, 卻可入印, 全是漢篆法故也.)

근래에 출토된 원안(袁安), 원창(袁敞)의 두 비석은 그가 썼을 가능성이 있다. 위항(衛恒)은 한단순(邯鄲淳)이 조희(曹喜)를 스승으로 본받았다고 하며 '그 미묘함을 대략 궁구하였고 위탄은 한단순을 스승으로 하였으나 미치지 못했다. …… 한 말에 채옹이 이사와 조희의 서법을 채용하여 고금이 섞인 서체를 썼으나, 정밀하고 간결함은 한단순만 못했다.(略究其妙, 韋誕師淳而不及也. …… 漢末又有蔡邕采斯喜之法, 爲古今雜形, 然精密簡理不如淳也.)'라고 말했다. 양흔(羊欣)은 채옹의 '진정의부(眞定宜父)비문이 여전히 세상에 전해지니 전서를 익히는 자들이 스승으로 본받았다.(眞定宜父碑文,

猶傳於世, 篆者師焉)'라고 말하였다. 후세 사람들은 종종 채옹이 쓴 삼체석경(三體石經)이 틀렸다고 하고, 위항(衛恒)은 사체서세(四體書勢)에서 '정시 연간에 세운 삼체석경은 한단순의 서체를 잃었다.(正始中立三體石經, 轉失淳法) '라고 하니 한단순 일파의 서예가가 쓴 것임을 알 수 있다. 동시에 오(吳)나라에는 천새기공(天璽紀功)과 선국산비(禪國山碑)가 있는데 현재에도 여전히 볼 수 있다.

진(晉) 이후에는 비액의 전서조차도 잘 쓰지 못하였고, 당나라에 이르러서 비로소 전서를 쓰는 사람이 있었는데, 혹은 고문을 모방하거나 혹은 수침(垂針) 등과 같은 서체를 쓰기도 하다가, 이양빙(李陽冰)에 이르러 전주(篆籀)가 중흥(中興)하게 되었으니 '이사 이후에 오직 나에 이르렀다.(斯翁之後, 獨至小生)'라고 말했다. 오대(五代)의 서현(徐鉉), 서개(徐鍇), 곽충서(郭忠恕) 등 이후에는 옛날로부터 더욱 멀어져 더 이상 논할 가치가 없다.

전서(篆書)는 쓴 것이지만 많은 종류의 잡체전(雜體篆)은 그린 것이다. ≪초학기(初學記)≫에서 지우(摯虞)의 ≪결의요주(決疑要注)≫를 인용하여 다음과 같이 말한다.

> 상서대(尙書臺)에서 사람을 불러 호조서(虎爪書)를 쓰게 하고, 아래에 일러 언파서(偃波書)를 쓰게 하였는데, 배우는 것을 그치지 않게 함으로써 일부러 꾸미는 것을 방지하고자 했다.(尙書臺召人用虎爪書, 告下用偃波書, 蓋不可卒學, 以防矯作.)

이런 기괴한 서법은 갈수록 많아져서 서개(徐鍇)의 ≪설문계전(說文繫傳)≫ <의의편(疑義篇)>에서 다음과 같이 말한다.

조서(鳥書), 충서(蟲書), 각부(刻符), 수서(殳書)의 부류들은 사물에 따라 그대로 썼기 때문에 그림과 같아서 문자의 법도가 아니다. 한·위(漢·魏)이래로 현침(懸針), 도해(倒薤), 언파(偃波), 수로(垂露)의 부류는 글자체의 외연을 장식한 것으로 이것을 만든 자들은 서술할 수 있다. 제나라 소자량(蕭子良), 왕융(王融), 위중(韋仲), 유원위(庾元威)의 무리들은 제멋대로 증가시키고 함부로 기교를 부려 다름을 박학으로 여기고 많음을 귀하게 여겼다. 송 경공의 사관과 추호의 처가 모두 서체를 만들었다고 하면서 이전 사람들을 속여 자기의 학문을 이룬 것처럼 하였다. 이에 왕융(王融)은 칠국(七國)시기의 문장을 지어 예서로 썼으니, 그 황당무계함은 말하지 않아도 알 수 있다. 그러므로 120가지의 서체는 신은 감히 말할 수 없습니다. (鳥書, 蟲書, 刻符, 殳書之類, 隨筆立制, 同於圖畫, 非文字之常也. 漢魏以來, 懸針, 倒薤, 偃波, 垂露之類, 皆字體之外飾, 造者可述. 而齊蕭子良, 王融, 韋仲, 庾元威之徒, 隨意增益, 妄施小巧, 以異爲博, 以多爲貴. 至於宋景之史, 秋胡之妻, 皆令撰書, 厚誣前人, 以成己學. 是以王融作七國時書, 皆成隸字, 其爲虛誕, 不言可明, 是以一百二十文體, 臣所不敢言也.)

유원위(庾元威)의 120가지 서체는 ≪법서요록(法書要錄)≫에 보이는데, 그 중에 오십 가지는 채색으로 쓴 것이고, 또한 호서(胡書)나 천축국서(天竺書)도 있다. 또한 '병풍 위에 쓴 잡체전의 24종류가 있다.(復於屛風上作雜體篆二十四種)'라고 하고 후에 몽영(夢瑛)은 십팔체 전서가 있다고 하는데 옛날 서법이 전혀 없다. 전서는 잡체에 이르러서 발전할 수 있는 길이 막혔다.

二十七 예서(隸書)·해법(楷法)·팔분(八分)·비백(飛白)

일부 중국문자는 예부터 지금까지 일맥상통하니, 고문의 '一'자는 현재에도 여전히 '一'자 이고 'Ⱦ'은 文자, '㝍'는 字자이니 큰 차이가 없다. 그러나 일반적으로 고문자와 근대문자는 매우 큰 차이가 있으니 고문자는 전서(篆書)이며 근대문자는 '예(隸)'와 '초(草)'이기 때문이다. 이사진(李嗣眞)이 ≪후서품(後書品)≫에서 '충전(蟲篆)은 소학이 근본으로 여기는 바이며, 초예(草隸)는 선비들이 숭상하는 바이다.(蟲篆者小學之所宗, 草隸者士人之所尙)'라고 말했다. 선비들이 숭상하는 것은 오직 예초(隸草)여서 전서(篆書)는 고문이 되었고 단지 소학자들이 서체의 전형으로 여기게 되었다.

전서(篆書)에서 예서(隸書)까지의 변화는 본래 갑작스럽게 바뀐 것은 아니다. ≪수경·곡수주(水經·穀水注)≫에서 다음과 같이 말한다.

> 고예(古隸)의 서체는 진대에 생겼는데 전서의 글자는 번잡하여 업무를 빠르게 처리할 수 없어서, 예인(隸人)들 사이에 통용된 생략된 서체를 사용하여서 예서라고 말한다. 혹은 말하길 정막은 운양(雲陽) 감옥에서 글자체를 증감하였다고 하니 이것은 예서체는 전서체를 간편하게 한 것을 말한다. 손창지(孫暢之)는 일찍이 청주자사(靑州刺史) 부홍인(傅弘仁)을 보고 말하기를 임치 사람들이 옛 무덤을 발굴하여 오동나무 관을 얻었는데, 관의 앞과 바깥에 예서체의 글자가 가려져 있었다. 그 글은 제 태공 육세손인 호공의 관이라고 하였다. 오직 세 글자는 고문이고 나머지는 지금 글씨와

같으니 예서가 고문에서 나왔고 진나라 때 시작된 것이 아님을 증명한다.(古隸之書, 起於秦代, 而篆字文繁, 無會劇務, 故用隸人之省, 謂之隸書. 或云: 即程邈於雲陽增損者, 是言隸者篆捷也. 孫暢之嘗見青州刺史傅弘仁說: 臨淄人發古冢得桐棺, 前和外隱爲隸字, 言: '齊太公六世孫胡公之棺也.' 惟三字是古, 餘同今書, 證知隸自出古, 非始於秦.)

장회관(張懷瓘)은 ≪서단(書斷)≫에서 논박하여 다음과 같이 말한다.

생각하건데, 호공(胡公)은 제나라 애공(哀公)의 아우 정(靖)으로 호공(胡公)이다. 오세의 육대공이면 일백여 년의 시간이니, 주 목왕 때에 해당한다. 또 이백 여년이 지나 선왕 때에 이르러 대전이 출현하였다. 다시 오백 여년이 지나고 진시황 때에 이르러 소전이 출현하였으니, 마땅히 예서가 소전을 본받은 것이 아닐 것이다. 그러나 정막이 만든 자체가 서적으로 전해졌으니 역도원이 말하는 것은 신빙성이 없다.(案胡公者齊哀公之弟靖, 胡公也. 五世六公, 計一百餘年, 當周穆王時也, 又二百餘歲至宣王之朝, 大篆出矣. 又五百餘載至始皇之世, 小篆出焉, 不應隸書而效小篆. 然程邈所造, 書籍共傳, 酈道元之說, 未可憑也.)

≪사기·제세가(史記·齊世家)≫를 살펴보면 호공(胡公)은 이왕(夷王)때 사람이기 때문에 장회관(張懷瓘)이 말하는 목왕 때는 틀린 것이다. 그러나 호공은 태공의 玄孫(현손)이기에 마땅히 육세 손이라 말할 수 없다. ≪예기(禮記)≫에서 '태공이 영구에 봉해지고 오

세에 이르러 주나라로 돌아가서 묻혔다.(太公封於營丘, 比及五世, 皆反葬於周)'라고 말한다. 설사 호공이 제(齊)에 묻혔다 하더라도 그의 도성은 박고(薄姑)이고 헌공에게 죽임을 당하였으니, 임치까지 장사지내러 갈 필요가 없었을 것이다. 그러니 ≪수경주(水經注)≫의 이야기는 의심할 만하다. 그러나 역도원(酈道元)이 말한 내용은 이리저리 전해졌기 때문에 쉽게 틀릴 수도 있으며, 게다가 '胡公'의 '胡'자는 아마도 세 개의 고자(古字) 중에 하나여서 또한 더욱 잘못 여겨졌을 수도 있었다. 우리는 후에 진씨(陳氏)가 제(齊)를 찬탈하고 나서 또한 태공이 있으니 만약 태공의 육세손이라면 전국 말기이다. 결론적으로 말해서 서주에 이미 비교적 간단한 전서가 있었다고는 할 수 있으나 진정한 예서가 있었다고는 말할 수 없다. 춘추 이후에야 점차 서체가 예서에 가까워 마치 춘추 말기의 진상(陳尙: 논어의 陳恒)의 도부(陶釜)에 있는 글처럼 자못 예서의 풍격이 있었다.

육국문자가 점차 간략하게 되었는데 이것이 바로 예서의 선구자 역할을 했다. 진나라는 소전을 사용하여 문자를 통일하였지만 민간에서 간단히 쓰고자 하는 마음을 없애 버릴 수는 없었다. 그들은 고유한 문자(육국 각국의 문자)를 버리고, 새로 유행한 문자를 쓰기 시작할 때 장중한 소전 즉 사평팔온(四平八穩)의 문자의 구조를 타파해 버렸다. 이러한 통속적이고 모양이 바뀐 간단한 서법은 처음에는 하층사회에서만 통용되었고 통치계급은 그들이 천민이기 때문에 문자의 통일을 족히 방해하지 않을 것으로 여겨서 단지 경멸하는 태도를 취하면서 그것을 노예들이 사용하는 글이라는 의미로 '예서'라고 불렀다. 반고는 ≪한서·예문지(漢書·藝文志)≫의 진전

(秦篆)에서 다음과 같이 말한다.

> 이때에 처음으로 예서가 만들어졌으니 관방 감옥의 일이 많아져서 생략하고 쉽게 하려는 경향 때문에 옥졸들에게 쓰게 하는데서부터 생겨났다.(是時始建隸書矣, 起於官獄多事, 苟趨省易, 施之於徒隸也.)

허숙중도 다음과 같이 말한다.

> 이 때 秦나라는 경서를 불태우고 옛 전적을 모두 없애 버렸다. 많은 노예 병졸들을 동원하여 변방의 부역을 일으켜 관방 옥사의 직무가 번잡해지자 처음으로 예서를 누어 그것으로써 간편하고 쉽게 하려는 것이었으며 그리하여 고문이 사라지게 되었다.(是時秦燒滅經書, 滌除舊典, 大發隸卒, 興戍役, 官獄職務繁, 初有隸書, 以趣約易, 而古文由此絕矣.)

위항(衛恒)은 ≪사체서세(四體書勢)≫에서 다음과 같이 말한다.

> 진나라는 이미 전서를 사용하고 있었는데 아뢸 일이 번다하여 전서는 쓰기가 어려워 예인(隸人)들로 하여금 쓰는 것을 돕게 하였기 때문에 예서라고 불렀다. 한나라는 이를 인습하여 행하게 하고 오직 부절(符切), 인새(印璽), 번신(幡信), 제서(題署) 등에는 전서를 썼다. 예서라는 것은 전서를 빠르게 쓴 것이다.(秦旣用篆, 奏事繁多, 篆字難成, 卽令隸人佐書日隸字, 漢因行之, 獨符印璽幡信題署用篆. 隸書者篆之捷也.)

세 학자 모두 관방의 옥사가 많아져서 비로소 예서가 만들어졌다고 말하니, 이것은 결과와 원인이 전도된 것으로 사실은 민간에서 이미 통용된 서체가 관방의 옥사가 번잡해지자 어쩔 수 없이 사용하게 되었을 뿐이다. (송이래 감옥 안에 사용하는 글에는 속어나 속자가 많았으니 증거로 삼을 수 있다.) 위항(衛恒)이 '예서는 전서를 빠르게 쓴 것이다.(隷者篆之捷也)'라고 한 것은 매우 타당하다.

예서가 정막이 지은 것이라고 전해지는데 ≪설문(說文)≫은 오히려 전서 항목에서 다음과 같이 말한다.

> 세 번째는 전서 즉 소전이며 진시황(秦始皇)이 하두(下杜) 사람인 정막(程邈)을 시켜 지은 것이다.(三曰篆書, 卽小篆, 秦始皇帝使下杜人程邈所作也.)

그래서 위항(衛恒)은 ≪사체서세(四體書勢)≫의 '소위소전자(所謂小篆者)' 아래에서 다음과 같이 말한다.

> 혹은 말하길, 하규(下邽) 사람인 정막은 관아의 옥리였는데, 진시황에게 죄를 지어 운양 감옥에서 십년동안 갇혀 있었다. 옥중에서 대전을 만들면서 필획이 적은 것은 더하였고, 많은 것은 줄였으며, 모난 것은 둥글게 하였고, 둥근 것은 모나게 하였다. 이를 진시황에게 아뢰자 진시황이 좋아하여 감옥에서 내보내 어사로 삼아 서체를 정하게 하였다. 혹은 말하길, 정막이 정한 것은 예서체라고도 한다.(或曰: 下邽人程邈爲衙獄吏, 得罪始皇, 幽繫雲陽十年, 從獄中作大篆, 少者增益, 多者損減, 方者使圓, 圓者使方, 奏之始皇, 始皇善之, 出以爲御史, 使定書. 或曰: 邈所定, 乃隷字也.)

이렇게 전해진 이야기에 대해 단옥재(段玉裁), 계복(桂馥) 등은 ≪설문(說文)≫의 전해진 판본이 잘못이 있으니 '秦始皇帝使下杜人程邈所作也'의 열 세 글자는 마땅히 '佐書卽秦隸書' 아래에 있어야 한다고 여겼다. 고증해 보면 ≪서단(書斷≫에서는 채옹의 ≪성황편(聖皇篇)≫을 인용하여 '정막(程邈)은 고문을 없애고 예문을 세웠다.(程邈刪古立隸文)'라고 했으며 강식(江式) 또한 '예서는 진시황이 하두 사람 정막으로 하여금 소전에 덧붙여 지었던 것이다.(隸書者始皇使下杜人程邈附於小篆所作也.)'라고 하니, 단옥재(段玉裁), 계복(桂馥) 등이 고친 내용은 아마 맞을 수도 있다. 그러나 이러한 이야기가 설사 그 내력이 있다 할지라도 우리들은 단지 정막이 일찍이 어떤 한 자체를 창조했다고 말할 수 있지만 후세의 모든 예서가 정막이 지은 것을 근거로 이루어 진 것이라고 말 할 수는 없다.

진예서(秦隸書)는 또 고예서(古隸書)라 칭한다. ≪안씨가훈(顏氏家訓)≫에서 다음과 같이 말한다.

> 개황 2년 5월에 장안의 백성이 진나라 때의 철로 만든 저울추를 발굴하였다. 저울추 옆에 청동으로 칠이 된 새겨진 명문 두 곳이 있었는데 그 서체는 모두 고예이다.(開皇二年五月, 長安民掘得秦時鐵稱權, 旁有銅涂鐫銘二所, 其書兼爲古隸.)

秦나라 권량조판(權量詔版) 위의 간략한 서체가 모두 예서임을 알 수 있다. 오구연(吾邱衍)은 ≪자원칠변(字源七辨)≫에서 일찍이 다음과 같이 말한다.

> 진의 예서는 형세를 이루지 못하였는데, 진나라 저울과 한나라 도량형 위에 새겨진 글자들이다. 사람들은 대부분 그 字體를 알지 못하고 그것을 전서라고 말했다. (秦隸書不爲體勢, 卽秦權漢量上刻字. 人多不知, 亦謂之篆.)

현재 볼 수 있는 서한 감천산 원봉의 각석(西漢甘泉山元鳳間刻石), 지절 2년의 양량 매산기(地節二年楊量買山記), 오봉 2년의 각석(五鳳二年刻石), 하평 3년의 포효우 각석(河平三年麃孝禹刻石) 등과 동한 영평 6년의 포사 각석 (永平六年褒斜刻石), 영화 2년의 배잠 기공비(永和二年裴岑紀功碑) 등에 이르기까지 모두 전서(篆書)와 가까우며 이것은 고예(古隸)의 일파이다. 한(漢) 애제(哀帝) 때의 진준(陳遵)은 글을 잘 쓴 사람이었다고 전한다.

채옹(蔡邕)은 ≪권학편(勸學篇)≫에서 '상곡 왕차중이 처음으로 옛 자형을 변화시켰다.(上谷次仲, 初變古形)'라고 말하고, 위항(衛恒)은 ≪사체서세(四體書勢)≫에서 '상곡 왕차중이 처음으로 해법을 만들었다.(上谷王次仲, 始爲楷法.)'라고 말한다. 이것은 예서 변혁 중에 하나의 신화적인 이야기이며 채옹과 위항(衛恒)은 모두 시대를 말하지는 않았다. ≪서단(書斷)≫에서는 왕음(王愔)의 ≪문자지(文字志)≫를 인용하여 다음과 같이 말한다.

> 왕차중이 처음으로 옛 글씨가 모나고 넓으며 파세가 적어, 건초 연간에 예초(隸草)로 해법(楷法)을 만들었는데, 글자가 사방 팔분이어서 규범이 있다고 했다.(次仲始以古書方廣, 少波勢, 建初中以隸草作楷法, 字方八分, 言有模楷.)

또한 소자량(蕭子良)을 인용하여 다음과 같이 말한다.

> 영제 시기에 왕차중이 예서를 꾸며 팔분을 만들었다.(靈帝時王次仲飾隸爲八分).

장회관(張懷瓘)은 '두 사람은 모두 후한이라고 하지만 두 황제는 다르다.(二家俱言後漢而兩帝不同)'라고 여겼다. ≪사체서세(四體書勢)≫를 살펴보면 영제 때 서체에 능한 사람은 사의관(師宜官)이므로, 왕차중은 영제 이전 시기의 사람임을 알 수 있다. 그러므로 소자량의 견해는 믿을 수 없다. 왕음(王愔)은 건초 연간이라 하고 시대를 논한 것은 비슷하지만 아쉽게도 확증이 없다. 또한 ≪수경·류수주(水經 㶟水注)≫에서 다음과 같이 말한다.

> 상군 사람 왕차중은 어려서 남다른 뜻이 있었는데 약관의 나이가 되자 창힐의 옛 글자를 요즘의 예서로 바꾸었다. 진시황 때 관리들의 업무가 번다해지자 왕차중이 고친 문자가 간략하고 일의 요체를 기록하기 편리하여 기이하게 여겨 그를 불러 세 번이나 오게 하였으나 오지 않았다. 왕차중은 진리를 이행하고 도를 품으며 술수학의 아름다움을 궁구하자, 진시황은 그의 불공함에 분노하여 함거(檻車)를 그에게 보냈다. 왕차중이 처음 길을 나섰는데 큰 새로 변하여 수레 밖으로 나와 날아 가다가 깃털 두 개를 산에 떨어뜨렸다. 그래서 그 봉우리는 대핵(大翮), 소핵(小翮)이라는 이름을 갖게 되었다.(上郡人王次仲, 少有異志, 年及弱冠, 變倉頡舊文爲今隸書. 秦始皇時, 官務煩多, 以次仲所易文簡, 便於事要, 奇而召之, 三徵而輒不至. 次仲履眞懷道, 窮數術之美, 始皇怒其不恭, 令檻車送

之. 次仲首發於道, 化爲大鳥, 出在車外, 翻飛而去, 落二翮於斯山, 故其峯巒有大翮小翮之名矣.)

이 신화는 장회관(張懷瓘)이 인용한 ≪서선기(序仙記)≫와 ≪태평광기(太平廣記)≫에서 인용한 ≪선전습유(仙傳拾遺)≫에 모두 기재되어 있으며 장씨는 또한 양고(楊固)의 ≪북도부(北都賦)≫를 인용하여 다음과 같이 말한다.

왕차중은 진시황에게 자기의 술수를 숨기고 깃털 두 개를 떨어뜨리며 하늘로 치솟았다.(王次仲匿術於秦皇, 落雙翮而沖天.)

이러한 민간 전설로부터 우리들은 왕차중이 당시에 명성이 그렇게 높지 않았고 후대에 단지 서법 때문에 그를 추종하였으니 그에 대한 올바른 역사적 사실을 고찰하려고 한다면 자못 곤란하다는 것을 알 수 있다. 그러나 반고(班固)와 허신(許愼) 때는 아직 그에 관한 전설이 없으니 그렇게 이른 시기가 아님을 알 수 있다.

예서는 초기에는 단지 간단하고 쓰기 편한 전서(篆書)이며 본래 법칙이 없었으나 서한 말에 이르러 점차 가지런해졌으며 게다가 파세(波勢)가 있게 되었으니, 가령 서수(西陲)에서 출토된 오봉 원년(五鳳元年) 죽간(기원전 57)에 보이는 글자는 이미 정밀하고 아름다운 예서체이다. 석각의 예로는 원흥 원년(元興元年)의 왕치자궐(王稚子闕)(서기 105)이나 원초 이년(元初二年)의 자유잔비(子遊殘碑)(서기 115)같은 것은 모두 이러한 새로운 서법을 보여 준다. 전설 속의 왕차중은 건초 때(서기 76~83) 처음으로 해법(楷法)을 만들었으니 옛 형태의 서법을 변화시킨 유명한 서법가임을 알 수 있다. 해법(楷法)은 후에 또한 해서(楷書)라고 불린다. (왕승건[王僧虔]은 위중장[韋仲將]이 해서에 뛰어나다고 말한다.)

≪진서·위항전(晉書·衛恒傳)≫에서 다음과 같이 말한다.

> 상곡의 왕차중이 처음으로 해법을 만들었는데, 영제가 서법을 좋아하자 낭시에 서법에 능한 사가 많았으며 사의관이 가장 뛰어났으니, 큰 글씨는 한 글자의 직경이 한 길이었고, 작은 글씨는 사방 1촌 안에 천 개의 글자를 썼으며 매우 그 능력을 자랑하였다. 혹은 때때로 돈을 지니지 않고 술집에 가 술을 마시고는 그 벽에 글씨를 쓰니, 글씨를 보는 자들이 술을 권했고 꺼내준 돈은 족히 술값을 치를 수 있었다. 매번 쓴 것은 곧 지우고 돈을 계산할 만큼 충족하면 글씨를 없앴다. 매번 글씨를 쓰고 나서 그것을 없애고 그 목판을 태웠다. 양곡은 이에 널빤지를 더 만들고 술을 마시게 하여 그가 술에 취하기를 기다렸다가 그 목판을 훔쳤다. 양곡은 마침내 글씨로 선부상서에 이르렀다. 사의관은 후에 원술의 장수가 되었고, 지금 거록(鉅鹿) 송자현(宋子縣)에 있는 경구비(耿球碑)는 원술이 세웠고 그 글씨는 매우 공교하니 이것은 사의관이 썼다고 한다. 양곡은 유표에게 달아났으며, 위 무제가 형주를 대파하고 양곡을 불러 구하였다……가사마로 배치하였다. 비서(秘書)에 있으면서 열심히 글을 써 보답하였으니, 지금 양곡의 필적이 많이 남아있다. 위 무제가 그의 글을 장중에 걸어 놓거나, 벽에 고정하여 감상하면서 사의관보다 뛰어나다고 여겼다. 지금 궁전의 제서는 대부분 양곡의 전서이다. 양곡은 큰 글자를 잘 썼고, 한단순은 작은 글자에 뛰어났다. 양곡은 한단순에게 왕차중의 필법을 얻었다

고 말하였으나, 자신의 운필의 방법은 왕차중의 필세를 다하였다. 양곡의 제자 모홍이 비서령에서 가르쳤는데, 지금 팔분은 모두 모홍의 필법이다. 한나라 말에 좌자읍이 있었는데 한단순, 양곡과는 조금 같지 않으나 또한 유명하였다.(上谷王次仲始作楷法, 至靈帝好書, 時多能者, 而師宜官爲最, 大則一字徑丈, 小則方寸千言, 甚矜其能. 或時不持錢詣酒家飮, 因書其壁, 顧觀者以酬酒, 討錢足而滅之. 每書輒削而焚其柎. 梁鵠乃益爲版而飮之酒, 候其醉而竊其柎. 鵠卒以書至選部尙書. 宜官後爲袁術將, 今鉅鹿宋子有耿球碑, 是術所立, 其書甚工, 云是宜官也. 梁鵠奔劉表, 魏武帝破荊州, 募求鵠,……署軍假司馬. 在祕書, 以勤書自效, 是以今者多有鵠手跡. 魏武帝懸着帳中, 及以釘壁玩之, 以爲勝宜官. 今官殿題署, 多是鵠篆. 鵠宜爲大字, 邯鄲淳宜爲小字, 鵠謂淳得次仲法, 然鵠之用筆, 盡其勢矣. 鵠弟子毛弘敎於秘書, 今八分皆弘法也. 漢末有左子邑, 小與淳鵠不同, 然亦有名.)

이로 보아 예서(隸書)와 해법(楷法)이 영제(靈帝)(서기 168~)때 성행한 이후 위항(衛恒)이 진(晉) 혜제(惠帝) 원강(元康) 원년(서기 291)에 죽을 때까지 서술한 백여 년의 역사는 가히 믿을 만하다. '지금 팔분은 모두 모홍의 필법이다.(今八分皆弘法也)'라고 말했으니 팔분의 명칭은 한(漢) 말 이후에 비로소 있게 된 것임을 알 수 있다.

팔분의 명칭은 이설(異說)이 가장 많은데 비교적 오래된 것으로는 두 가지가 있다.

一. ≪고금법서원(古今法書苑)≫에서 채문희(蔡文姬)의 말을 인용하여 '신의 부친이 팔분을 만들었으니, 정막의 예서에서

八分을 떼어내고 二分을 취하였으며, 이사의 전서에서 二分을 떼어내고 八分을 취하였다.(臣父造八分, 割程隸八分取二分, 割李篆二分, 取八分.)'라고 하였다.

二. 장회관(張懷瓘)이 왕음의 말을 인용하기를 '왕차중이 처음으로 옛 글씨가 모나고 넓으며 파세가 적어, 건초 연간에 예초(隸草)로 해법(楷法)을 만들었는데, 글자가 사방 팔분이 되니 규범이 있나고 했다.(次仲始以古書方廣, 少波勢, 建初中以隸草作楷法, 字方八分, 言有楷模.)'라고 했다.

두 가지 설 중 첫 번째 예문의 내용이 정말로 채문희(蔡文姬)가 말한 것인지 알 수 없다. 강식(江式)은 '조서를 내려 태학에 비석을 세우고, 오경을 간행하고, 해서체로 제서를 하였는데 대부분 채옹이 썼다.(詔於太學立石碑, 刊載五經, 題書楷法, 多是邕書也.)'라고 말했다. 장회관(張懷瓘)은 왕은(王隱)과 왕음(王愔)의 말을 인용하여 '비백은 해법을 변화시켜 만든 것이다.(飛白變楷製也.)'라고 하였는데, 비백(飛白)은 일설에 의하면 채옹이 창조한 것이라고 한다. 그렇다면 채옹이 쓴 것은 본래 해서(楷書)이고, 후세 사람들이 해법(楷法)을 일률적으로 모두 팔분(八分)이라 불렀으며 또 채씨가 삼체석경(三體石經)을 썼다고 잘못 여겼다. 서호(徐浩)의 ≪고적기(古蹟記)≫에서 말하길, '채옹의 홍도삼체석경: 팔분에는 서악, 광화, 은화, 풍돈 등 여러 비석이 있다.(蔡邕鴻都三體石經; 八分: 西岳, 光和, 殷華, 馮敦等數碑.)'라고 하였다. 이사진(李嗣眞)은 ≪후서품(後書品)≫에서 말하길, '채옹의 여러 서체 중 오직 <범거경비>의 서풍이 화려하고 아름다워서 고금에 가장 뛰어나다.(蔡公諸體, 唯范巨

卿碑風華艶麗, 古今冠絕.)'라고 하였다. 두기(竇泉)의 ≪술서부(術書賦)≫에는 '채옹(伯喈)의 三體는 八分과 二篆이다.(伯喈三體, 八分二篆)'라 하고, 漢·魏 석경은 현재도 볼 수 있으며 서악(西嶽)의 화산비(華山碑), 범거경비(范巨卿碑) 또한 전본(傳本)이 있으니 정막의 서체를 떼어내고, 이사의 서체를 떼어냈다고 하는 채문희(蔡文姬)의 견해는 명백히 근거 없는 소리이다.

장회관(張懷瓘)이 다음과 같이 말한다.

> 해서와 예서가 처음 만들어졌을 때에는 대체적인 규범은 거의 같아서 후대 사람들은 그것에 미혹되어 구분하지 못하였고 배우는 사람은 그 차이를 힘써 익혔다. 세월이 지나면서 팔자처럼 분산되어 팔분이라 이름하였다.(楷隸初制, 大範幾同, 故後人惑之, 學者務之, 蓋其歲深漸若八字分散, 又名之爲八分.)

이양빙(李陽氷) 또한 팔자(八字)와 닮았으며, 언파(偃波)와 같은 필세가 있다고 여겼다. 후에 곽충서(郭忠恕)는 '팔체 이후에 또 이 서법이 나누어졌다.(八體之後, 又分此法)'라고 여겼다. 황정견(黃庭堅) 등은 붓을 들면 반드시 팔방으로 조밀하게 분포해야 된다고 여기고, 유희재(劉熙載)와 강유위(康有爲) 등은 팔분(八分)은 정명(正名)이 아니고 소전은 대전의 팔분을 취하고 한예(漢隸)는 소전의 팔분을 취하고 금예(今隸)는 한예(漢隸)의 팔분을 취한 것이라 여겼다.

이러한 후세의 추측은 대부분 의도적으로 깊은 뜻을 추구한 것이다. 나는 단지 왕음(王愔)의 주장만이 옳다고 여긴다. 왕음(王愔)은 ≪문자지(文字志)≫에서 옛 서체 36종에 해서가 있고 팔분은 없다고 기재하니 해서가 바로 팔분임을 알 수 있다. 위항(衛恒)이 사의관에 대해서 말하길, '큰 것은 한 글자의 직경이 한 길이었고, 작은 것은 사방 1촌에 천 글자를 썼다.(大則一字徑丈, 小則方寸千言.)'고 했고, 모홍(毛弘)이 비서령(秘書令)에서 가르쳤던 것은 단지 팔분뿐이니 이것은 근대에 소위 말하는 촌해(寸楷)와 같은 것이니 일반적으로 서체를 배우려면 팔분해법에서 시작하지 않으면 안 된다. 한나라 식경(石經)의 부류들은 바로 팔분(八分)의 서체 양식이다. 팔분(八分)이라 이름 하는 것은 실제로는 본래 하나의 기준이었는데, 점차 변하여 서체의 한 종류가 되었고 해법(楷法)의 옛 이름을 대체했다.(오언시를 단지 오언으로 부른 것과 같다.) 양흔(羊欣)은 ≪채고래능서인명(采古來能書人名)≫에서 '왕차중이 팔분해법을 지었다(王次仲作八分楷法)'라고 말했는데 이것은 후대에 생긴 명칭을 사용한 것이니, 사실 팔분해법은 단지 해법 중의 한 종류일 뿐이다.

육조 이후에는 동한 말년의 해서(楷書)를 팔분(八分)으로 불렀으며, 위진(魏晉)이후의 정서(正書)를 예서(隸書)로 불렀다. 당나라 사람들은 이러한 구별이 익숙하여 팔분이 예서보다 앞선다고 여겼는데 실제로는 마땅히 바뀌었다는 것을 알지 못했다.

예서는 본래 간략하게 쓴 서체인데, 그러나 해법(楷法)이 생겨난 이후에는 배우는 것 또한 쉬운 것이 아니었다. 이름난 서법가들이 날로 많아져 각기 새로운 생각들을 내었으니 이로 말미암아 많은 서체가 생겨났다. 예를 들면 비백(飛白), 산예(散隸), 용조서(龍爪書) 등의 부류이다. 비백 서체를 배우려는 학자들이 매우 많았는데 이는 고대에서 조충서를 배우려는 사람들이 많았던 것과 같다. 그것의 기원은 한(漢) 말이며 왕은(王隱)과 왕음(王愔)이 '본래 이것은 궁전의 제서로 쓰였는데 형세는 직경이 한 길이고 글자는 가볍고 미약하여 가득 차지 않은 듯하니 비백이라 명하였다.(本是宮殿題署, 勢旣徑丈, 字宜輕微不滿, 名為飛白)'라고 하였다. 양흔(羊欣)은 특별히 오(吳)나라 장홍(張弘)을 예로 들었는데 소위 장오의(張烏衣)는 특히 비백에 뛰어났다고 말하나, 소자량은 채옹에게서 시작되었다고 말한다. 唐나라 당현도(唐玄度)의 십체서에는 다음과 같은 것이 있다.

> 고문(古文), 대전(大篆), 팔분(八分), 소전(小篆), 비백(飛白), 도해전(倒薤篆), 산예(散隸), 현침전(懸針篆), 조서(鳥書), 수로서(垂露書)

그리고 장회관(張懷瓘)의 십체는 다음과 같다.

> 고문(古文), 대전(大篆), 주문(籒文), 소전(小篆), 팔분(八分), 예서(隸書), 장초(章草), 행서(行書), 비백(飛白), 초서(草書)

모두 비백이 들어 있으니 매우 통용되었던 서체임을 알 수 있다. 유원위(庾元威)의 백이십체에는 또 비백전(飛白篆)과 비백초(飛白草)로 나누고 있다. 당나라에 이르러 이약(李約)은 소자운(蕭子雲)이 비백체(飛百體)로 쓴 소자(蕭字)를 얻었는데 그것으로 소재(蕭齋)를 건축하였다. 현존하는 승선태자비(昇仙太子碑)는 매 획에 모두 새의 형상이 있으며 곡두서(鵠頭書)가 섞여 들어간 것 같다. 송대에 이르러 비백은 여전히 매우 유행했다.

二十八 초서(草書)·장초(章草)·초고(草藁)·금초(今草)·광초(狂草)

고대에 소위 초(草)는 모두 초고(草藁)를 의미한다. 진서(秦書) 팔체 중에는 초서가 없다. ≪위율(尉律)≫에는 또 팔체만 있으니, 초(草)는 틀림없이 예서(隸書) 이후에 생긴 것임을 알 수 있다. ≪설문(說文)≫에 '한나라가 흥하자 초서가 있게 되었다.(漢興有草書)'라고 하니 본래 초서가 생겨난 확실한 시기는 알 수 없다. 조일(趙壹)은 ≪비초서(非草書)≫에서 다음과 같이 말한다.

> 대저 초서가 일어남은 근고(近古) 시기가 아닌가? 위로는 하늘의 형상이 드리운 바가 아니고, 아래로는 하락(河洛)이 토해낸 바가 아니며, 가운데로는 성인이 만든 바도 아니다. 대개 진나라 말기에 형법이 엄준하며 조밀하고 관아의 문서가 번거롭고 많으며 전쟁이 일어나 군대의 문서는 치달리고 격문(檄文)은 어지럽게 나는 듯하여 예초를 만들어 급하고 빠름을 독촉할 따름이다.(夫草書之興也, 其於近古乎? 上非天象所垂, 下非河洛所吐, 中非聖人所造. 蓋秦之末, 刑峻網密, 官書煩冗, 戰攻並作, 軍書交馳, 羽檄紛飛, 故爲隸草, 趣急速耳.)

양무제(梁武帝)의 ≪초서장(草書狀)≫에서 인용한 채옹의 설도 대략 같으니 모두 임의로 추측한 것이다. 장회관(張懷瓘)이 말한 '제후들이 서로 다툴 때에 소전과 해서, 예서가 아직 생겨나지 않았으니, 어찌 다만 초서뿐이겠는가(諸侯爭長之日, 則小篆及楷隸未生, 何

但於草.)'라고 한 것은 매우 옳은 것이다.

우리가 현재 볼 수 있는 연호가 있는 목간은 이른 것은 서한(西漢) 무제(武帝) 때이며, 그때는 단지 엉성한 예서만 있었다. 그러므로 유견오(庾肩吾)의 ≪서품(書品)≫에서 '초서의 필세는 한나라 때 생겼으니, 예서의 필법을 풀어서 급히 쓰려고 한 것이다.(草勢起於漢時, 解散隸法, 用以赴急)'라고 한 것은 비교적 이치에 가깝다.

건무(建武) 22년(기원전 46)의 한 죽간의 글씨는 분명히 초서체이다. 그러므로 초서가 성숙한 것은 늦어도 서한 말 동한 초이다. 초서는 대게 점차적으로 변천된 것이기에 초서의 생성 시기를 정확하게 찾는 것은 쉽지 않다.

초서에 관한 전설에서는 일반적으로 초서가 두조(杜操)에서 기원한다고 여긴다. 소자량(蕭子良)은 '장초라는 것은 한나라 때의 제(齊)의 재상인 두조가 처음 초고의 법을 변화시켰다.(章草者漢齊相杜操始變藁法.)'라고 하였다. 그러나 일부 사람들은 ≪급취장(急就章)≫까지 시기를 앞당겨 사유(史游)가 지은 것이라 하니 왕음(王愔)과 장회관(張懷瓘)도 모두 이렇게 말한다. 사실 ≪급취(急就)≫는 본래 아이들을 가르치기 위한 책이니 마땅히 통용되는 자체를 사용하였을 것이다. 그러므로 현재 발견된 목간은 모두 예서를 사용하여 쓴 것이다. 만일 사유(史游)가 생존했던 시기에 아직 초서가 없었다면 그는 결코 새로운 자체를 만들어 한 권의 새로운 책을 만들 수 없었을 것이다. 후에 초서가 유행한 이후 사람들이 초서를 사용하여 쓴 것은 오히려 일반적인 일이 되었다. 그래서 상식적으로 판단하면 이런 견해는 불가능한 것이다.

≪후한서(後漢書)·종실전(宗室傳)≫에 동해(東海) 경왕(敬王) 유

목(劉睦)은 '사서에 능하여 당시의 모범이 되었는데, 병으로 눕게 되자 왕이 역마를 보내 초서로 글 열 편을 쓰게 하였다.(善史書, 當世以爲楷則, 及寢病, 帝驛馬令作草書尺牘十首)'라고 하였다. 이것은 대략 명제(明帝) 영평(永平) 17년(서기 74)의 일이다. 우리들은 건무(建武) 22년과 영평(永平) 11년의 두 죽간을 보면 당시의 초서를 상상할 수 있다. 소위 사서(史書)는 대략 영사(令史)들이 쓴 글자를 가리키니 전인들은 자주 ≪사주편≫이라고 잘못 여기고 전대흔(錢大昕)은 예서라고 여겼다. 그러나 ≪유목전(劉睦傳)≫과 ≪위지·관녕전(魏志·管寧傳)≫은 모두 척독(尺牘)을 지칭한다고 말하니, 그것은 근대의 서신(八行書)을 쓰는 것과 같다. 이런 글자는 유행한 서체를 썼을 것이니 초서는 동한 초기에 바로 유행했던 서체였을 것이다.

건무(建武)에서 건초(建初)까지 30여 년이 지나고 두조(杜操)가 있어 채옹의 ≪권학편(勸學篇)≫에 소위 '제나라 재상인 두도는 직분을 다하고 작편에 유명했다.(齊相杜度, 美守名篇)'라 하고, 위항(衛恒)은 ≪사체서세(四體書勢)≫에서 '장제 때 이르러 제나라 재상 두도는 작편에 뛰어났다.(至章帝時, 齊相杜度, 號善作篇.)'라고 하였다. 조일(趙壹)은 ≪비초서(非草書)≫에서 다음과 같이 말한다.

> 우리 고을의 선비 중에는 양공달(梁孔達)과 강맹영(姜孟穎)이 있었는데, 모두 당시의 현명한 선비였으나 장지(張芝)의 초서를 흠모함이 안연과 공자처럼 되기를 바라는 것보다 지나쳤다. 양공달이 글씨를 써서 강맹영에게 보여 주면, 모두 입으로 그 글을 암송하고 손으로 그 문장을 따라 써보며 조금도 피곤해하지 않았다. 이에 후학의 무리들이 다투어 두 현인을 흠모하자, 군수가 작편을 짓게

하여 사람마다 한 권씩 만들어 몰래 감상하였다.(余郡士有梁孔達姜孟穎者, 皆當世之彥哲也. 然慕張生之草書, 過於希顏孔焉. 孔達寫書以示孟穎, 皆口誦其文, 手揩其篇, 無怠倦焉. 於是後學之徒, 競慕二賢, 守令作篇, 人撰一卷, 以爲秘玩.)

초서가 처음 행해졌을 때는 글을 베끼기 위한 것임을 알 수 있다. ≪설문(說文)≫에서는 '편은 서이다.(篇書也.)'라고 하고 ≪찬문(纂文)≫에서는 '관서 지역에서는 서편을 서약이라 했다.(關書以書篇爲書籥)'라고 말한다. ≪설문(說文)≫에서 다시 '약(籥)은 아이들이 글을 쓰는 대나무 조각이다. 첨(笘)은 영천에서는 아이들에게 쓰게 하는 것을 첨이라고 한다.(籥, 書僮竹笘也. 笘, 潁川名小兒所書寫爲笘.)'라고 말한다. 그렇다면 작편(作篇)은 배우는 자들에게 베껴 쓰게 한 것이다. 두도(杜度)가 작편(作篇)한 것과 왕차중이 해법을 지은 것은 같은 의미이며, 또 부풍(扶風) 사람 조희(曹喜)의 전서(篆書)가 있는데, 세 사람은 모두 건초 시기의 사람이니 한(漢)대의 서법은 그 때부터 더욱 창성하였다.

위항(衛恒)은 다음과 같이 말한다.

제나라 재상인 두도(杜度)는 작편에 뛰어났는데, 후에 최원(崔瑗)과 최식(崔寔) 또한 모두 공교하다고 일컬어졌다. 두도는 글씨를 마무리함이 매우 안정되었고 서체는 조금 파리하였다. 최원은 깊이 필세를 얻었으나 글자를 구성함이 조금 성글었다. 홍농 사람인 장백영(張伯英)은 이로 말미암아 정밀하고 더욱 공교해졌다. 무릇 집의 옷과 비단에 반드시 글씨를 써 본 후에 다시 표백하였다. 연못물로 글씨를 연습하니 그 물이 다 검어졌다. 글을 쓰면 반드시 모범이 되었기 때문에 '바빠서 틈이 없는 초서(忩忩不暇草書)'라 불렸다. 작은 종이조차 남기지 않고 연습하였으니 요즘에 이르러서도 그의 글을 더욱 보배로 여겨 위중장(韋仲將)은 그를 초성이라고 하였다. 장지의 동생 장창(張昶)은 장지의 다음이다. 또한 강맹영(姜孟穎), 양공달(梁孔達), 전언화(田彥和) 및 위중장(韋仲將)의 무리가 있었는데, 모두 장지의 제자로 유명하였다. 그러나 장창에게 한참 미치지 못한다. 나숙경(羅叔景)과 조원사(趙元嗣)는 장지와 동시대 사람으로 서주 지역에서 칭송되어서 기교를 자랑하고 스스로 자부하였으나 많은 무리들은 자못 이를 의심하였다. 그러므로 장지는 스스로 위로는 최원과 두도에 비하여 부족하고, 아래로는 나숙경과 조원사와 견주면 남음이 있다고 하였다. 하간 사람인 장초 또한 이름이 있었다. 그러나 비록 최원과 같은 고을 사람이지만 장지가 그 법을 얻은 것만 같지 못하다. (齊相杜度號善作篇, 後有崔瑗崔寔, 亦皆稱工. 杜氏殺字甚安而書體微瘦, 崔氏甚得筆勢而結字小疏. 弘農張伯英者, 因而轉精甚巧. 凡家之衣帛, 必書而後練之. 臨池學書, 池水盡黑. 下筆必爲楷則, 號忩忩不暇草書. 寸紙不見遺, 至今世尤寶其書, 韋仲將謂之草聖. 伯英弟文舒者次伯英. 又有姜孟穎, 梁孔達, 田彥和及韋仲將之徒, 皆伯英弟子, 有名於世, 然殊不及文舒也. 羅叔景趙元嗣者與伯英並時, 見稱於西州, 而矜巧自與, 衆頗惑之, 故英自稱上比崔杜不足, 下方羅趙有餘. 河間張超亦有名, 然雖與崔氏同州, 不如伯英之得其法也.)

장지(張芝)는 헌제(獻帝) 초평(初平) 중기(서기 190~193)에 죽었으며 채옹과 동시대 사람이며 종요(鍾繇)보다 이르다. 장지(張芝)는 위로는 최원, 두도와 비교되고, 위중장(韋仲將) 또한 장지를 초성(草聖)이라 말하고, 후대 색정(索靖)은 또한 위탄(韋誕)에서 나왔으니 이들은 모두 북방의 서법가들이다. 남방의 황상(皇象)은 두도를 스승으로 삼았다고 하고 ≪포박자(抱朴子)≫에서도 서성(書聖)이라고 칭한다.

장회관(張懷瓘)은 구양순(歐陽詢)의 <여양부마서장초천문비후(與楊駙馬書章草千文批後)>를 인용하여 다음과 같이 말한다.

> 장지(張芝)는 초성(草聖)이라고 불리고, 황상(皇象)은 팔절(八絕)이라고 불리는데 모두 장초(章草)를 썼으며 서진(西晉)때는 다 그러하였다. 동진(東晉)에 이르러서 왕희지와 그의 종제(從弟)인 왕흡(王洽)이 장초(章草)를 금초(今草)로 바꾸었는데 운치 있고 아름다워 세상에 크게 유행하게 되어서 장초는 거의 끊어지게 되었다.(張芝草聖, 皇象八絕, 並是章草, 西晉悉然. 迨乎東晉, 王逸少與從弟洽, 變章草爲今草, 韻媚婉轉, 大行於世, 章草幾將絕矣.)

장회관(張懷瓘)은 금초는 장지(張芝)에서 시작되었다고 여기고 다음과 같이 말한다.

> 우군(右軍) 이전에 금초(今草)에 능한 자는 셀 수 없다고 하나, 많은 사람들의 말들이 어찌 그리 사나운가. 무리들의 입을 막고자 하나 그것은 사람 뒤를 따라 가면서 발자취를 없애고 종을 두드리면서 소리를 없애려는 것과 같다.(案右軍之前, 能今草者不可勝數, 諸君之說, 一何孟浪. 欲杜衆口, 亦猶躡履滅跡, 扣鍾銷音也.)

장회관(張懷瓘)의 말은 틀렸다. 위탄(韋誕), 위항(衛恒)은 장지를 초성(草聖)으로 칭송하였지만, 그에게 새로운 서체가 있다고 말하지는 않았다. 양흔(羊欣)은 위관(衛瓘)이 장지의 서법을 채택하고, 그 부친 위개(衛覬)의 서법과 합하여 '다시 초고(草藁)를 만들었으니 초고는 상문서(相聞書)이다.(更爲草藁, 草藁是相聞書也.)'라고 하였다. 이것은 종요(鍾繇)의 행압서(行押書)의 영향을 받은 것이며 행압서 역시 '상문자야(相聞者也)'라고 했다. 그래서 왕음(王愔)은 '고서는 초서 같으나 초서가 아니니 초서와 행서 사이에 있다.(藁書者, 若草非草, 草行之際)'라고 했다. 이것은 초서(草書)가 처음으로 고쳐진 새로운 서체이다.

왕승건(王僧虔)은 ≪논서(論書)≫에서 다음과 같이 말한다.

> 돌아가신 증조부 영군(領軍) 흡(洽)이 왕희지에게 편지를 써서 말하길 옛 서체를 모두 변화시켰는데, 그렇지 않았다면 지금까지 종요와 장지의 서체를 본 받았을 것이다. 우군이 말하길 동생의 서체는 마침내 나보다 못하지 않게 되었다.(亡曾祖領軍洽與右軍書云: '俱變古形, 不爾, 至今猶法鐘張.' 右軍云: '弟書遂不減吾.)

또한 다음과 같이 말한다.

> 장지(張芝), 색정(索靖), 위탄(韋誕), 종회(鐘會), 이위(二衛)는 모두 그전 시기에 유명한 사람이다. 고금이 다르니 그 우열을 변별할 필요는 없으나 오직 필력의 절묘함을 볼 뿐이다.(張芝, 索靖, 韋誕, 鐘會, 二衛, 並得名前代, 古今既異, 無以辨其優劣, 惟見筆力驚絕耳.)

장지(張芝), 색정(索靖)에서 이위(二衛)까지는 옛 서체이며, 우군과 왕흡은 옛 서체를 바꾸어 새로운 서체를 만들었으니, 구양순은 이러한 역사를 알았다. 장지의 글은 이미 종이로 남아있지 않아 당나라 사람들은 왕희지와 왕흡의 글을 취하여 장지의 작품으로 거짓으로 위탁하였다. 그리하여 장회관(張懷瓘)은 한나라 때 금초가 있었다고 오인한 것이다.

왕씨 형제의 새로운 서체를 금초(今草)라고 칭하였기 때문에 장지(張芝), 색정(索靖)의 옛 서체를 장초(章草)라고 칭한다. 장초의 명칭은 양흔(羊欣)이 이미 이렇게 사용하였다. 전인들은 장초에 대하여 많은 오해를 하여 어떤 사람은 한(漢) 장제(章帝) 때문에 장초(章草)라고 부른다고 하고, 어떤 사람은 상소문(章奏)으로 썼기 때문에 장초라고 하고, 어떤 사람은 사유가 쓴 급취장의 초서이기 때문에 장초라고 주장했다. 고인들이 말한 '장(章)'과 '편(篇)'의 뜻은 같고 모두 어린이를 가르쳤던 것임을 몰랐기 때문이다. 창힐 등과 같은 편들은 모두 장(章)을 나누었고, ≪급취편≫은 또 ≪급취장≫으로 불렀으니, '그 편장에 대해서 말하겠습니다(請道其章)'라 한 것이다. ≪광아·석기(廣雅·釋器)≫에 장(章)과 편(篇)의 두 자를 모두 정(程)으로 훈하고 있고, 그리하여 종요에게는 장정서(章程書)가 있고, '비서에 전하여 소학자를 가르치는 것이니(傳秘書, 教小學者也.)' 바로 그것이 해예(楷隸)이다. 그래서 양흔(羊欣)은 왕이(王廙)(우군의 숙부이며, 그 서법은 왕희지의 서법을 썼다.)는 장해(章楷)에 능해서 종요의 서법을 전했다고 말한 것이다. 장해(章楷)와 장초(章草)는 의미가 완전히 같다.

초서는 당나라에 이른 이후에 또 새로운 서체가 나왔는데 그것은 장욱(張旭)의 광초(狂草)이다. 이 서체를 써내면 다른 사람은 대부분 식별하지 못하였고, 예술의 형식으로 완전히 변하여 초서의 의미를 잃어 버렸으며 그리하여 초서 또한 쇠퇴하였다.

二十九 행서(行書)·정서(正書, 진서[眞書])

행서(行書)의 출현은 해예서(楷隸書)가 간략화된 결과이다. 위항(衛恒)의 ≪예서세(隸書勢)≫에서 다음과 같이 말한다.

> 위나라 초기에 종요(鍾繇)와 호소(胡昭) 두 사람이 있었는데, 행서(行書)의 서법(書法)을 썼으며, 모두 유덕승(劉德昇)에게서 배웠다. 그러나 종요는 약간 특이하였으나 역시 각자 기교가 있어서 오늘날 세상에서 크게 행해졌다고 말한다.(魏初鍾胡二家, 爲行書法, 俱學之於劉德昇, 而鍾氏小異, 然亦各有巧, 今大行於世云.)

그리고 행서(行書)를 예서(隸書) 안에 귀속시켰다. 양흔(羊欣)은 다음과 같이 말한다.

> 유덕승(劉德昇)은 행서(行書)에 뛰어났고, 어떤 사람인지는 자세하지 않다. 영천(潁川)사람 종요(鍾繇)는 위(魏)나라 태위(太尉)이고, 동군(同郡)의 호소(胡昭)는 공거(公車)로 부름을 받아, 두 사람이 함께 유덕승(劉德昇)에게 배웠으니 호소(胡昭)의 서체는 뭉툭하고, 종요(鍾繇)의 서체는 가늘다.(劉德昇善爲行書, 不詳何許人. 潁川鍾繇, 魏太尉, 同郡胡昭, 公車徵, 二子俱學於德昇, 而胡書肥, 鍾書瘦.)

또 장회관(張懷瓘)이 다음과 같이 말한다.

유덕승(劉德昇)은 자(字)가 군사(君嗣)로 영천(潁川) 사람이며, 환제(桓帝)와 영제(靈帝) 때에 행서(行書)를 만들어서 이름을 떨쳤다. 비록 처음 만들었으나 매우 아름다웠고, 그 서체(書體)가 풍류적이고 완약하여 당시에 독보적이었다. 호소(胡昭)와 종요(鍾繇)가 또한 그의 법을 스승으로 삼았으니 세상 사람들이 종요(鍾繇)가 행압서(行押書)를 잘 썼다고 한 것이 이것이다. 호소(胡昭)의 서체(書體)는 뭉툭하고, 종요(鍾繇)의 서체(書體)는 가늘었으나, 또한 각각 유덕승(劉德昇)의 아름다움이 있었다.

호소(胡昭)는 자(字)가 공명(孔明)으로 영천(潁川) 사람이고, 사서(史書)에 매우 능하였고, 진서(眞書)와 행서(行書) 또한 뛰어났다. 위항(衛恒)이 이르기를, "호소(胡昭)는 종요와 더불어 유덕승(劉德昇)에게 배웠고, 모두 초서(草書)와 행서(行書)를 잘 썼는데, 호소(胡昭)의 서체는 뭉툭하고, 종요(鍾繇)는 가늘었으나, 서독의 필적은 쓰는 것 마다 법도를 보였다."라고 했다. 양흔(羊欣)이 말하기기를, "호소(胡昭)는 그 기골을 얻었고, 삭정(索靖)은 그 살을 얻었으며, 위탄(韋誕)은 그 힘줄을 얻었다고 했다." 장화(張華)가 말하기를, "호소(胡昭)는 예서를 잘 썼다"라고 했다. 장화(張華)가 순욱(荀勖)과 함께 전적을 정리하고, 또 서박사(書博士)를 세워서 제자를 두어 가르치고 익히게 하면서 종요(鍾繇)와 호소(胡昭)를 법으로 삼았다. 가평(嘉平) 2년 공거(公車)로 부름을 받았는데, 그 해에 죽었으니 나이 89세였다.(劉德昇字君嗣, 潁川人, 桓靈之時, 以造行書擅名. 雖以草創, 亦甚姸美, 風流婉約, 獨步當時. 胡昭鍾繇並師其法, 世謂鍾繇行押書是也. 而胡書體肥, 鍾書體瘦, 亦各有君嗣之美.

胡昭字孔明, 潁川人……甚能史書, 眞行又妙. 衛恒云: "昭與鍾繇並師於劉德昇, 俱善草行, 而胡肥鍾瘦, 書牘之迹也, 動見模楷." 羊欣云: "胡昭得其骨, 索靖得其肉, 韋誕得其筋." 張華云: "胡昭善隸書", 茂先與荀勖共整理記籍, 又立書博士, 置弟子敎習, 以鍾胡爲法. 嘉平二年公車徵, 會卒, 年八十九.)

건안(建安)시기 말에 모홍(毛弘)이 양곡(梁鵠)파의 팔분(八分)해서(楷書)로 비서(祕書)에서 가르쳤고, 60 여년이 지나, 진(晋)초의 서박사(書博士)는 이미 종요(鍾繇)와 호소(胡昭)의 새로운 서체인 행서(行書)를 법으로 삼았다는 것을 알 수 있다. 장회관(張懷瓘)은 또 왕음(王愔)의 말을 인용하여 다음과 같이 말한다.

진(晋) 이래로, 글씨를 잘 쓴 사람은 대부분 행서(行書)로 이름을 드러냈고, 옛날 종요(鍾繇)가 행압서(行押書)를 잘 썼다는 것이 이것이다.(晋世以來, 工書者多以行書著名, 昔鍾元常善行押書是也.)

행서(行書)가 크게 유행하였음을 알 수 있다.

종요(鍾繇)는 본래 유덕승(劉德昇)의 행서(行書)를 배워서 이름을 떨쳤으나 후세에는 도리어 그의 행서(行書)를 중시하지 않고, 정서(正書)를 받들었다. 왕희지(王羲之)는 스스로를 종요(鍾繇)와 장지(張芝)에 견주었고, 이사진(李嗣眞)은 ≪후서품(後書品)≫에서 왕희지(王羲之)보다 앞선 것은 바로 장지(張芝)의 초서(草書)와 종요(鍾繇)의 정서(正書)라고 했다. 서호(徐浩)의 ≪논서(論書)≫에서 말하길, '종요(鍾繇)는 진서(眞書)에 뛰어나고, 장지(張芝)는 초성(草聖)

이라 칭하며, 우군(右軍, 왕희지)은 행서(行書)의 서법에 능했고, 소령(小令, 왕헌지)은 파체(破體)에 뛰어났다.(鍾善眞書, 張稱草聖, 右軍行法, 小令破體.)'라고 했다. 장회관(張懷瓘)은 다음과 같이 말한다.

> 진서(眞書)는 절세적이고 강하고 부드러움을 갖추었으며, 또 점(點)과 획(畫) 사이에 기이한 맛이 많았다. ……진(秦)과 한(漢) 이래로 한 사람일 뿐이다. …… 그의 행서(行書)는 왕희지(王羲之)와 왕헌지(王獻之)에 버금가고, 초서(草書)는 위항(衛恒)과 삭정(索靖)의 아래이다. 팔분(八分)은 위(魏)나라의 ≪수선비(受禪碑)≫가 있으니 이를 최고라고 한다.(眞書絕世, 剛柔備焉. 點畫之間, 多有異趣. ……秦漢以來, 一人而已. ……其行書則羲之獻之之亞. 草書則衛索之下, 八分則有魏受禪碑, 稱此爲最.)

행서(行書)는 이미 왕희지(王羲之)와 왕헌지(王獻之)가 종요보다 훨씬 뛰어났으며, 단지 남겨진 정서(正書)에만 그가 제일 뛰어났다는 것을 알 수 있다.

고대(古代)에는 오직 해서(楷書)만 있었고, 결코 정서(正書)라는 명칭이 없었다. 왕승건(王僧虔)은 스스로 자신이 정서(正書)의 제일이라고 자랑하면서 비로소 정서(正書)의 명칭이 있게 되었으니, 정서(正書)는 원래 장정서(章程書)이다. 양흔(羊欣)은 다음과 같이 말한다.

> 종요(鍾繇)의 서법(鍾書)에는 세 가지 서체(書體)가 있다. 첫째는 명석서(銘石書)이며, 가장 훌륭하다. 둘째는 장정서(章程書)이니,

비서(祕書)에 전해져, 소학자를 가르치는 것이다. 셋째는 행압서(行押書)이며, 상문서이다. (왕승건[王僧虔]이 쓴 행서가 이것이다.) 세 가지 서법은 모두 세상 사람들이 익숙한 바이다. (鍾書有三體: 一曰銘石之書, 最妙者也. 二曰章程書, 傳秘書, 敎小學者也. 三曰行押書, 相聞者也. [王僧虔作行書是也.] 三法皆世人所善.)

오늘날 보이는 종요(鍾繇)의 명석서(銘石書)는 수선표(受禪表)의 서체이고, 장정서(章程書)는 하첩(賀捷), 역명(力命), 계직(季直) 등의 표(表)의 서체이며, 그리고 행압서(行押書)는 묘전병사첩(墓田丙舍帖)의 서체이다. 위탁하였다고 전해지는 왕희지(王羲之)의 <題衛夫人筆陳圖後>에서 다음과 같이 말한다.

(그 초서는)…… 팔분(八分)과 고예(古隸)가 서로 섞이게 하고, 또한 급하지 않으면서도 먹이 종이에 스며들지도 않게 해야 한다. 만약 급하게 쓴다면 뜻이 천박하게 되고 필적이 바로 지나가니, 오직 장초(章草)와 장정(章程), 행압(行押) 등만이 이 필세를 쓰지 않고, 단지 격석파(擊石波)만 쓸 뿐이다. 그 격석파(擊石波)란 결파(缺波)라는 것이다.(八分古隸相雜, 亦不得急, 令墨不入紙, 若急作, 意思淺薄而筆卽直過, 惟有章草及章程行押等, 不用此勢, 但用擊石波而已. 其擊石波者缺波也.)

이것은 틀림없이 당(唐) 이전의 서법을 조금 아는 사람이 위조한 것이며, 장정(章程), 행압(行押)은 모두 팔분(八分)(마땅히 楷書라고 해야 함.)의 파법(波法)과는 같지 않음을 볼 수 있다.

≪한서(漢書)≫ <고제기(高帝紀)>에서 '장창(張蒼)이 장정(章程)을 제정하였다.(張蒼定章程)'라고 하고, 주(注)에 '법식(法式)이다.(法式也.)'라고 하니, 그러면 장정서(章程書)는 비서(秘書)에 전해져 소학자를 가르치는 모범이 되는 서체(法書)이다. 위속(韋續)은 ≪오십육체설(五十六體說)≫에서 '팔분서(八分書)는 위(魏)나라의 종요(鍾繇)가 장정서(章程書)라 하였다.(八分書, 魏鍾繇謂之章程書)'라고 하였고, 장회관(張懷瓘)은 ≪서단(書斷)≫에서 '팔분(八分)은 그 당시의 사람이 편장(篇章)을 쓰거나 법령(法令)을 쓰는데 사용하였는데, 또한 장정서(章程書)라 불렀다.(八分時人用寫篇章, 或寫法令, 亦謂之章程書)'라고 하였는데 이전 사람들은 잘못된 것이라고 생각했다. 사실 팔분해법(八分楷法)은 본래 형체의 크기에서 나온 표현이고 장정서(章程書)의 자형(字形)의 크기가 팔분해법과 비슷하니, 팔분(八分)의 새로운 서체라고 말할 수 있다.

한(漢)나라에는 본래 예서(隸書)의 해법(楷法)과 초서(草書)의 편장(篇章)만 있었는데, 한(漢) 말에 이르러서야 유덕승(劉德昇)의 행서(行書)가 있었다. 행서(行書)는 본래 해예(楷隸)의 간별자(簡別子)이어서 쉽게 유행하였다. 종요(鍾繇)에 이르러 행서(行書)로 상문서(相聞書)를 쓰고, 해법(楷法)으로 비각(碑刻)을 쓴 것 외에 팔분(八分)을 쓸 때는 오히려 행서(行書)의 체세(體勢)를 가미해서 새로운 서체가 되었는데, 그것이 바로 '장정서(章程書)'이다. 장정서(章程書)는 해서(楷書)와 행서(行書) 사이에 있는 것으로 해서(楷書)인 듯하나, 해서(楷書)가 아니고, 초고(草藁)를 따른 것은 초서(草書)인 듯하나, 초서(草書)가 아니니, 초서(草書)와 행서(行書)사이에 있는 것도 마찬가지다. 글자가 팔분체(八分體)처럼 크기 때문에 종요(鍾繇)

와 왕희지(王羲之)의 서체는 모두 소진서(小眞書)이고, 게다가 왕희지의 소해(小楷)는 모두 아들과 조카들에게 쓴 것이었다.

장정(章程) 두 글자의 합음은 정자(正字)(平聲)이니, 후세에 장정서(章程書)를 빨리 읽어서 정서(正書)로 바뀌었고, 또 진서(眞書)로 바뀌었다. 글자로 보면, 진(眞)과 초(草)는 대칭이 되니, 예를 들면 진본(眞本)과 초고(草藁) 같은 것이며, 우화(虞龢)가 말한 '그 당시에 황제의 생각에는 초서(草書)의 서체가 있지 않아, 무릇 모든 교령(敎令)은 반드시 진서(眞書), 정서(正書)로 써야 했다.(于時聖慮, 未存草體, 凡諸敎令, 必應眞正)'라고 했으니, 그래서 이 명사(名詞)가 바로 통용되었고, 이와 반대로 장정서(章程書)라는 옛 이름은 잊혀졌다. 이 새로운 서체는 여전히 예서(隸書)에서 변화된 것이어서, 줄곧 당(唐)대에 이르러서도 사람들은 여전히 예서(隸書)라고 불렀으며, 또한 해서(楷書)라고도 불렀으나 당(唐)대 사람은 오히려 오인하여 옛 해예(楷隸)를 팔분(八分)이라 불렀다.

종요(鍾繇)의 장정서(章程書)는 실제로는 예서(隸書)의 맛을 벗어나지 않았다. 우리는 진(晉)나라 사람이 쓴 불경을 많이 볼 수 있는데, 연호가 가장 이른 것은 원강(元康) 6년(서기 296년)이고, 종요(鍾繇)가 세상을 뜬 시기(서기 230년)와는 겨우 60 여년의 차이가 있으니, 이들 불경에서 보이는 서체는 정서(正書) 초기의 모습임을 알 수 있다.

정서(正書)의 서법(書法)은 왕희지(王羲之) 형제에 이르러서 또 변한 적이 있었다. 그러므로 '모두 옛 형태를 변화시켰는데, 그렇지 않았다면 지금까지 여전히 종요(鍾繇)와 장지(張芝)의 서체를 본받았을 것이다.(俱變古形, 不爾至今猶法鍾張)'라고 말한다. 종요의 서체를 변화시켰다는 것은 정서(正書)를 지칭하여 말한 것이다. 양(梁)대의 우화(虞龢)가 다음과 같이 말한다.

> 대저 옛것은 질박하고, 지금의 것이 아름다운 것은 이치의 변하지 않음이다. 아름다움을 좋아하고 질박함을 야박하게 여기는 것은 인지상정이다. 종요(鍾繇)와 장지(張芝)를 이왕(二王[왕희지, 왕헌지])과 비교하면 가히 옛 서체라고 할 수 있으니, 어찌 아름다움과 질박함의 다름이 없을 수 있겠는가.(夫古質而今姸, 數之常也, 愛姸而薄質, 人之情也. 鍾張方之二王, 可謂古矣, 豈得無姸質之殊.)

왕희지와 왕헌지의 필법은 그 당시에 확실히 아름다운 자태를 이용한 세속의 서체(俗書)이며, 현재에 전해지는 두 사람의 서첩은 모두 당(唐)나라 사람의 모탁(摹拓)을 거쳤고, 또 이리 저리 전해져 간행되어, 전혀 옛 맛을 엿볼 수 없게 되었다.

육조(六朝) 이후, 왕희지와 왕헌지의 서체가 성행하였는데, 양흔(羊欣), 왕승건(王僧虔), 소자운(蕭子雲), 완연(阮研), 도굉경(陶宏景, 도홍경[陶弘景]이라고도 함)에서부터 지영(智永), 우세남(虞世南), 저수량(褚遂良) 등에 이르기 까지 모두 이왕(二王) 계통의 정서(正書)를 썼다. 그러나 명석(銘石)의 문자는 오히려 여전히 해서(楷書)의 계통이다. 해서(楷書)는 비록 예서(隸書)의 체세(體勢)를 새로운 서체로 바꿨더라도 어쨌든 진서(眞書)보다 고풍스럽고 우아했으니 당(唐), 송(宋), 원(元), 명(明)대의 첩학(帖學)이 아주 흥성하다가 쇠퇴한 이후부터 청(淸)대의 서법가들은 또한 위(魏), 제(齊)의 비지(碑誌)를 제창하여 유행시켰다. 완원(阮元)은 '북비남첩(北碑南帖)의 설'을 제기하였는데, 하나는 해서(楷書)이고, 다른 하나는 진서(眞書)이며, 본래는 같은 서체가 아니었다는 것을 알지 못했다. 남조(南朝)의 비지(碑誌)도 마찬가지로 해서(楷書)이다. 구양순(歐陽詢)도 역시 해서(楷書)의 계통이며, 우세남(虞世南)과 저수량(褚遂良)에 이르러 진서(眞書)를 사용하였고, 당(唐) 태종(太宗)이 행서(行書)를 사용하여 석각(石刻)에 써서 이런 경계가 비로소 깨졌다. 안진경(顔眞卿)과 유공권(柳公權)에 이른 이후에는 왕희지와 왕헌지의 서체조차도 옛 서체가 되었다.

예서(隸書)는 고졸하고, 초서(草書)는 변하고 바뀐 것이며, 진서(眞書)와 행서(行書)는 그 사이에 끼어 있어, 배우기 쉽고 쓰기 쉬워서, 근대문자 중에 가장 통용되는 문자가 되었다.

三十 경생서(經生書)·각서체(刻書體)·간속자(簡俗字[수두자, 手頭字])·간체자(簡體字)·기본자(基本字)

서체(書體)가 바뀌고 변한 것은 도구와 관계가 있다. 주(周)대는 죽간(竹簡)을 사용하였고 공자(孔子)의 벽중서(壁中書)와 급군(汲郡)의 위(魏) 양왕(襄王)의 무덤에서 발견된 것은 모두 죽간이니 간(簡)과 책(策) 등의 글자는 모두 종죽(從竹)이다. 한(漢)대에는 목부(木柎), 찰첩(札牒), 척독(尺牘)이 성행하였고, 송(宋)대 이후부터 서쪽 변방(西陲)에서 발견된 것은 모두 나무로 된 것이다. 간독(簡牘)외에 또 비단을 사용하였는데, 값이 비싸서 그다지 통용되지 않았다. 장지(張芝) 집안의 비단(衣帛)은 모두 글씨를 쓴 후에 다시 표백하였다고 하였으니 비단은 구하기 쉽지 않았음을 알 수 있다. 사의관(師宜官)이 술집에서 벽에 글씨를 썼는데, 목부(木柎)에 쓴 것이며, 양곡(梁鵠)의 필적과 위(魏) 무제(武帝)가 휘장에 건 것과 벽에 부착한 것도 또한 목부(木柎)이다. 두도(杜度)가 작편(作篇)할 때 쓴 것도 아마 방목(方木)이었을 것이며, ≪급취장(急就章)≫은 觚(고) 위에 쓰인 것이다. 총괄하여 보면, 한(漢)나라 사람의 도구는 결국 그다지 편리하지 않았다. 후한(後漢)의 화제(和帝)때 채륜(蔡倫)이 비로소 나무껍질, 마두(麻頭), 헌 헝겊을 사용하여 종이를 만들었는데, 원흥(元興) 원년(元年) (서기 105년)에 임금에게 바쳤고, 한(漢) 말까지 100여년이 지난 후, 또 좌백(左伯)의 종이가 매우 유명했다. 장회관(張懷瓘)이 다음과 같이 말한다.

> 처음 청룡(青龍) 연간에 낙양(洛陽), 허(許), 업(鄴) 등 세 도읍의 궁궐이 처음 완성되자, 위탄(韋誕)에게 조서를 내려 대대적으로 제서(題署)하게 하여 영원한 법도로 삼게 하였다. 어필묵(御筆墨)을 하사하였으나 모두 쓰지 않았다. 그러면서 이르기를, "채옹(蔡邕)은 스스로 글씨를 잘 쓴다는 자긍심이 있었고, 이사(李斯)와 조희(曹喜)의 서법을 갖추고 있었으며, 섬세하고 흰 비단이 아니면 함부로 붓을 쓰지 않았다. 무릇 장인(匠人)이 그 일을 잘 하고자 하면 반드시 먼저 그 도구를 예리하게 하여야 한다. 만약 장지(張芝)의 붓과 좌백(左伯)의 종이, 그리고 신의 먹, 이 세 가지 도구를 다 갖추고, 또 신의 손으로 쓴다면, 그런 연후에 비로소 직경이 한 길이나 되는 필세(筆勢)를 세울 수 있고, 사방 한 치안에 천 자를 쓸 수 있을 것입니다."라고 하였다.(初青龍中, 洛陽, 許, 鄴, 三都宮觀始

成，詔令仲將大爲題署，以爲永制. 給御筆墨，皆不任用. 因曰: “蔡邕自矜能書，兼斯喜之法，非流紈體素，不妄下筆. 夫工欲善其事，必先利其器. 若用張芝筆，左伯紙，及臣墨，兼此三具，又得臣手，然後可以建徑丈之勢，方寸千言.”)

일반적인 종이는 아직 사용할 수 없어서 채옹(蔡邕)은 흰 비단을 사용하지 않을 수 없었음을 알 수 있다.

그러나 서쪽 변방에서 나온 경전을 쓴 척독(尺牘)에서 볼 때, 종이는 진(晉)대 초에 이미 성행하였다. 종이의 발명은 글자를 쓸 때 편리했는데, 특히 대부분 불경(佛經)과 도경(道經)을 썼으며, 왕승건(王僧虔)은 다음과 같이 말한다.

사정과 사부는 모두 경전을 잘 썼고, 또한 뛰어난 경지에 들어섰다.(謝靜，謝敷，並善寫經，亦入能境.)

경전(經典)을 쓰는 것은 이미 전문적인 일이었음을 알 수 있다. 진(晉)대에서 오대(五代)까지, 700여 년 동안 자체(字體)가 비록 여러 차례 변했으나 경생자체(經生字體)는 사경수(寫經手)들에게 서로 전해져 중간에 끊긴 적이 없는 듯하다.

대략 육조(六朝) 시기에는 모두 고체(古體)를 사용하였으며, 수(隋), 당(唐) 이후는 모두 종요(鍾繇)와 왕희지(王羲之)의 서체를 배웠고, 우세남(虞世南)과 저수량(褚遂良)의 서체를 배우기도 했으며, 만당(晩唐) 이후에 비로소 안진경(顔眞卿)의 서체가 보이는데, 졸렬하여 자체가 되지 못하는 것을 제외하고, 대체적으로 서로 근접했다. 구양수(歐陽修)는 ≪유교경(遺教經)≫의 발문(跋文)에서 다음과 같이 말한다.

> 위쪽의 ≪유교경(遺教經)≫은 전하길 왕희지(王羲之)의 서체라고 하는데, 잘못된 것이다. 아마도 당(唐)대의 사경수(寫經手)가 쓴 것일 것이다. 당(唐)나라 때의 불경(佛經) 중에 지금 남아 있는 것은 대략 서체가 모두 이와 유사하고, 단지 그의 정교함과 거칠음이 다를 뿐이다. 최근에 당나라 사람이 쓴 경전의 제(題)가 있는 것을 얻었는데, 하나는 설직(薛稷)이라고 하고, 다른 하나는 승려 행돈(行敦)이 쓴 것이다. 두 책이 모두 두 사람이 다른 곳에서 쓴 서체와는 유사하지 않고, ≪유교경(遺教經)≫과는 자못 같으니, 사경수(寫經手)들이 쓴 것임을 알 수 있다. 그리고 그 자체(字體)는 또한 훌륭하여서 여기에 기록한다. 대략 요즘의 사대부들의 필적이 능히 이와 유사한 자는 드물다.(右遺教經相傳云羲之書, 僞也. 蓋唐世寫經手所書. 唐時佛書今在者, 大抵書體皆類此, 第其精麤不同爾. 近有得唐人所書經題, 其一云薛稷, 一云僧行敦書者, 皆與二人他所書不類, 而與此頗同, 即知寫經手所書也. 然其字亦可愛, 故錄之, 蓋今士大夫筆畫能髣髴乎此者鮮矣.)

≪선화서보(宣和書譜)≫에 기록된 장흠원(張欽元)은 종요(鍾繇)를 본받았고, 경생서(經生書)에 빠지지 않았다. 양정(楊庭)은 그 당시의 경생(經生)이었는데, 쓴 글자가 해서체(楷書體)의 묘법을 얻었다. 오채란(吳彩鸞), 첨란(詹鸞) 등이 쓴 ≪당운(唐韻)≫과 청(淸)대에 많은 사람들이 추종한 ≪영비경(靈飛經)≫은 사실 모두 경생서(經生書)이다.

경생서(經生書)는 장정서(章程書)를 계승한 것인데, 이것은 정서(正書)의 적통(嫡統)이고, 서법(書法)에서 이야기하자면, 자주 능품(能品)에 들어가는데, 이들의 폐단은 단지 글자를 너무 많이 써서 지나치게 숙련되었고, 또한 기존의 사법에 너무 구애되었다는 점이다. 동유(董逌)의 ≪광천서발(廣川書跋)≫에는 당(唐)대의 경생자(經生字)에 대한 한 항목이 있는데, 다음과 같다.

> 서법(書法)은 자연스러워야 하며, 규칙과 균형은 각각 이루어진 법도가 있어 피할 수 없다. 준엄함을 드러내고 그 사나움을 표현하며 기풍의 결단을 스스로 취함에 이르러, 법도를 놓아버리고, 상황에 따라 적절하게 제어하며, 일정함을 고수하지 않으니 법에 구속된 모든 것은 서법이 아니다. …… 후세 사람들이 서법을 논함이 너무 엄격하여, 왕희지(王羲之)를 따름이 지나쳤다. 예를 들면 ≪황정(黃庭)≫의 청탁(淸濁) 두 글자에서 세 점의 필세는 위의 점은 힘 있게 옆으로 치우치고, 중간은 눕고, 아래 점은 잠기듯 꺾으나 뛰어오르듯 날카롭게 한다. ≪악의론(樂毅論)≫의 연(燕)자는 이어서 나는 듯, 좌측은 들어 올리고, 우측은 들어가게 한다. ≪고서문(告誓文)≫의 객(客)자는 한 번은 날고, 세 번은 움직이듯 하며, 위쪽의 좌측은 세우고, 우측은 들어 올린다. 이와 같은 것이 어찌 서법이라고 하겠는가? 또 말하기를 첫째는 합용(合用)이고, 둘째는 겸(兼)이고, 셋째는 해궐(解橛)이라 하고, 넷째는 평분(平分)이라고 했는데, 이와 같이 서법을 논하는데, 이것은 당(唐)나라 때 경생(經生)들이 글자를 쓰는 바를 말하는 것이니, 만약 이와 같은 것에서 서법을 구한다면 비록 왕희지라 할지라도 부합할 수 없을 것이다.(書法要得自然, 其於規矩權衡, 各有成法, 不可遁也. 至於駿

發陵厲，自取氣決，則縱釋法度，隨機制宜，不守一定，若一切束於法者非書也. ……後世論書法太嚴，尊逸少太過. 如謂黃庭淸濁字三點爲勢，上勁側，中偃，下潛挫而趯鋒. 樂毅論燕字謂之聯飛，左揭右入. 告誓文客字，一飛三動，上則左豎右揭. 如此類者豈復有書耶? 又謂一合用，二兼，三解㩌，四平分，如此論書，正可謂唐經生等所爲字，若盡求於此，雖逸少未必能合也.)

사실 단지 이런 사본(寫本)만이 여전히 옛날 서법을 보존하고 있고, 송(宋) 이후에는 각판서(刻板書)가 성행하자, 조자앙(趙子昂) 등의 한 두 사람을 제외하고는 소해(小楷)조차도 배우는 사람이 끊어졌다.

사본(寫本)에는 간속자(簡俗字)가 곳곳에서 보인다. 유원위(庾元威)가 다음과 같이 말한다.

만년(晚年)에는 서법을 달리하여 생략을 탐하고 다름을 좋아하였으며, 머리는 진하고, 꼬리는 가늘게, 허리는 끊고, 발은 멈추는 듯하니, '一'자와 '八'자가 비슷하고, '十'자와 '小'자는 구분하기 어렵고, '等'자를 구부려 '㔸'자와 같이 하고, '前'자를 변화시켜 '草'자로 만들면서, 모두들 王(왕희지)와 蕭(소자운)를 숭배하고 따랐다고 말하며, 날마다 오류를 범하는 것을 꺼리지 않았다. 그리하여 '星'자는 從生으로 쓰지 않고, '籍'자는 從耒로 쓰지 않았다.(晚途別法，貪省愛異，濃頭纖尾，斷腰頓足，一八相似，十小難分，屈等如㔸，變前爲草. 咸言祖述王蕭，無妨日有訛謬. 星不從生，籍不從耒.)

안지추(顏之推)는 말하길, 양(梁)대의 "대동(大同) 말기에 와체자

(訛體字)가 많이 생겨났다. 소자운(蕭子雲)은 자체를 바꾸고, 소릉왕(邵陵王)은 위자(僞字)를 자못 유행시켰는데, 前자 윗부분을 草로 쓰고, 能자 옆을 長으로 쓰는 류가 이것이다. (大同之末, 訛替滋生. 蕭子雲改易字體, 邵陵王頗興僞字, 前上爲草, 能旁作長之類是也.)"라고 하였다. 어떤 글자는 단지 사본(寫本)에서만 보이는데, 유원위(庾元威)가 말한 '尒㝵由乎內典'과 '菩薩'을 '艹'와 같이 쓴 경우이다. 당(唐)나라 때는 또 '文子'를 '斈'로 쓰는 속자가 있었다.

판각본이 생긴 이후에 문자는 점차 정형(定型)화 되었으나 송(宋)대의 방본(坊本)에는 여전히 매우 많은 간속자(簡俗字)가 있었다. ≪시아편(示兒編)≫에서는 ≪자보총론(字譜總論)≫의 와자(訛字)를 인용하여 다음과 같이 말한다.

> 오래되었구나, 속서(俗書)의 자체가 조그마한 점과 획이 그릇되고 잘못됨을 후학(後學)이 서로 이어서 마침내 진실이 되었으니, 지금 그 잘못을 고증하여 바로 잡아, 후세에 소통시키려 한다.
> 예를 들면 '蟲'은 '虫'자로 썼는데, '虫'의 음(音)은 '虺'자이다. '須'는 '湏'로 썼는데, '湏'자의 고자(古字)는 '頮'이다. '關'은 '関'자로 썼는데, '関'의 음(音)은 '弁'이고, 또 '부만반(扶萬反)'이다. '船'은 '舡'자로 썼는데, '舡'의 음(音)은 '航'이다. '商'은 '啇'자로 썼는데, '啇'의 음은 '的'이다. '蠶'은 '蚕'자로 썼는데, '蚕'의 음은 '腆'이다. '鹽'은 '塩'자로 썼는데, '塩'의 음은 '古'이다. '美'는 '羙'자로 썼는데, '羙'의 음은 '羔'이다. '體'는 '体'로 썼는데, '体'의 음은 '坌'이다. '本'은 '夲'자로 썼는데, '夲'의 음은 '滔'이다. '匹'은 '疋'자로 썼는데, '疋'의 음은 '雅'이고, 또 음이 '所'이다. '麥'은 '麦'자로 썼는데, '麦'자의 음은 '陵'이다. 무릇 이런 자들은 와실

(訛失)된 것이 아니고, 이것은 모두 알아볼 수 없는 글자이다.

또 예를 들면 '顧'자는 '頋'고 썼고, '霸'는 '覇'로, '喬'는 乔로, '獻'은 '献'으로, '國'은 '国'으로, '廟'는 '庿'로, '辭'는 '辞'로, '殺'은 '煞'로, '趨'는 '趋'로, '虧'는 '虧'로, '錢'은 '[illegible]'으로, '齊'는 '齐'로, '齋'는 '斋'로, '學'은 '孝'로, '臺'는 '堥'로, '寶'는 '宝'로, '驅'는 '駈'로, '棲'는 '栖'로, '甕'은 '瓮'으로, '兔'는 '兎'로, '遲'는 '迟'로, '著'는 '着'으로, '㮚'는 '栗'로, '繩'은 '縄'으로, '飯'은 '飰'으로, 備는 '偹'로, '豬'는 '猪'로, '鄒'는 '邹'로, '若'은 '若'로 , '肅'은 '粛'으로, '襄'은 '衺'으로, '繼'는 '继'로, '斷'은 '断'으로, '嬭'는 '妳'로, '獼'은 '猕'로, '診'은 '詠'로, '珍'은 '珎'으로, '參'은 '叅'으로, '泰'는 '泰'로, '恭'은 '恭'로, '醉'는 '酔'로 썼으니, 무릇 이들은 다 속자(俗字)이다.

또 '暴'자와 같은 부류가 있는데, 윗부분에 '日'이 있으나, 편방(偏旁)에 또 '日'을 더하는 것, 유사한 것으로 '莫'자가 '暮'가 되는 것, '基'자가 '堪'가 되는 것, '然'자가 '燃'자가 되는 것, '岡'이 '崗'이 되는 것, 무릇 이와 같은 것은 모두 편방(偏旁)이 쓸데없이 들어 간 것이다. 또 '尊'과 '樽'자는 같은 자인데, 편방에 또 '木'을 더한 것이다. 예를 들면 '昏'자가 '婚'자가 되고, '女'자가 '汝'자가 되고, '匊'자가 '掬'자가 되고, '與'자가 '歟'자가 되고, '回'자가 '迴'자가 되고, '園'자가 '薗'자가 되고, '果'자가 '菓'자가 되고, '席'자가 '蓆'자가 되고, 무릇 이와 같은 자들은 모두 편방(偏旁)이 또 쓸데없이 붙은 것이다.

예를 들면 '宜', '冥', '富', '寇'는 모두 '從宀'이나, 속서(俗書)에는 '冝', '冥', '冨', '冦'로 쓰니 '從冖'이다. '沖', '況', '梁', '涼'은 모두 '從水'이고, '從冫'이기도 하다. '冫'의 음(音)은 '冰'이다. '厨',

‘廳’은 모두 ‘從广’인데, 속자(俗字)에는 모두 ‘從厂’이다. ‘博’, ‘協’은 모두 ‘從十’인데, 속자(俗字)에는 모두 ‘從忄’이다.

또 편방(偏旁)이 서로 섞인 것이 있는데, 예를 들면 ‘舀’, ‘臽’은 서로 유사하고, ‘取’, ‘耴’은 서로 혼란스럽고, ‘東’, ‘柬’는 나누어지지 않고, ‘奕’, ‘弈’은 변별이 없고, ‘隹’, ‘佳’는 통용되고, ‘月’, ‘目’은 동체(同體)이니, 무릇 이와 같은 것은 속서의 오류이다.

근래에 들어 글자를 쓰는 기준으로 마땅히 감본(監本), 성운(省韻), 그리고 광운(廣韻), 옥편(玉篇), 집운(集韻)을 표준으로 삼는다. 운이 바르지 않음이 없으나, 나무를 잘라 판각하는 장인들의 잘못은 어찌할 것인가. 모두 고증할 수 없는 것이다. 하물며 광운(廣韻)에서 비록 분명히 속자(俗字)라고 주(注)하고 있으나, 집운(集韻)에서 기록한 바는 정(正), 속(俗)이 서로 섞여 있다. 그러므로 학자들이 살피지 않을 수 있겠는가.(久矣, 俗書字體, 分毫點畫訛失, 後學相承, 遂成即眞, 今考訂其訛謬, 疏於后.

且如蟲之虫, 虫音虺字；須之湏, 湏古頮字；關之閞, 閞音弁字, 又扶萬反；船之舡, 舡音航；商之啇, 啇音的；蠶之蚕, 蚕音腆；鹽之塩, 塩音古；美之羙, 羙音羔；體之体, 体音坌；本之夲, 夲音滔；匹之疋, 疋音雅, 又音所；麥之麦, 麦音陵；凡此非爲訛失, 是全不識字也.

又如顧之頋, 霸之覇, 喬之髙, 獻之献, 國之国, 廟之庿, 辭之辞, 殺之煞, 趨之趋, 虧之虧, 錢之𫝆, 齊之斉, 齋之斎, 學之斈, 臺之𦤳, 寶之宝, 驅之駈, 棲之栖, 甕之瓮, 兎之兔, 遲之遅, 著之着, 㮚之栗, 繩之縄, 飯之飰, 備之俻, 豬之猪, 鄒之邹, 若之若, 肅之粛, 襄之褎, 繼之继, 斷之断, 嬭之妳, 獮之狝, 診之訡, 珍之珎, 參之叅, 泰之忝, 恭之恭, 醉之酔, 凡此皆俗字也.

又有暴字之類者，上有日矣，旁又加日焉，類如莫之暮，基之堪，然之燃，岡之崗，凡此皆偏旁之贅者也. 又有尊樽字只一字耳，而旁又加木焉. 如昏之婚，女之汝，匊之掬，與之歟，回之迴，園之薗，果之菓，席之蓆，凡此皆偏旁又贅者.

如宜冥富寇皆從宀，而俗書爲冝冥富冦而從冖；沖況梁涼皆從水，而從冫，冫音冰字；厨廳皆從广而俗皆從厂；博協皆從十，俗皆從忄.

又有偏旁相錯者，如臽𦥑相似，取耴相亂，朿束不分，奕弈無辨，隹佳通用，月冃 同體，凡此皆俗書之誤也.

近時以來，用字之的，當以監本省韻及廣韻玉篇集韻爲正，韻非不正也，其如鋟木匠士何. 皆不可考訂. 況廣韻雖分明注爲俗字，而集韻所載，則眞俗相亂耳. 學者可不審諸.)

사실 중국문자는 형체를 위주로 한 이상 잘못되거나 변하는 것을 면할 수 없으며, 상주(商周)시기 고문자에서 소전(小篆)에 이르고, 소전(小篆)에서 예서(隸書)에 이르고, 예서(隸書)에서 정서(正書)에 이르기까지 새로운 문자들은 항상 옛 문자의 간속자(簡俗字)였다. 명(明)이후의 각서(刻書)에는 속자(俗字)가 점차 적어졌으나 사(詞), 곡(曲), 소설(小說)에는 여전히 보존되었고, 하층 사회에도 여전히 유행하여 지금까지 이어지고 있다.

속자(俗字) 중 일부분은 지방 색채를 띠며, 범성대(范成大)의 ≪계해우형지(桂海虞衡志)≫에서 다음과 같이 말한다.

변방 먼 곳은 풍속이 누천하고, 서찰, 소송, 채권, 어음에는 모두 토속 글자를 쓰니, 계림(桂林)같은 여러 읍들이 모두 그러하다. 잠시 임계(臨桂)에서 쓴 몇 개의 글자를 보면, 매우 비속하고 촌스러우며 편방을 또한 부가하였다. '奀'는 음이 '왜(矮)'인데, 길지 않다는 것이다. '閪'은 음이 '온(穩)'인데 문(門) 가운데 안정되게 앉아 있다는 것이다. '坔'자는 또한 음이 '온(穩)'인데 크게 앉아 있다는 것이고 역시 '穩'의 의미이다. '仦'는 음이 嫋(뇨)인데, 어린아이를 의미한다. '奀'자는 음이 동(動)인데, 사람이 파리하고 약하다는 의미이다. '歪'자는 음이 종(終)인데, 사람이 죽는다는 것이다. '孬'은 음이 '납(臘)'인데, 발을 들 수 없다는 것이다. '奀'자는 음이 대(大)인데 여아가 커서 언니처럼 된다는 것이다. '岙'자는 음이 감(勘)인데 산에 있는 바위굴이라는 뜻이다. '閂'은 음이 '櫎'인데 문에 빗장이 걸려 있다는 것이다. 이외에 다른 것은 다 기록할 수 없다. 내가 소송 문건을 2년 동안 읽으면서 익히 본 것이다.(邊遠俗陋, 牒訴券約, 專用土俗書, 桂林諸邑皆然. 今姑記臨桂數字, 雖甚鄙野而偏旁亦有依附. 奀[音矮]不長也. 閪[音穩]坐於門中穩也. 坔[亦音穩]大坐, 亦穩也. 仦[音嫋]小兒也. 奀[音動]人瘦弱也. 歪[音終]人亡絕也. 孬[音臘]不能舉足也. 奀[音大]女大及姊也. 岙[音勘]山石之巖窟也. 閂[音櫎]門橫關也. 他不能悉記. 余閱訟牒二年習見之.)

그리고 근래의 상해 말 중의 '嫑', '朆', '嘦' 등과 북방방언의 '甭'도 모두 합문(合文)이다. 또 절강(浙江)의 '嵒'자, 광동(廣東)의 '冇'자, '冇'자, 북방(北方)의 '逬'자, 섬서(陝西)의 '炗'자(불에 콩을 볶는 것이어서 迸자가 되다), '吉'자(땅이 입을 벌리니 틈이 되다)의 부류가 있다. '甩'자는 북방 사람이 '摔'로 읽고, 소흥(紹興)사람은 괄환절(刮患切)로 읽으며, 일부 남방 사람은 '滑'로 읽었다. '氽'자는 북방 사람은 '入水'의 자형이라 말하고, '川'으로 읽었으며 (예를 들면 '물속에 몇 조각을 데친다. [川里几片]'), 남방 사람은 사람이 물에 있다고 말하면서 '吞'(上聲)으로 읽었다. (예를 들면 '기름에 왕만두를 튀긴다.[油氽包子]') 광서(光緒)때 범인(范寅)이 ≪월언(越諺)≫을 지었는데, 그가 사용한 '唦趟'의 부류의 방언(方言) 글자는 몇 백 개가 된다. 그는 ≪논아속자(論雅俗字)≫에서 다음과 같이 말한다.

> …… 천지(天地)에서 인(人)과 물(物)이 생겨나고, 인(人)과 물(物)에서 명(名)과 의(義)가 생겨나고, 명(名)과 의(義)에서 자(字)가 생겨나니, 속(俗)이 아(雅)가 아님이 없고, 아(雅)는 속(俗)으로부터 나오지 않은 것이 없다. …… 頭, 顔의 조자(造字)는 속(俗)을 따랐는데, 속(俗)을 따르는 이런 방법은 창힐(倉頡)이 가장 뛰어났고, 그 다음이 사주(史籒), 그 다음이 이사(李斯), 그 다음이 한(漢)나라 장제(章帝)이다. 그 후 변질되고 형(形)이 바뀌어, 초서(草書)로부터 행서(行書), 그리고 해서(楷書)로 교대로 변하고 고쳐졌으니, 즉 그때마다 더해진 글자들이 있었다. …… 이런 까닭에 결승(結繩)으로 다스려지지 않자, 서계(書契)로 대신하였으며, 서계로 흡족하지 못하자, 화압(花押, 서명)을 더하였고, 화압(花押)으로 할 수 없게 되자, 기두(箕斗, 지문)로 대신하였으니 혐의를 결정하고, 같고 다름을 구별하며, 시비(是非)를 밝히는 것이 여기에 있는 것이다. 사람과 사물의 이름과 뜻은 가차(假借)를 하거나 섞일 수 없으니, 즉 속자(俗字)가 생겨나게 된 연유이다.
>
> 지금의 선비들은 글자를 아(雅)와 속(俗)으로 나누는데, 그들의 생각은 이전에 쓴 것은 아(雅)에 속하고, 근래의 쓴 자체는 속(俗)에 속한다고 생각하니, 속자(俗字)가 비록 정확하고 절실하나 그것을 버리고, 아(雅)는 비록 부박하고 떠도나, 그것을 참월하여 사용한

다. 무릇 선비가 글을 씀에 어찌 구차할 수 있겠는가. 그러나 아속(雅俗)의 구분은 뱉어낸 글에 있지, 문자에 있지 않을 따름이다. 지금의 아(雅)자도 옛날의 속(俗)자이고, 지금의 속자는 훗날의 아(雅)자일 것이니, 그 아(雅)자가 사물의 정황을 전달하지 못하는 것과 비교할 때 속(俗)자가 사물의 정황을 정확하게 전달한다면 어느 것이 나은가?

期期(기기)는 주창(周昌)에게서 생겨났고, 艾艾(애애)는 등애(鄧艾)로부터 말미암았고, <구일(九日)>시(詩)에서 '餻'자를 쓰지 않는 것에 대해 당시에 유몽득을 비웃었다. 육경(六經)에 비록 茶자가 없었으나 당(唐)대에는 茶자를 사용하였다. 慶奏자가 있어서 奏자가 생겨났고, 武瞾가 있어서, 瞾자가 만들어졌으며, <위풍(衛風)>은 속성(俗聲)인데 ≪이아≫에 들어가 있고, 咦䰡은 속음인데 ≪설문≫에 기록되어 있고, 嚄唉는 초나라 말인데, ≪사기≫에 기록되어 있다. 무릇 이와 같은 자들은 사람이나, 사물, 이름이나, 뜻에 말미암아 생긴 글자이니, 아자(雅字)의 범위를 넘어선다고 하여 사물의 정황을 표현할 수 없는 것은 아니니, 피해야 할 속자(俗字)라 하여 쓰지 않을 수 있겠는가.

내 생각에 옛날 이런 말이 없어서, 이 글자가 없었다고 할 수 있으나, 지금은 이런 말이 있는데, 만약 다른 글자를 쓴다면 불가하다. 예를 들면 탁(桌)자와 의(椅)자의 명칭은 당(唐), 송(宋) 시기에 처음 보이는데, ≪통아≫에서는 황조영(黃朝英)을 인용하여 말하기를 의(椅)는 나무 이름이고, 도(棹)와 도(櫂)는 통한다고 했는데, 마땅히 탁의(卓倚)를 써야 한다. 그러나 탁(卓)자 또한 탁립(卓立)과 혼동되어 쓰고, 의(倚)자 또한 치우친다는 글자와 통한다. 훌륭하구나! ≪정자통≫에서 탁(桌)자를 수록하고 있으며, ≪광운≫의 주(註)에서는 탁(卓)자와 같은 자 부류의 글자에서 누락하였다. 의(椅)자는 육구몽(陸龜蒙)의 詩, ≪정자어록(程子語錄)≫, 張子의 ≪이굴(理窟)≫, ≪주자가례(朱子家禮)≫에서 보이는데 …… 반드시 전아(典雅)하지 않다고 내치니 어찌 어리석지 않은가? 또 예를 들면 등(凳)자는 오직 ≪전등록≫에만 쓰이는데, 논자들은 ≪왕헌지전≫과 ≪진양추≫의 구사(舊史)에 橙자로 쓰고, ≪부옹잡설≫은 凳을 橙으로 쓰는 것은 잘못이라고 말한다. 이로 보아 천지(天地)에서 인(人)과 물(物)이 생겨나고, 인(人)과 물(物)에서 명(名)과 의(義)가 생겨나고, 명(名)과 의(義)에서 자(字)가 생겨나니, 세속에서 지어졌다고 하여 말살할 수는 없는 것이다.

또 예를 들면 가경(嘉慶) 25년에 민간에서 사람들이 갑자기 반사증(瘢痧症)에 걸렸는데, 이 병이 옛 처방에는 없어서, 당시의 의사가 반사(瘢痧)라는 글자를 만들어서 지금 모두 통용하게 되었다. 자전이 정해진 것은 강희(康熙) 때이니, 또한 이 반사(瘢痧) 두 글자가 ≪강희자전≫에 없는 것은 이상한 일이 아니다. 비록 아(雅)를 좋아하고, 속(俗)을 싫어한다고 하나, 어찌 능히 세상에 이 병이 없게 하여 이 글자를 폐기할 수 있겠는가? 만약 반드시 요즘 생긴 것을 옛 것으로 되돌려야 한다면, 그 형세는 반드시 자서의 수만 자의 뜻을 다 쓸어버리고 복희(宓犧)의 일획으로 그 근본을 되돌려야만 비로소 소박하고 전아함에 통쾌함을 느낀다면 만세의 우주 사물과 성현의 도리를 무엇에 의지하여 전할 수 있겠는가? (……天地生人物，人物生名義，名義生字，無俗之非雅，无雅不自俗也. ……頭顱造字從俗者，莫聰於倉頡，次史籀，次李斯，次漢章帝. 厥後變質改形，由草而行，而楷，代有變更，即代有增益. ……是故結繩不治，易以書契，書契不止，加以花押，花押不能，代以箕斗，所以

決嫌疑，別同異，明是非者，於是乎在，人物名義，不可以假借混淆也，卽俗字之所由起也.

今之士人，字分雅俗，意謂前用者雅，近體字俗，俗雖確切，棄之，雅縱浮泛，僭之. 夫士人下筆，豈可苟哉，然雅俗之分，在吐屬不在文字耳. 今之雅，古之俗也，今之俗，後之雅也，與其雅而不達事情，孰若俗而洞中肯綮乎?

且夫期期起於周昌，艾艾由乎鄧氏；九日不題餻，當時已誚劉郎；六經雖無茶，不能已於唐代；有慶夷而夷字興，有武曌而曌字作；衛俗聲也，入爾雅；咦魑俗音也，載說文；嚄唉楚語也，存史記；凡此者皆由人由物，由名由義，不可僭以雅字而不達事情者也，何能避字之俗而不書.

竊謂古無此說，故無此字可也，今有此說，若書他字不可也. 如桌椅之名見始唐宋，而通雅必引黃朝英言椅木名，棹與櫂通，但當用卓倚，然則卓亦與卓立混，倚亦與偏倚通矣. 善哉正字通收入桌字，而廣韻註與卓同者淚矣. 椅字則見陸龜蒙詩，程子語錄，張子理窟，朱子家禮……必斥爲不雅，豈不侄歟? 又如凳字惟傳燈錄用之，論者必執王獻之傳晉陽秋舊史作橙，涪翁雜說謂凳爲橙非. 可知天地生人物，人物生名義，名義生字，不能因其俗造而抹撥也.

又如嘉慶廿五年，民間忽患瘕痧症，爲告方所無，時醫遂造瘕痧書，今皆通行. 無怪字典之定自康熙時者亦無瘕痧二字，雖甚愛雅憎俗，何能使世無此症，廢此字乎? 如必生今反古，勢必字書數萬文義，盡從埽去，歸本於宓犧一畫，始快樸雅，而萬世宇宙事物，聖賢道理，憑何傳信乎?)

우리는 문자는 마땅히 아속(雅俗)을 나누지 않아야 한다는 범인

(范寅)의 주장을 인정하지만, 만약 방언을 대신하여 새로운 글자를 찾는다면, 문자가 얼마나 증가해야 할 지 알지 못한다. 그리고 그 일이 생긴 이후에는 틀림없이 많은 글자들을 인식할 수 없게 될 것이며, 이는 또한 문자의 진화 과정에서 마땅히 발생하는 현상은 아니다.

범인(范寅)의 책의 가장 마지막 조항은 '的了麽呢' 항목이다.

> 월(越) 지역에 막료에 종사하는 사람들이 많았는데, 초학에 반드시 이 네 글자를 배워야 했다. 대개 형사 안건에 대한 구술 증언을 서술할 때, 예를 들면, 소인은, 당신은, 본인은, 때려죽였다, 그렇습니다 등의 어투를 글로 적을 때는 그 소리에 따라서 틀림없이 서술하여야만 어감을 잘 살렸다고 말할 수 있다.(越多業幕友, 初學必先知此四字, 蓋敍刑案口供, 如曰: 小的, 你的, 我的, 打殺了, 就是了等語口吻, 動筆時照此聲敍無誤, 謂之入調.)

송(宋) 이후의 이런 어록체의 글은 청(淸)말에 이르러 점차 유행하기 시작했는데, 범인(范寅)이 ≪월언(越諺)≫을 지은 것은 광서(光緖)4년(서기 1878년)이고, 다시 30여년이 지난 후에 진독수(陳獨秀), 호적지(胡適之)선생 등의 백화문운동이 있었으며, '的了嗎呢'는 일반인이 반드시 배워야 했다.

동시에 갑오(甲午)년(서기 1894년) 이후, 한자(漢字) 개혁 운동이 일어났는데, 가장 먼저 자모운동(字母運動)이 일어났고, 한자(漢字)의 발음을 표시하는 것으로 변화했으며, 후에 또 국어로마자(國語羅馬字)와 라틴화한 신문자 등의 병음문자(拼音文字)가 있었으나 이 운동이 일어난 동시에 일부 사람들은 또 간속자(簡俗字)를 생각했다. 전현동(錢玄同)은 민국(民國)11년(서기 1922년)에 국어통일준비모임(國語統一籌備會)에서 일찍이 현행 한자의 필획을 줄이자는 안을 제기하면서 간체자(簡體字)를 주장하였다. 민국23년(서기 1934년)에 이르러 일부 사람들이 대중어운동(大衆語運動, 백화문운동에 해당함)을 제창하여 수두자운동(手頭字運動)을 불러 일으켰다. 이듬해 교육부(教育部)도 일찍이 324개의 간체자(簡體字)를 반포하였다.

수두자(手頭字)라고 부르는 까닭은 일부 속자(俗字)(예를 들면 菓)는 필획을 가한 것인데, 사실 이런 글자들은 일찍이 통용된 것이었지만 대아지당(大雅之堂)에 오르지 못한 간속자(簡俗子)이기 때문이다. 현재 이들을 다시 찾아내서 활자로 주조하는 것은 마치 송(宋)과 원(元)의 방각(坊刻)을 부활시켜서 희곡(戲曲)과 소설(小說)이 신기하고 재미있게 되는 것과 같다. 그리고 심지어 어떤 사람은 와별자(訛別字)를 사용할 것을 주장하는데, 이것은 젓가락을 버리고, 손으로 음식을 집어 먹는 것을 주장하는 것과 같으니 결국 개혁이라고 말할 수 없다.

간체자(簡體字)는 간속자(簡俗子)와 같지 않다. 왜냐하면 간체자는 종종 개조의 과정을 거쳤는데, 그 목적은 필획을 줄이는 데 있었기 때문이다. 이런 글자가 만약 수량이 많지 않다면 비록 반드시 획일화시킬 수 없더라도 시행할 수 있다. 하지만 만약 글자마다 다 간략화하려고 한다면, 한 글자 한 글자씩 줄이고, 개조하며, 원래 있었던 많은 기호 외에 새로운 대량의 기호들을 더 더해야 하니, 종종 글자를 만든 사람조차도 스스로 어떻게 쓰는 지 잊어버릴 수 있고, 사람들에게 이런 별도의 기호를 기억하게 해야 하므로, 결국 통하지 않게 될 것이다.

일부 사람들은 한자(漢字)의 폐단이 필획의 많음에 있지 않고, 글자 수가 많다는 데 있다는 것을 알게 되어서, 또 기본한자운동이 있게 되었다. 이는 글자의 형체와는 무관하다. 그러나 중국문자는 얼마나 많은 글자를 사용해야 하는 지의 범위를 정하기가 매우 어렵다. 비록 우리가 통용하는 글자가 오, 육천 개에 불과하지만 만약 글자를 줄이고 줄여서 일, 이천 개만 남긴다면 표현하고자 하는 말을 다 나타낼 수 없을 것이다. 만약 '媳'자를 사용하지 않고, '아들의 아내'라고 말한다면 이것은 확실히 이 말을 적절하게 표현하지 못한 것이다. 우리는 한자(漢字)에서 약간의 기본 문자를 찾아낼 수 있고, 또한 이런 문자의 사법(寫法)을 최대한 간화할 수 있으나 어쨌든 음부문자(音符文字)의 도움이 필요하다고 생각한다.

三十一 신문자(新文字) — 주음자(注音字)·병음자(拼音字)·신형성자(新形聲字)·신한자(新漢字)

상(商)대 이후 중국문자는 이미 그림문자가 아니었고, 순수한 성부문자(聲符文字)도 아니라고 할 수 있다. 이 문자들은 소수의 그림문자가 후에 점차 간화되어 약간의 부호가 되었고, 무한한 형성문자(形聲文字)를 더했으니, 소위 형성(形聲)이란, 원시 시기에는 일종의 주음(注音)한 문자였다.

각 주음문자(注音文字)는 원칙에 따라 말하자면, 마땅히 이 문자가 나타내는 음부(音符)와 같은 음이어야 하지만, 때로는 이 문자는 적절하게 이 말을 나타낼 수 없고, 때로는 이 말은 오랜 시간을 거치거나 방언 등의 영향을 받아 음소(音素)상의 변화가 일어나고, 때로는 여러 가지의 우연한 오류를 거치기도 한다. 결국 중국문자의 성모는 항상 독음을 나타낼 수 있는 것은 아니다. 이런 현상은 시대가 오래 될수록 더욱 뚜렷해져 근대에 이르러 모두들 한자는 쉽게 인식할 수 없나고 생각해서 개혁해야 한다고 주장한 것이다.

멀리 명(明)대에 이미 이마두(利瑪竇, 마테오 리치[Matteo Ricci, 1552~1610]), 김니각(金尼閣, 니콜라스 트리고[Trigault, 1577~1628]) 등이 만든 로마자 병음자모(拼音字母)가 있었는데, 이것은 본래 그들 자신을 위해 사용한 것이다. 200여 년이 지난 뒤에 일부 외국 선교사들이 로마자를 사용하여 방언의 음을 나타냈는데, 예를 들면 소주방언(蘇白), 상해방언(上海白), 영파방언(寧波白), 하문방언(廈門白) 등이며, ≪성경(聖經)≫을 번역하는 데 사용하였다. 1867년(同治 6년)에 영국인 웨이드(威德, T.F. Wade)가 로마 자모의 병음을 사용하여 ≪어언자이집(語言自邇集)≫을 저술하였는데, 이것이 바로 민국(民國) 초기에 상용하였던 웨이드식의 병음 방법이다. (웨이드는 본래 유기음 부호, 사성을 표기하는 숫자를 두었는데, 민국 초기에는 모두 생략해서 완전하지 않은 웨이드식이 되었다.)

중국인이 스스로 자모를 창조한 것은 갑오(甲午, 1894년) 이후이며, 어떤 사람들은 속기 방식을 사용하였고, 어떤 것은 병음자모에 속하는 것이었다. 후자에는 왕조(王照)의 관화자모(官話字母)와 노내선(勞乃宣)의 간자(簡字)가 있다. 청(淸)대 말에서 민국(民國)2년(1913년)까지는 전문가들의 연구와 창조로부터, 더 나아가 정부(政

府)의 집의(集議), 논쟁과 채택을 거쳐 'ㄅㄆ' 등의 자모 체계를 제정하였고, 민국(民國)7년(1918년)에 이르러 교육부(敎育部)에서 공포하였다.

이 자모(字母) 체계는 처음에는 주음자모(注音字母)로 불렀고, 나중에는 국음자모제일식(國音字母第一式)으로 정했으며, 또 후에 아예 주음부호(注音符號)로 명칭을 바꿨고, 민국24년 이후에야 비로소 주음부호(注音符號)를 한자(漢字)옆에 새기는 활자를 주조하고, 주음한자(注音漢字)라고 칭하자고 제창하였다.

어떤 사람은 주음자모(注音字母)는 퇴보한 것이라고 비평하였는데, 왜냐하면 노내선(勞乃宣)의 간자(簡字)는 대중 교육에 사용하는 하나의 새로운 문자(新文字)이지만 주음자모(注音字母)는 단지 한자 옆의 부속물이기 때문이다. 이미 한자를 아는 사람은 이 주음자모(注音字母)를 배우려고 하지 않고, 한자를 알지 못하는 사람은 비록 학습할 수는 있지만, 한자를 알게 된 이후에는 바로 잊어버리는데, 이런 자모들은 모두 자바국(爪哇國, [梵文名 Yavadvipa])으로 보내 버리는 것과 같다. 우리는 많은 초등학생들이 이 자모(字母) 체계를 습득하지만, 중학교에 들어가면 이미 완전히 잊어버리는 것을 자주 본다. 주요한 원인은 이 자모 체계는 결코 일상에서 사용하는 것이 아니라는 것이다. 일반적인 서적과 신문에서 사용하지 않고, 단지 글자를 익히는 데 도움을 주는 수단으로 사용될 뿐이다. 마치 과거(科擧)제도가 있었던 시대에 어린 학생이 삼자경(三字經), 백가성(百家姓), 천자문(千字文)을 암송하나 수재(秀才)나 거인(擧人)에 합격한 이후에는 아무도 이런 계몽 서적에 관심을 두지 않는 것과 같다. 주음자모(注音字母)에서 주음부호(注音符號)로 명칭을 바꾼 것은 더욱 명실상부하지만 이름을 보고 그 뜻을 생각해보면 이것은 문자가 아니라 단지 하나의 도구에 불과하다는 것을 알 수 있다. 도구는 배워도 되고, 배우지 않아도 되는 것이다. (예를 들면 속기나 타자는 모든 사람에게 다 필요한 것은 아니며, 사각번호[四角號碼], 오필검자[五筆檢字], 기힐법[庋擷法]은 대다수의 사람들이 모두 배운 적이 없다.) 어쨌지 3,40년 동안 시행하였지만 큰 효과가 없었다.

민국(民國)11년 이후, 어떤 학자들은 또 한자(漢字)의 개혁을 제창하였고, 민국(民國)15년에 국어로마자(國語羅馬字)표기법이 통과되었으며, 17년(1928년)에는 국음자모제이식(國音字母第二式)의 명의(名義)로 공포하고 시행하였다.

이전의 로마자 병음은 외국인을 위해 사용한 것이고, 또한 중국에서 종교를 선전하기 위해 사용하였는데, 현재는 이것으로 중국의 문자를 대체하려고 한다. 그러나 표면적으로는 여전히 일련의 부호에 불과하다. 그렇지만 매우 배우기 어려운 부호이고, 특히 모음의 변화는 매우 복잡해서 지식인들도 쉽게 익히지 못하는데, 일반 사람은 말할 필요도 없다. 그래서 이 국어로마자(國語羅馬字)표기법은 비록 공포한 지 몇 년이 되었지만 일반 사람은 여전히 옛날 방식의 병음(拼音)을 사용하였고, 외교부(外交部)나 교통부(交通部)에서 음역할 때도 이 표준을 따르지 않았다.

민국(民國)23년에 대중어운동(大衆語運動)을 따라 나타난 라틴화신문자(拉丁化新文字)는 간단하고 엉성한 병음문자(拼音文字)이며, 사성(四聲)이 없어서 사용할 때 아주 불편하고, ('孔子'를 '空子'로 읽는다) 그들은 비록 방언(方言)을 기록하는 데에 사용하였지만 어떤 방언에도 부합할 수 없었고, 비록 일찍이 한 차례 떠들썩하게 유행하였지만 지금은 이미 언급하는 사람이 없는 것 같다.

국어로마자(國語羅馬字)와 라틴화신문자(拉丁化新文字)는 모두 병음문자(拼音文字)이고, 비록 사용하는 것이 이미 만들어져 있는 서양의 자모(字母)이지만 일부 통속적인 작은 문건만을 기록하는 데 사용할 수 있을 뿐이다. 전체적인 정치 환경이 바뀌지 않고, 전체적인 중국문화교육이 여전히 한자만 사용하고, 모든 중국의 단어를 정리하고 모아서 아주 훌륭한 사전으로 만들 수 없고, 모든 중국말이 이런 신문자(新文字)에 적응할 수 없을 때는 이 신문자(新文字)는 사용될 수 없을 것이다.

주음한자(注音漢字)는 오히려 정통적인 것이지만 대단히 우둔한 방법이며, 옛 방식을 다시 사용한 주음문자이다. 이것에서 일반 사람의 보수성을 알 수 있다. 우리는 중국문자가 식별하기 너무 어렵다고 생각할 때 문자를 마땅히 개혁해야 한다고 주장하지만 실제로 개혁하려고 할 때는 오히려 두려워하며 뒷걸음질 친다. 우리가 만약 중국문자의 성부(聲符)를 생각해보면 여태껏 고정된 적이 없다는 것을 알 수 있다. 예를 들면 다음과 같다.

炒＝炒　廟＝庿　證＝証　據＝据　機＝机　燈＝灯　襖＝袄
灑＝洒　作＝做　糉＝粽
懼＝惧　橘＝桔　贓＝赃　繡＝綉　檳＝梹　藥＝葯　襪＝袜
勳＝勛　價＝价　掠＝掿

우리는 왜 문자를 개혁하기 이전에 유리한 형세에 편승하여 쉽게 인식하지 못하는 옛 성부(聲符)를 교체해 버렸는가? 왜 문자를 개혁하지 않고 단지 독음(讀音)을 통일시키려고 하고, 새로운 문자를 만들지 않고 단지 문자를 인식하는 도구인 주음부호(注音符號)를 만들려고만 하는가?

몇몇 친구들은 신형성문자(新形聲文字)를 만들어 옛 성부(聲符)를 없애버리고 다른 하나의 성운(聲韻)이 긴밀하게 결합하는 한자로 바꿔서 성부(聲符)로 삼으려고 했는데, 예를 들면 '涼'자는 '浪'자로 바꿀 수 있다. 이 방법은 물론 가장 자연스럽지만 쉽게 실행할 수는 없다. 첫째, 일부 글자는 적당한 동음자(同音字)가 없다. 둘째, 쉽게 구형성자(舊形聲字)와 혼동하게 되는데, 예를 들면 '涼'자를 '浪'자로 바꾸는 것은 비록 '京'성으로 읽는 것을 피할 수는 있지만, 오히려 또 원래 '浪'자의 내탕절(來宕切)의 소리로도 읽을 수 있다. 셋째, 방언이 같지 않기 때문에 이런 새로운 성부(聲符)의 독법(讀法)은 쉽게 차이가 발생할 수 있고, 또 구형성자(舊形聲字)의 폐단과 같아지게 된다.

주음한자(注音漢字)가 표기하는 소리는 병음(拼音)한 것이니 당연히 정확하다. 우리가 만약 그 부호나 자모에 부정확한 것들이 있다고 생각한다면 언제든지 바로 개정할 수 있다. 주음한자(注音漢字)는 너무 융통성이 없는 점을 제외하고는, 한자의 모든 장점을 거의 갖추었고, 한자가 쉽게 인식할 수 없다는 단점을 완전히 개혁해냈다. 하지만 주음한자(注音漢字)는 지금까지 아무도 감히 하나의 문자로 여기지 않는다. 그것들은 여전히 주음부호의 기능만 있을 뿐이며, 단지 초등학생을 지도하는 데에 사용하고, 소수인의 필요에만 부합하며, 소형 출판물을 간행할 수 있을 뿐이다.

주음한자는 한자를 주음하기 때문에 새로운 한자가 아니다. 한자를 주음하는 것은 너무 융통성이 없기 때문에, 하나의 글자가 종종 이중의 성부가 생기는데, 옛 성부(聲符) 중 어떤 것들은 이미 쓸모가 없어서 폐기해야 하는 데도 감히 폐기하지 못하며, 새로운 성부는 오히려 단지 부호로만 삼아서 방주(旁注)로 삼는다. 인쇄할 때는 이미 변할 수 없는 간행물인데, 글자를 쓸 때 소수 몇 명을 제외하고는 정말로 제대로 쓸 수 있는 사람이 없다. 또 몇 백 개의 간단한 문자가 있는데, 이것들은 또한 가장 통용되는 문자이고, 본래는 단지 기호일 뿐이었지만 형성이 아니어서 잘못 읽을 위험이 별로 없다. 예를 들면, '一二三四'와 '之乎者也'의 종류인데, 주음한자(注音漢字)에서는 오히려 한자의 모든 음을 표기하지 않으면 안 되니, 어찌 쓸모없는 짐이 아니겠는가.

내가 ≪고문자학도론(古文字學導論)≫을 저술할 때 일찍이 하나의 신형성자(新形聲字)의 초안(草案)을 제기하였고, 한자의 형식을 보존하고, 한자의 성부(聲符)를 개혁하며, 병음(拼音) 방식을 사용하여 옛 성부(聲符)를 대체할 것을 주장하였다. 십 몇 년 동안 많은 유사한 계획들을 보아 왔다. 하지만 나의 계획은 후에 일부를 수정하였는데, 주요한 내용은 일부 의부자(意符字)를 남겨두어 기본 문자로 삼으니, 이것들은 모두 가장 통용되고, 쉽게 인식하는 글자들이라서 성부(聲符)를 더할 필요가 없다. 이렇게 우리는 형성문자(形聲文字)를 변동만하면 옛 성부(聲符)를 새로운 병음의 성부(聲符)로 바꿀 수 있다. 중국문자는 본래 이미 모두 형성자(形聲字)라서 기본자(基本字)로 삼을 수 있는 의부자(意符字)는 몇 백 개에 불가하므로 여전히 쉽게 배울 수 있다. 하지만 기본자의 용도는 가장 광범위하고, 보통 서적 안에 60~70%를 차지해서 새로운 글자를 사용하는 곳은 그다지 많지 않으며, 설령 이 새로운 글자를 이해하지 못하더라도 앞뒤 문맥에 따라 추측해 낼 수 있다. 이렇게 하면, 우리는 옛 글자를 최대한 보존할 수 있고, 우리가 개혁하려고 하였던 쉽게 인식할 수 없는 글자들을 이미 개혁한 것이다. 나는 지금 이런 문자를 신한자(新漢字)라고 칭한다.

여금희(黎錦熙)선생이 주음한자(注音漢字)를 계획할 때, 나는 일찍이 여금희(黎錦熙) 선생과 우스갯소리를 한 적이 있는데, 당신이 만약 주음한자(注音漢字) 가운데 쓸모없는 성부(聲符)를 골라내서 폐기하려고 한다면 어찌 나의 신문자(新文字)가 아니겠습니까? 라고 했는데, 선생께서는 이 말에 찬성했다. 하지만 주음한자(注音漢字)가 다음 단계로 넘어가는 교량의 역할을 담당할 수 있기를 바란다. 하지만 전현동(錢玄同)선생은 결코 그렇게 생각하지 않고, 극단적인 길로 나아가는 듯한 주장을 펼쳤는데, 만약 아예 한자를 잘못되게 놔두려면 완전히 지키기만 하고, 만약 완전히 한자를 원하지 않는다면 철저하게 뜯어 고치고, 새로 다시 시작해야 한다고 했다. 왜냐하면 그는 국어로마자(國語羅馬字)의 신봉자이기 때문이다.

현재 십 몇 년이 지났고, 비록 전현동(錢玄同) 선생과 같은 신념을 갖는 사람이 여전히 많지만 나는 항상 한자를 없애버리는 것은 한자를 개혁하는 것만 못하다고 생각한다. 비록 이 일이 매우 어려운 것이지만 어떤 글자들이 기본자이고, 어떤 글자들이 형성자이며, 자체(字體)의 간화, 자형(字形)의 선택, 이 계획에 부합하는 새로운 분류법, 새로운 자전(字典)의 편집 방법은 각 방면에서 엄밀한 연구가 필요하다. 우리도 합리적인 것이 반드시 통한다고는 할 수 없고, 통용되는 것이 반드시 합리적이라고 할 수 없다는 것을 분명히 알고 있다. 하지만 錢선생은 세상을 떠난 지 여러 해 되었고, 黎선생도 서서히 늙어 가는데, 지붕 위에 또 지붕을 만들고, 침대 위에 또 침대를 겹쳐 놓은 것 같은 주음한자(注音漢字)는 사용하는데 알맞지 않은 주음부호(注音符號)에 짐이 되는데, 우리들은 주음한자(注音漢字)가 계속 사용되면서, 영원히 과도기에 있는 것을 좌시할 수 있겠는가? 합리적인 개혁은 바로 우리의 책임이다.